Ernest DELAIGUE

Ancien directeur des *Annales bourbonnaises*

Maire de Saint-Menoux

La Révolution à Saint-Menoux

MOULINS

CRÉPIN-LEBLOND, IMPRIMEUR-ÉDITEUR

13, rue Jean-Jacques-Rousseau, 13

1908

LA RÉVOLUTION A SAINT-MENOUX

Ernest DELAIGUE

Ancien directeur des *Annales bourbonnaises*

Maire de Saint-Menoux

La Révolution à Saint-Menoux

MOULINS

CRÉPIN-LEBLOND, IMPRIMEUR-ÉDITEUR

13, rue Jean-Jacques-Rousseau, 13

1908

Une grande partie des renseignements qui ont été utilisés dans le présent travail proviennent des registres de délibérations des municipalités révolutionnaires de l'ancien canton de Saint-Menoux (1). J'ai aussi, cela va de soi, consulté d'autres documents partout où j'ai pu les rencontrer.

J'ai pris soin, autant que cela m'a été possible, non seulement d'appuyer les faits de citations de textes, mais encore d'indiquer les références, sauf cependant dans les cas où la répétition en serait devenue fastidieuse, et où la simple énonciation des dates devait suffire à en tenir lieu en se reportant à des registres du dépôt départemental.

Je dois faire observer également que certaines de ces références, celles concernant des documents de la série Q. (biens nationaux) des Archives de l'Allier, ne sont que d'une valeur momentanée. Cette série doit être, en effet, prochainement inventoriée et les numéros du classement définitif ne seront nullement les mêmes

(1) Versés aux Archives de l'Allier, séries E supplément et L.

que ceux du classement actuel. Toutefois, en un certain nombre de cas, des indications particulières sur la nature des dossiers permettraient aisément de les retrouver.

Mes recherches, je dois le dire, ont été grandement facilitées par deux savants et aimables archivistes, M. Ferdinand Claudon, actuellement à Dijon, et M. Pierre Flament, son successeur à Moulins. Leur très dévoué collaborateur, M. Pierre Tuillier, s'est également montré envers moi d'une complaisance inépuisable. J'éprouve un réel plaisir à leur exprimer, ici, ma vive reconnaissance.

Moulins, 1907.

Ernest DELAIGUE.

LA

RÉVOLUTION A SAINT-MENOUX

Introduction

Saint-Menoux étant à une faible distance de Moulins relevait naturellement, avant la Révolution, des pouvoirs administratifs et judiciaires — généralité, sénéchaussée, présidial, — ayant leur siège en cette ville. La paroisse de ce nom était en outre l'une des trente-deux dont se composait la châtellenie de Bourbon-l'Archambault (1), et au point de vue ecclésiastique elle faisait partie du diocèse de Bourges. Sa population totale ne dépassait pas 1.000 habitants, dont moitié pour le bourg, ce qui indique un centre rural de moyenne importance.

Ce bourg comprenait des maisons en bordure des deux places publiques actuelles, et à l'Ouest un petit groupement avec prolongement jusqu'à la « Croix de Saint-Germain », au bas de la côte. Le tout était dominé par l'église et les hautes constructions d'une abbaye célèbre alors dans la province, et même au delà.

De loin on devait avoir l'illusion d'une petite ville ; de près ce n'étaient, entourant les édifices, que des habitations d'aspect vieillot,

---

(1) Voir *Procès-verbal de la Généralité de Moulins,* dressé par l'intendant Florent d'Argouges, édition Vayssière, page 85 ; et la *Liève des corvées de la châtellenie de Bourbon.* (Archives de l'Allier, série A. 42.)

pauvre, surtout rustique (1), parmi lesquelles il en apparaissait pourtant un certain nombre d'autres à allures un peu bourgeoises, dont plusieurs subsistent (2).

Comme aujourd'hui, ce qui appelait le plus l'attention, c'était l'église, œuvre des Bénédictines et presque le seul souvenir qu'elles aient laissé. C'est un très beau spécimen de l'architecture religieuse du Moyen Age, datant de diverses époques (3) et qui a été de tout temps l'objet d'unanimes hommages (4).

Voisinant avec l'église, au Sud, se trouvait l'abbaye, qui occupait dans le bourg tout l'espace où, depuis, se sont installés un presbytère et une école de filles. Un grand enclos que l'on qualifiait de parc, quoiqu'il ne fût pas boisé, ou fort peu, et qui longeait la route de Moulins, en dépendait. Cet enclos ou parc, comme l'on voudra, était tout entouré de murs et séparé de l'enceinte, à l'Ouest, par un sentier ou « passage » pierreux dont on a fait plus tard la petite rue en pente raide (du Couvent), qui descend vers la fontaine dite de Saint-Menoux (5).

De l'autre côté de la route de Moulins, il n'y avait que des terrains de culture, bordés de haies là où cette longue rue (Feuillin), en forme de faubourg, que l'on voit maintenant soudée au noyau primitif, s'est créée (6).

(1) En 1840, Saint-Menoux est encore cité par Touchard-Lafosse, dans la *Loire historique*, II, 281, comme « un assez gros bourg tout à fait rural ».

(2) Il existe à Saint-Menoux des traces de constructions bien antérieures, notamment la petite maison où, d'après la tradition, serait mort saint Menoux. On y remarque une fenêtre divisée en deux parties par une colonnette à chapiteau.

(3) La partie du chœur, incomparablement la plus remarquable, est du XIIe siècle, le clocher de la première moitié du XIIIe et la partie basse, voisine du narthex, du XVe. Ce narthex n'est lui-même qu'une ancienne église, — l'église paroissiale, — antérieure au Xe siècle.

(4) M. l'abbé Moret en a publié une bibliographie *(Histoire de Saint-Menoux*, p. 514). — Classement d'origine comme monument historique (1837).

(5) Ce « passage » (ainsi désigné dans le cahier des charges dressé pour l'adjudication comme bien national de l'abbaye) aboutissait sur la route de Moulins, en face de l'ancienne auberge de l'*Ecu*, située à l'entrée même du bourg.

(6) Accroissement dû surtout à la petite industrie toute locale de la chaux. Sous son influence Saint-Menoux parut aspirer à devenir une ruche labo-

Quant à tous les vastes bâtiments d'autrefois, il n'en est rien resté, si ce n'est le petit *pavillon* — connu sous ce nom — de l'aumônier, insignifiante bâtisse de la fin du xviie siècle, devenue un logement d'institutrices (1). Le surplus, dont les loyers n'eussent pas couvert les frais d'entretien, fut rasé presque aussitôt que vendu (1793), pour en transformer les innombrables matériaux en argent comptant, ce que ne pouvait manquer de faire un spéculateur avisé ainsi que furent tous les acquéreurs de biens nationaux ; et comme les documents font également défaut — les archives des Bénédictines ne s'étant pas retrouvées, — on ne peut se faire aujourd'hui qu'une idée très approximative de l'ancien état de choses. C'est dire que nos renseignements à ce sujet sont forcément très restreints (2).

Dans le dossier d'adjudication de l'abbaye (14 janvier 1793), il

rieuse et active, et en 1888 le nombre des habitants de la commune approcha de 1.800, soit 1.200 au moins pour le bourg, près de deux fois et demie plus qu'en 1789. L'établissement d'un chemin de fer, dont on aurait dû attendre des effets tout contraires, vint entraver ce développement, et dès lors succédait une période de déclin qui se continue et laisse prévoir un retour assez prochain au point de départ. Le dernier recensement (1906) n'accusait déjà plus que le chiffre de 1.362 habitants. Il faut dire que la dépopulation tient aussi à des causes générales, notamment à une natalité moindre. On en jugera par ce fait qu'en 1788 il y avait dans la paroisse 140 feux (Arch. de l'Allier, série C. 72) pour environ 180 ménages — car les domaines en contenaient généralement plusieurs, — soit 5,55 individus par ménage, et qu'en 1906 le recensement en annonçait 390, ou 3,72 seulement pour chacun.

(1) La municipalité vient de faire démolir ce *pavillon*, que l'on reconstruit en ce moment pour une affectation différente. Il portait, inscrit sur la muraille, la date de 1694. De dimensions modestes, il pouvait convenir pour loger un particulier aisé, et c'est probablement à cette circonstance qu'est due sa conservation. Un bas-relief en pierre, de valeur artistique médiocre, mais gracieux néanmoins et représentant des figures symboliques (la Force, la Justice, la Vérité, la Douceur), forme tympan au-dessus d'une deuxième porte qui sert d'entrée à une annexe paraissant de construction ultérieure, et non comprise dans la démolition. Au milieu du linteau, deux petites têtes ailées d'amours jouffius composent un motif charmant.

(2) A l'appui des quelques observations qui vont suivre nous avons copié sur le plan cadastral (dressé en 1832), la partie comprenant l'emplacement de l'ancienne abbaye, en y ajoutant des indications topographiques dont la plupart, on le remarquera, ne sont qu'à titre purement hypothétique. C'est la planche que l'on trouvera ci-après, p. 13.

existe bien, de l'ingénieur des ponts et chaussées Benoît (expert de l'administration), un procès-verbal du 10 décembre 1792 contenant une désignation des locaux ; mais cette désignation comporte le double inconvénient d'être très vague et très écourtée. Il y est parlé du logement de l'aumônier et de constructions pour pressoirs et greniers, ainsi que d'une galerie « communiquant à l'enclos de quatre-vingt-dix à cent boisselées », et de « jardins intérieurs de sept à huit boisselées » (1). Comme bâtiments principaux, une nouvelle et une ancienne abbatiales, avec la maison conventuelle, y sont seules citées, sans aucune allusion à d'autres tout aussi essentiels, notamment le réfectoire, l'hôtellerie (2), le cloître.

Et cependant ce rapport n'est pas à dédaigner, car il précise certaines circonstances et particularités qui, sans lui, resteraient ignorées, comme l'étendue exacte des jardins intérieurs et l'existence d'une galerie d'accès dans l'enclos, dont il n'est question nulle part ailleurs et qui fut un des agréments du lieu. Puis il donne déjà l'impression d'un ensemble imposant, que vient à son tour affirmer — tout aussi sommairement, il est vrai, — une notice sans nom d'auteur, publiée dans l'*Annuaire de l'Allier* de 1813, sur les châteaux, monastères, etc., du Bourbonnais. « Cette abbaye, y est-il dit, était grande et belle, se composant de six grands corps de bâtiments communiquant les uns aux autres par des cours ou par des galeries ; elle était garnie, dans son intérieur, de jardins spacieux ; près de là se trouvait un parc d'une grande étendue où l'on remarquait une belle fontaine... Elle [l'abbaye] communiquait par un très joli chœur à une église spacieuse qui était en même temps l'église paroissiale (3). »

(1) Soit cinquante ares pour les jardins, et pour l'enclos six hectares environ. La déclaration des biens, faite devant la municipalité par l'abbesse, le 26 février 1790, dont il sera question plus loin, porte inexactement — les contenances cadastrales en font foi, — une superficie totale de quatre-vingts boisselées seulement.

(2) Il y avait dans tout monastère une « hôtellerie » ou « maison des hôtes ». Les étrangers y recevaient accueil et les vagabonds des secours que nécessitait leur indigence. — L'hôtellerie du monastère de Saint-Menoux est mentionnée dans un inventaire des 28-31 juillet 1790. (Arch. de l'Allier, série Q.)

(3) Louis Batissier, dans l'*Ancien Bourbonnais*, s'est contenté de copier l'*Annuaire*, et Touchard-Lafosse, qui visitait Saint-Menoux en 1840, en a usé de même, à son tour, envers Batissier, dans la *Loire historique*, sauf pourtant de légères variantes.

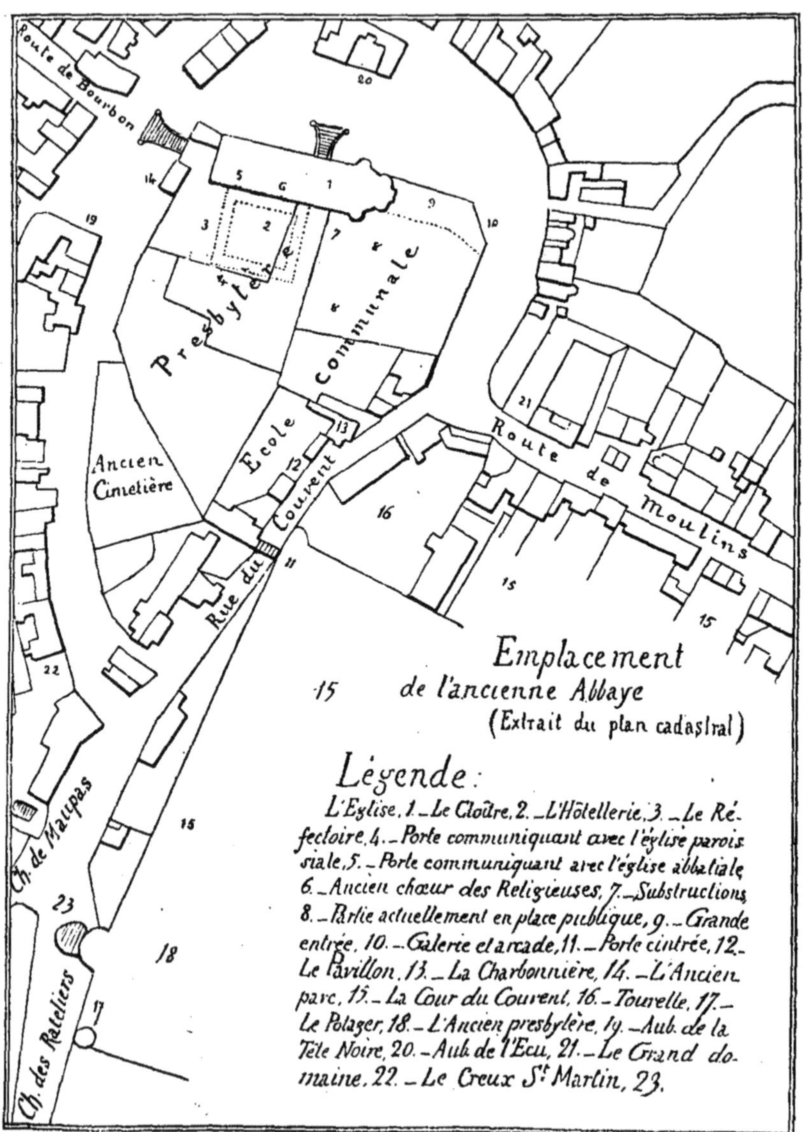

Route de Bourbon
Presbytère
Ecole Communale
Ancien Cimetière
Rue du Couvent
Route de Moulins
Ch. de Maupas
Ch. des Rateliers
Emplacement
de l'ancienne Abbaye
(Extrait du plan cadastral)
Légende :
L'Eglise. 1.—Le Cloître. 2.—L'Hôtellerie. 3.—Le Réfectoire. 4.—Porte communiquant avec l'église paroissiale. 5.—Porte communiquant avec l'église abbatiale. 6.—Ancien chœur des Religieuses. 7.—Substructions. 8.—Partie actuellement en place publique. 9.—Grande entrée. 10.—Galerie et arcade. 11.—Porte cintrée. 12.—Le Pavillon. 13.—La Charbonnière. 14.—L'Ancien parc. 15.—La Cour du Couvent. 16.—Tourelle. 17.—Le Potager. 18.—L'Ancien presbytère. 19.—Aub. de la Tête Noire. 20.—Aub. de l'Ecu. 21.—Le Grand domaine. 22.—Le Creux St Martin. 23.

Les deux textes qui précèdent font comprendre la physionomie générale, mais on désirerait mieux. Pour la disposition et les détails, — du moins quelques-uns, — on a heureusement un point de repère excellent, qui est l'ancien cloître, dont l'emplacement est déterminé parfaitement grâce aux traces qui en sont restées sur le mur de l'église, à laquelle il était adossé. On y voit, en effet, adhérentes dans la partie inférieure, très frustes, très endommagées et à demi-cachées sous les treilles, — excepté aux extrémités où des remaniements ultérieurs les ont fait disparaître, — les consoles où s'arc-boutaient les cintres (1). On y voit aussi les deux portes de communication avec les églises paroissiale et abbatiale dont l'une, celle de l'église paroissiale, murée pendant la Révolution (2), a été rétablie depuis, et dont l'autre est restée obstruée, quoique apparente extérieurement au-dessus du remblai — épais de 0^m70 à 0^m80 — formé par les démolitions ; et cette porte, dont les pieds-droits comprennent trois séries de colonnettes surmontées de chapiteaux supportant un arc très surbaissé (3), est même fort belle.

Ce cloître « bien voulté, paré et en bon état... », ainsi que le rapporte un procès-verbal du 28 juillet 1725, de Dom Jean de Kessel, « prebtre, docteur en Sorbonne, religieux profès de Cluny, visiteur de la province de Lyon et de tous les monastères de religieuses dépendantes de l'ordre de Cluny... » (4), occupait tout l'espace où a été construit le presbytère, et le terrain au-dessus jusque vers la sacristie.

(1) Ce cloître avait été construit, ou plutôt reconstruit au xve siècle pendant le gouvernement de l'abbesse Madeleine d'Amboise, qui avait également fait édifier une partie de l'église.

(2) Le registre municipal contient un procès-verbal d'adjudication de travaux, du 25 décembre 1792, où on lit : « Boucher la porte qui donne de la vieille église dans le cloître... »

(3) La porte donnant dans la vieille église était sans doute semblable. Celle qui lui a été substituée est tout à fait commune.

(4) *Hist. de Saint-Menoux*, p. 178 et suiv. — La courte appréciation que contient exceptionnellement le rapport de Dom Kessel sur le cloître de Saint-Menoux donnerait à croire qu'il méritait de plus grands éloges. Le mot *paré* est surtout significatif : il faut entendre par là que les galeries étaient ornées de sculptures, peut-être de tableaux, ce qui se rencontrait fort souvent. Nombre de chefs-d'œuvre proviennent de cloîtres et on sait que la fameuse série de la vie de saint Bruno, par Lesueur, se trouvait dans celui des Chartreux de Paris.

La situation des lieux et les usages adoptés dans les établissements monastiques, tous conçus d'après un plan commun ne différant guère que dans les détails, permettent de supposer que l'hôtellerie, où l'on avait forcément accès de l'extérieur, l'encadrait à l'Ouest, et le bâtiment du réfectoire au Sud (1). Le dortoir était peut-être à l'Est, mais à cet égard on est plus indécis (2) ; et quant aux autres bâtiments principaux, notamment l'hôtel abbatial, ils étaient nécessairement placés aussi dans la partie Est, latéralement à l'église, et derrière le chevet ; c'est-à-dire sur toute l'étendue du jardin actuel (3) de l'école et de la petite place à côté (4).

Dans ce jardin, vers l'angle Nord-Est, se trouvait du reste la grande entrée, vraisemblablement un peu à droite, — peut-être au pan coupé, — ce qui est incidemment indiqué dans une délibération municipale du 15 pluviôse an IX (4 février 1801) (5).

(1) Procès-verbal de Dom Kessel.

(2) Un inventaire dont il sera question plus tard, du 21 septembre 1792, mentionne « le dortoir de Lorette... » et « le grand dortoir ». (Arch. de l'Allier, série Q.)

(3) On y rencontre, à la bêche, les anciennes fondations, jusque vers le pavillon. On en rencontre également dans le jardin du presbytère, sur plusieurs points.

(4) Cet emplacement provient du terrain de l'abbaye, et la transformation en place publique résulte d'un acte de transaction devant Croizier, notaire à Moulins, du 7 octobre 1853, entre le maire de Saint-Menoux et l'abbé François-Alphonse Viallier, prêtre lazariste, demeurant à Saint-Germain-en-Laye, lequel avait intenté une action judiciaire en annulation de libéralités faites précédemment à la commune par Alphonse-Claude Richot, dont il était légataire universel. (Arch. de l'Allier, série O ; commune de Saint-Menoux.) — Le dessin de l'église qu'a publié l'*Ancien Bourbonnais*, montre bien l'ancienne limite, de même que le plan cadastral, ainsi qu'on peut le voir sur notre croquis.

(5) Il y est question d'une invitation par le maire Aubery du Goutet à un nommé Desbordes « de faire enlever le *bois de corde* qu'il a déposé sur la plate-forme existant le long du mur de la ci-devant abbaye jusqu'à la grande porte d'icelle, où il y a deux ormeaux plantés sur le bord de la grande route ; laquelle place a servi, de temps immémorial, à l'emplacement des bestiaux les jours de foire ». Les deux ormeaux existaient non loin de l'extrémité Nord-Est, près du caniveau de la route. Le dernier ne fut abattu que vers 1850. Quant à la *plate-forme*, c'était une bande de terrain longeant le mur et bordant la route en continuation de celle que l'on voit le long de l'église. On y plaçait, en effet, du bétail les jours de foire. Sur le dessin de l'*Ancien Bourbonnais*, ce terrain est très apparent.

A côté de la sacristie il y avait, suivant l'expression de l'*Annuaire*, le « très joli » chœur des religieuses, bâti dans le goût ogival. C'était probablement, avec le cloître, ce qui offrait le plus d'intérêt au point de vue de l'art (1), le reste étant « d'architecture très simple », construit « à différents temps » (2) et seulement recommandable, il faut croire, par le développement et l'importance.

Ce chœur était précédé d'un avant-chœur (3), et l'un et l'autre sont figurés sur le plan par terre qu'a publié l'*Ancien Bourbonnais*.

Près du chœur, mais sans qu'on puisse préciser davantage, était une chapelle voûtée consacrée à Notre-Dame de Lorette (4). Sa fondation remontait à 1641 et le titulaire en 1789 était l'abbé Jean Fallier (5), curé de Bagneux, frère de François, curé de Saint-Menoux. Elle était à la présentation des abbesses et à la collation de l'archevêque de Bourges. Interdite (6) en dernier lieu, elle servait de salle du chapitre et les messes à y acquitter se disaient dans l'église abbatiale (7).

(1) Dom Kessel dit avoir trouvé ce chœur « boisé, parqueté et assez orné ». La phrase est modérément admirative.

(2) *Annuaire* de 1813.

(3) La sacristie actuelle semble occuper en partie l'emplacement de l'ancienne, en même temps que celui de l'avant-chœur.

(4) Procès-verbal de Dom Kessel. — L'ancienne salle du chapitre était sans doute désaffectée en 1789, car on verra que la « chapelle de Lorette » en tenait lieu. — Il y avait aussi une « chapelle Sainte-Barbe », citée dans l'inventaire du 21 septembre 1792. (Arch. de l'Allier, série Q.)

(5) Et non Claude, comme il a été dit à tort dans notre article : *Pillage à l'abbaye de Saint-Menoux*, inséré dans le *Bulletin de la Société d'Emulation*, mai 1906. Claude était le notaire de Souvigny, nullement parent des deux autres.

(6) La mise en interdit d'une chapelle résultait d'une décision de l'archevêque, ou de visiteurs épiscopaux; elle se motivait d'ordinaire d'un état d'entretien défectueux.

(7) V. un acte de fondation du 9 novembre 1641, devant Panure et Decorsau, notaires à Bourbon-l'Archambault. Maître Louis Resmond, bourgeois de Bourbon, y constitue deux rentes payables annuellement au titulaire et verse entre les mains de l'abbesse une somme de 702 livres à titre de dotation. — V. également un acte de rachat de ces rentes devant Forgemort, notaire à Bourbon, du 18 juin 1701, par François Resmond, sieur de la Resmonerie. (Arch. de l'Allier, série H. 755.) — L'abbé Jean Fallier fit devant la municipalité, le 7 mars 1790, la déclaration de son bénéfice et on y lit : « ... La vicairie ou chapelle de Notre-

Les jardins et un petit cimetière « dans l'intérieur du *cour (?)*, appelé le *cour des morts* », où l'on inhumait les religieuses (1), et placé, au dire de Dom Kessel, entre le « jardin de Lorette » et le cloître, complétaient le couvent.

Plusieurs de ces jardins, le « parterre de l'abbesse » (2), par exemple, avaient des destinations particulières. Les autres devaient s'étendre au Sud et se prolonger derrière la maison de l'aumônier jusqu'à l'extrémité en pointe de l'enceinte, pour aller rejoindre le parc au moyen de la galerie traversant le sentier extérieur ; ce qui expliquerait que Touchard-Lafosse ait pu écrire qu'il « y avait un parc immense à leur extrémité » [des jardins].

Ce parc est resté, malgré son morcellement au Nord, entier dans sa configuration, exactement celle d'un rectangle. Un seul des murs de clôture, celui du Sud, existe encore ainsi que, à chacune de ses extrémités, deux tourelles ayant servi de chapelles ou d'oratoires (3). Sur les trois autres côtés des maisons ont été construites.

Dame de Lorette, dont je suis titulaire, consiste en un contrat de rente constituée, hypothéquée sur tous les biens de M. Bourdier de Roche, ancien lieutenant général de la châtellenie royale de Bourbon-l'Archambault, de la somme de 27 livres 10 sols annuellement ; plus en un contrat de rente de la somme de 15 livres, payables par Mme de Saint-Mesmin, dont, depuis que je suis titulaire, elle n'a rien payé, alléguant pour motif de son refus qu'elle veut voir les titres, qui sont des sentences du présidial de Moulins, et moi ne pouvant les exhiber, étant trop loin de sa résidence ; plus en un autre contrat de rente de la somme de 50 livres payables par l'abbesse de Saint-Menoux », à charge de dire « 12 messes basses, à acquitter dans la chapelle de Lorette, *qui sert de chapelle au Chapitre, ou salle de chapitre de ladite abbaye*, les premiers lundis de chaque mois ». Il reste à observer, ajoute l'abbé Fallier, « que ladite chapelle *est interdite* et que les messes s'acquittent dans l'église abbatiale et paroissiale de Saint-Menoux ».

(1) Procès-verbal de Dom Kessel. — Parfois, dans les monastères, l'espace découvert entre les quatre galeries du cloître servait de cimetière.

(2) V. Arrêté de l'administration du département du 23 août 1792.

(3) Celle de l'angle Sud-Ouest contient encore des traces de peintures. Sur les murs, trop détériorés, le sujet ne nous a pas paru compréhensible, mais M. l'abbé Moret, qui a pu l'examiner bien avant nous, a distingué des anges adorateurs autour de l'autel. (*Saint Menoux, sa vie et son culte*, p. 49.) Au plafond, laissé depuis longtemps sans protection contre l'humidité et dont les panneaux achèvent de moisir, on avait peint, sur un fond de ciel, des petites têtes d'anges, dont plusieurs ont conservé toute leur fraîcheur. Au centre, une colombe.

L'angle Nord-Ouest, à l'entrée du village, était occupé par des bâtiments d'exploitation (1) formant la *basse-cour ;* auxquels bâtiments avaient accès les religieuses par une porte de communication dont on voit encore, dans le mur de droite, en descendant la rue du Couvent, à 15 mètres au-dessous du pavillon, les pilastres et le cintre à clé de voûte en écusson mutilé (2). C'est un peu au delà, immédiatement après la basse-cour, que se trouvait la galerie citée par Benoît.

Cette galerie traversait le sentier sans en interrompre la circulation, sous une arcade monumentale, abattue longtemps après qu'eurent disparu Bénédictines et abbaye, vers 1855. Elle reliait à l'enclos les jardins intérieurs pour n'en faire qu'une promenade unique et variée ; et cet enclos, où de longues allées bordées d'espaliers circulaient sur les contours, où une charmille et quelques bouquets de grands arbres offraient la fraîcheur de leur ombre, représentait pour les religieuses l'image de la pleine et vivifiante nature, leur procurant en même temps les distractions de la vie et du travail champêtres ; — car ce n'était autre qu'une réserve de culture, avec un vaste potager dans le bas, au-dessus du « Creux Saint-Martin ». Quatre domestiques, en outre de deux jardiniers, y étaient occupés, ainsi qu'aux soins de la basse-cour (3).

(1) Disposés autour d'une cour de ferme que l'on désigne sous le nom de « cour du couvent ». On disait jadis la « basse-cour », ce qui était plus exact. (Arch. de l'Allier, série Q., dans un registre de procès-verbaux d'adjudication, 29 avril 1791.) — Cette basse-cour contenait non seulement les bâtiments nécessaires à l'exploitation de l'enclos, mais encore la « grange de la dîme », et des bergeries et étables faisant partie du « grand domaine du couvent ».

(2) Malgré ces mutilations on y remarque trois pals. Ce doit être l'écusson de la maison d'Amboise, qui a fourni à l'abbaye les trois abbesses Madeleine, Anne et Antonie. L'aîné de la famille d'Amboise, en Touraine et Auvergne, était titré, en 1569, marquis d'Aubijou ; armoiries : *palé d'or et de gueules*. La description du blason concorde assez bien avec l'écusson de Saint-Menoux, et l'époque des priorats d'Anne ou d'Antonie (xvie siècle) s'applique également à sa forme. (Note de M. Philippe Tiersonnier.) — Les abbesses de tous les ordres avaient communément l'habitude de placer leurs armoiries sur les constructions qu'elles faisaient édifier pour le compte de leurs communautés.

(3) La déclaration faite le 26 février 1790 des biens de l'abbaye, devant la municipalité, porte : « Basse-cour, quatre bœufs servant au labourage de l'enclos ou parc, au transport des bois et denrées à l'usage de l'abbaye, deux vaches, un

La campagne était très fertile en la paroisse. Loin de s'y « donner pour rien », comme ailleurs en Bourbonnais, à ce que raconte Arthur Young (1), la terre se vendait réellement, à Saint-Menoux, et à des prix plutôt élevés (2). On n'y rencontrait que très exceptionnellement des landes et friches, et non dans la proportion d'un tiers qui était, dit-on (3), la moyenne pour l'ensemble du royaume ; à plus forte raison dans celle que signale le voyageur anglais, qui exagère certainement, si on en juge par des informations mieux contrôlées que celles qu'il a laissées. D'après ces informations, — provenant de rapports officiels dont l'auteur, Jean Garnier, avait été chargé, en 1793, de visiter sous le titre de *commissaire-observateur*, la Nièvre, l'Allier et la Creuse, afin de rendre compte à la Convention de la situation économique et politique de ces départements, — on évaluait, en Bourbonnais, aux deux tiers la partie des terres labourables ; et dans ces terres étaient comprises celles où croissaient les bruyères et les genêts, que l'on culti-

cheval..., deux charrettes, quatre lits ou couchettes de domestiques... » Ledit enclos fut affermé, suivant procès-verbal d'adjudication du 29 novembre 1792, pour trois ans, à Jean Condamine, Félix Pessaut et Antoine Trémont, moyennant 470 livres. Un état de lieux fut dressé. Il y est dit « qu'à la charmille les arbres sont à tous vents et totalement en ruine ; qu'il y a environ quinze ans qu'elle n'a pas eu de *réparations* ; que les arbres espaliers sont sans *attrait*, n'ont que peu de vigueur et ont tous besoin d'être taillés, au nombre d'environ deux cents ; qu'il y a encore deux cents arbres fruitiers à tous vents... qui sont au long des allées... De plus, les dits experts nous ont dit qu'il y a d'ensemencés douze boisseaux de froment, mesure de Moulins ; plus, ils ont déclaré que dans le jardin potager il y a un carré d'artichauts et d'asperges... » Les murs étaient en mauvais état, avec éboulements partiels, et les *cabinets* des quatre coins bien entretenus. (V. arrêté du district, du 11 février 1790.)

(1) *Voyage en France*, III, 7 août 1789. — Young dit autre part : « Les trois quarts du Bourbonnais sont des bruyères, du genêt ou des bois. »

(2) Il semble, par quelques actes que nous avons pu consulter, que le prix moyen était, en petite propriété, de 500 à 800 livres — soit de 1.000 à 1.600 francs d'aujourd'hui, — pour une étendue correspondant à un hectare, et davantage aux abords du bourg. En grande propriété, les prix étaient beaucoup moindres ; cependant, en 1775, les fiefs de Souys et Cluzor réunis, de six cents à sept cents hectares au plus, se vendaient 244.600 livres. Les ventes de biens nationaux, en 1791, aideront à se faire une opinion sur le taux de la terre dans la paroisse, en 1789.

(3) E. Champion ; la *France en 1789*, dans l'*Histoire générale*, de Lavisse et Rambaud, VIII, 17.

vait à leur tour et qui servaient de pacages aux bestiaux. Les bois occupaient un sixième, ou moitié de l'autre tiers, et les prés et vignes le dernier sixième (1). Mais ces données, quoique déjà moins défavorables, ne pouvaient encore s'appliquer à Saint-Menoux, pays de fertilité et de progrès agricole, où tous les domaines existant de nos jours étaient alors et depuis longtemps créés (2), et où la quantité de terres cultivées régulièrement n'aurait pas été sensiblement augmentée si quelques bois n'eussent été défrichés (3).

Une remarque à faire, c'est qu'à la culture des céréales s'ajoutait celle de la vigne, totalement abandonnée par la suite, on ne sait pour quelle cause, et qui semble redevenir en faveur. Il s'y trouvait plusieurs vignobles isolés et presque toutes les exploitations contenaient une vigne et un pressoir (4).

Les procédés usités en agriculture laissaient fort à désirer. Dans toute la circonscription dont fut formé le district de Moulins, l'instrument de labour des chambonnages (5) n'était encore que l'araire muni d'une bêche horizontale très aiguë. Pour les autres terres, comme celles de Saint-Menoux, fortes et argilo-calcaires (6), on se servait d'araires différents, dont l'un portait un fer de lance et l'autre un simple coin de

(1) Les *Rapports* de Jean Garnier sont du plus haut intérêt. On en trouve·les originaux aux Archives nationales, F²⁰ 156, et des extraits en ont été publiés par Chazaud dans le *Bull. de la Soc. d'ém.*, t. II, 331-348.

(2) Il y avait, dans la paroisse, 39 domaines et 10 locateries, d'après la « liève des corvées de la Haulte justice de la châtellenie de Bourbon », document déjà cité.

(3) Les défrichements ont eu lieu surtout·aux dépens de ce qu'on appelait le « Bois de la Garenne de Lépaud » et la « Forêt de Lépaud ». que traversait l'ancienne route de Moulins à Bourbon. Les taillis dits de Villard et de Nuzille ont également disparu.

(4) Cela est indiqué par des expertises faites pendant la Révolution pour attribution de secours à la suite de grêle. Dans une délibération municipale du 3 mars 1793, un nommé Gilbert Saulnier est qualifié de « vigneron », et ce mot revient assez souvent dans les registres paroissiaux. Il y avait dans la paroisse le hameau des « Vignes » et le « Clos de Treillebourg ».

(5) Expression servant à désigner les riches terres d'alluvions modernes du val de l'Allier et des vallées qui aboutissent à l'Allier, lesquelles conviennent surtout aux prairies et aux cultures maraîchères.

(6) Jouffroy, professeur départemental d'agriculture de l'Allier; dans l'*Allier*, de I.-A. Rayeur, p. 121 et 122.

forme ronde, pointu à une de ses extrémités. On n'employait la véritable charrue que dans les environs de Gannat et de Cusset.

L'araire était un outil primitif. Avec lui, écrit Jean Garnier, « on sillonne et on ne laboure pas, les deux tiers au moins de la terre échappent à son action ». Et en vain prétendait-on remédier à cet inconvénient en croisant les labours. En employant « des instruments mieux entendus, ajoutait-il, la culture pourrait entièrement changer de face, et cette réforme doit faire le premier objet à traiter par la nouvelle Société d'agriculture de Moulins (1) ».

Les petites fermes étaient généralement mieux cultivées que les grandes, en raison de ce qu'elles produisaient proportionnellement davantage d'engrais naturel (2).

A Saint-Menoux on rencontrait des surfaces considérables en terrains vagues (3), des haies hautes et épaisses débordant, raconte le Moulinois Antoine Diannyère, sur les héritages, sur les chemins, en végétations parasitaires (4), et un peu partout des bouquets de grands

(1) Pour la réorganisation pendant la Révolution de l'ancienne Société d'agriculture, v. H. Faure : *Histoire de Moulins*, II, 387.

(2) Un usage des laboureurs, tout à fait contraire au progrès agricole, était « d'aller au charroi » le plus possible. Jean Garnier, chez qui nous trouvons ces détails, le qualifie d' « immoral ». Celui qui s'y adonne, dit-il « ne quitte plus les grands chemins que pour les cabarets ». Le charroi était en effet la mauvaise ressource du laboureur pauvre. Il y trouvait des profits immédiats, mais au détriment de son bétail et de ses récoltes. — Jean Garnier, à propos des cultures nouvelles qu'on pourrait introduire en Bourbonnais, disait encore prophétiquement qu'il « serait surtout intéressant de diriger l'esprit des colons vers les prairies artificielles et de substituer la culture des pommes de terre à celle du sarrazin...» Ces vues d'un esprit sagace disent assez la confiance qu'on doit lui accorder.

(3) Principalement aux abords des fermes. On peut citer comme exemple un terrain appelé la « place de Nuzille », en forme de rectangle, qui occupait tout l'espace compris entre l'ancien chemin de Bigut et celui du Pont-Chartier, sur trois cents mètres de longueur. Cette place séparait les deux fermes de Nuzille et de la Côte ; quatre chemins y aboutissaient et son étendue était de douze boisselées ou un arpent et demi. Elle dépendait du « domaine du roi à cause de son fief de Bourbon-l'Archambault ». (Arch. de l'Allier, série F., plan nº 586.) — Un peu partout les chemins tantôt s'élargissaient en terrains gazonnés, tantôt se rétrécissaient au point de ne laisser qu'un passage insuffisant.

(4) Chazaud, dans la publication des *Rapports* de Jean Garnier, a ajouté en note des renseignements intéressants émanant d'Antoine Diannyère, sur l'état

arbres ou « bouqueteaux ». Cela donnait au pays une beauté particulière et répandait le charme d'une nature fraîche et abondante, aussi bien sur les riches coteaux qui encadrent les vallées de la Rose (1) et du Chamaron, que dans ces vallées elles-mêmes.

Malheureusement ces avantages, agréables seulement au chasseur — le gibier foisonnait, — ne se conciliaient guère avec les exigences du travail rural qui, pour être moins inactif qu'en la plupart des autres régions du Bourbonnais, n'avait cependant encore reçu à Saint-Menoux qu'un développement forcément restreint, le progrès n'ayant pu y devancer la science. Le bétail, qui en est le facteur indispensable, était trop peu nombreux, et par suite le rendement des terres très inférieur à ce qu'il est devenu par les pratiques intensives (2).

Cinq foires, où se traitaient activement et abondamment les affaires agricoles, se tenaient au bourg. Elles étaient renommées et qualifiées de « considérables » (3), ce qui ne doit, naturellement, s'interpréter qu'avec les restrictions imposées par la situation économique du moment.

Les échanges avaient lieu principalement avec les paroisses avoisi-

des chemins en Bourbonnais. On y voit que ces chemins étaient obstrués par les haies, « dont l'épaisseur et l'étendue, parce qu'elles ne sont jamais taillées, resserrent les passages... » — Antoine Diannyère, né à Moulins le 26 janvier 1762, mort en 1802, fut membre de l'Institut. Il a publié de nombreux ouvrages de littérature et d'économie politique.

(1) On dit aussi « l'Ours », mais le vrai nom, celui de l'époque gallo-romaine, est la Rose (I.-A. Rayeur : l'*Allier*, p. 15).

(2) Les Archives départementales possèdent les copies de plusieurs baux de propriétés ayant appartenu à l'abbaye et de quelques autres ; mais ces baux ne peuvent servir de point de comparaison pour établir le revenu des terres, car les contenances n'y sont jamais indiquées. Il semble seulement que les prix de ferme ne devaient guère être inférieurs à la moitié, pour les grandes propriétés, des prix actuels. Ainsi le fermage de Losme, propriété de la paroisse située sur la limite de celle de Bourbon, était, d'après un bail de 1788, le seul qu'il ait été possible de vérifier avec précision, de 1.056 livres pour quatre-vingt-dix *septérées* (nom de superficie contenant seize boisselées ou deux arpents) de terres, *pâturaux* et prés, soit un peu moins de quatre-vingt-douze hectares représentant environ 25 francs d'aujourd'hui par hectare.

(3) Arch. de l'Allier, série L, district de Moulins, affaires diverses ; circonscriptions territoriales.

nant le cours de l'Allier, dans la direction de Villeneuve. Une délibération du conseil général de la commune de Saint-Menoux, du 20 ventôse an III (10 mars 1795), dit que le chemin de Montilly facilitait les transports et l'importation de denrées « à provenance du port de Ray » (1) et « des bois de la forêt [Bagnolet], des vins de Montilly et Bagneux et des seigles récoltés dans ces contrées, les seules où le bourg pût s'approvisionner ». Cette rédaction laisse croire qu'il n'eût pas été possible de s'adresser ailleurs : c'est en partie exact, et l'impossibilité résultait, non de ce que d'autres paroisses à proximité de Saint-Menoux ne fussent pas aussi des lieux de production, mais de ce que les communications ne pouvaient être régulières avec elles, faute de bons chemins.

Le mauvais état des chemins — le grand souci des paysans d'alors, l'objet de leurs constantes lamentations, — rendait en effet le plus souvent les voyages difficiles, les travaux coûteux ; et ce mauvais état tenait à diverses causes, entre autres à ce que, dit encore Antoine Diannyère, « dans l'Allier les chemins n'ont jamais été faits... » Ils devaient, d'après lui, leur existence au hasard seul et offraient tant de difficultés que « quatre bœufs y traînent avec peine ce que deux bons chevaux conduiraient » (2).

Telle était la route de Moulins à Bourbon ou « grande route », et celle de Souvigny à Saint-Menoux. Pires encore les chemins reliant Saint-Menoux aux bourgs voisins, Autry, Agonges, etc., où la circulation se trouvait absolument interrompue en hiver (3) ; et quant à ceux qui en

(1) Près du village de Bagneux, en face de Villeneuve.

(2) V. à ce sujet un arrêté du directoire du département, du 8 germinal an III (28 mars 1795).— Avant la Révolution on réparait cependant les chemins à Saint-Menoux, ainsi que nous aurons à le constater.

(3) Les registres municipaux où il en est question contiennent des délibérations (2 et 7 février 1791 et celle citée plus haut du 20 ventôse an III). On lit dans la dernière : « La rue allant de Saint-Menoux à Autry, appelée [significativement] la rue de Maupas, jusqu'à et y compris le gué de Battereau, de la rivière de Rose, de cinq à six cents toises, est impraticable presque en tout temps ; il est indispensable de la réparer, ainsi que le gué..., sans quoi il est impossible de communiquer avec les communes d'Autry et de Meillers, à pied, à cheval ou en voiture... » Même observation pour le chemin de Saint-Menoux à Agonges jusqu'au moulin de Roussat, ainsi que pour celui de Saint-Menoux à la forêt par le Goutet

formaient les ramifications nécessaires et les auxiliaires, aboutissant aux fermes, ce n'était, pendant la saison pluvieuse, que bourbiers et ravins où sursautaient et s'enfonçaient les véhicules, mais où, si la circulation y était légère, l'herbe poussait en été à l'ombre des grands arbres des haies, formant en leurs méandres d'excellents pacages à moutons.

Les paysans n'étaient pas davantage favorisés sous le rapport de l'installation intérieure. Les constructions pour bêtes et gens, souvent en parpaing et pisé, couvertes de paille (1), n'offraient pas même de sécurité. Le sol des chambres, où s'accumulait une population dense et grouillante, n'était et ne sera longtemps encore que terre battue, et les cours dans les fermes des cloaques aux fortes émanations. Tout cela constituait des milieux délétères où succombaient les débiles (2).

et les Garandons, « qui communique aux ventes [exploitations] de ladite forêt, aux communes de Bagneux et Montilly, port de Ray, et qui établit avec toutes ces communes un commerce de toutes sortes de denrées et marchandises... » L'ancien chemin de Saint-Menoux à Moulins exige également, disent les officiers municipaux, des réparations « depuis le bout de la vieille levée (?) jusqu'au ruisseau de la Tardivonnerie, sans quoi on ne peut aller à Moulins par le chemin de traverse, plus court d'une lieue que la grande route ». — On ne doit pas oublier, toutefois, que les municipalités avaient l'habitude d'exagérer le plus possible leurs maux. « On peut aller facilement partout, les ruisseaux étant garnis de planches .. » répondait en 1785, avec beaucoup moins de pessimisme à l'archevêque de Bourges — dans un questionnaire dont il sera parlé — le curé de Saint-Menoux, Fallier, l'auteur même de la délibération de l'an III. — Le pont sur la Rose, route de . Bourbon, est cité dans le *Mémoire de la Généralité de Moulins*, de l'intendant Le Vayer, p. 164, publié par M. P. Flament, archiviste de l'Allier, comme étant « assez grand ».

(1) L'usage de la brique et de la tuile commençait à se généraliser. Il y avait une tuilerie dans la paroisse, aux Garandons, mais ses produits ne devaient pas s'écouler à grande distance, en raison de la difficulté des transports. Les domaines de l'abbaye étaient bien construits ; la remarque en est faite dans le cahier des charges dressé pour l'adjudication du grand domaine du couvent. (Arch. de l'Allier, série Q. 67 ; 31 mai 1791.) Parmi les bâtiments de ce même grand domaine, aujourd'hui appartenant à M. le docteur Léon Bruel, une vaste construction pour étables porte la date de 1780, inscrite dans son crépissage.

(2) Pendant les trois années 1787-1789 la proportion des décès fut de 4,53 °/o de la population contre 1,86 °/o en 1904-1906. La mortalité infantile était surtout énorme. Sur une population de 1.000 habitants environ le nombre des décès d'enfants au-dessous de quatre ans avait été de 19 en 1787, de 33 en 1788 et de 26 en 1789, soit une moyenne de 2,51 °/o, plus de la moitié de la totalité, tandis que

La plupart des terres de la paroisse étaient groupées en domaines dont en certains cas plusieurs, formant les grandes propriétés ou principaux fiefs, se trouvaient réunis.

La plus importante de ces grandes propriétés appartenait à Mme Géline-Françoise de Murard, femme de Jacques-Pierre Serre de Saint-Roman, conseiller au parlement de Paris (1). Elle comprenait les deux châteaux de Souys et de Cluzor, avec une réserve et sept grandes fermes (le Grand-Souys, les Garandons, Joux, Chancoux, Cluzor, les Vernelles et les Govignons) ; plus une tuilerie, un moulin et une locaterie. Une très belle habitation dont l'architecte aurait été, dit-on, Jules Hardouin-Mansart, surintendant des bâtiments du roi (2), avait été édifiée à côté de l'ancien Souys, abandonné aux métayers.

pendant les années 1904-1906 on ne compte, sur une population *à peu près supérieure de moitié*, qu'un seul décès d'enfant de cet âge en 1904, 6 en 1905 et 2 en 1906. La moyenne de la vie humaine, pendant ces trois années, a dépassé 55 ans, alors qu'elle n'avait été que de 31 ans en 1789 et inférieure à 30 ans en 1788 et en 1787. (Registres paroissiaux et d'état-civil.) — On lit dans les *Rapports* de Jean Garnier : « la mauvaise nourriture et l'ignorance dans l'art de se gouverner en santé occasionnent beaucoup de maladies et il périt tous les ans, dans les campagnes, une grande quantité de colons, par incurie... »

(1) Mme de Saint-Roman en avait fait l'acquisition (devant Baron, notaire à Paris, 17 mai 1775), au prix déjà mentionné de 244.600 livres, dont 88.500 pour Cluzor, de Claude-Parfait Amyot. Le grand-père de ce dernier, Nicolas-Pierre Amyot de Montérigny, avait lui-même acheté cette terre en 1720 de Jacques Faverot, seigneur de Saint-Aubin, à qui elle avait été vendue en 1692 par Marc-Antoine Gaudon, capitaine au régiment de Condé. (Sur les anciens possesseurs de Souys et Cluzor, v. : *Noms féodaux ;* Reg. paroissiaux de Saint-Menoux ; *Hist. de Saint-Menoux*, p. 293 et suiv. ; et *Extrait des Archives du château de Segange*, par M. du Broc de Segange, p. 141.)

(2) Souys serait alors antérieur de quelques années à 1708, date de la mort de Mansart, et la construction aurait eu lieu probablement en même temps que celle de ce pont de Moulins, dont il fut également l'auteur et qui s'écroula en 1710. Toutefois, on ne cite pas de documents à l'appui. — La tradition rapporte encore que c'est Mme de Montespan qui aurait fait édifier le château pour lui servir de halte quand elle allait prendre les eaux à Bourbon, où l'on sait qu'elle mourut en 1707 ; mais est-il vraisemblable qu'elle ait eu ce caprice d'une habitation de cette importance, écartée de la route, sur le terrain d'autrui et pour des besoins aussi momentanés ?... Ce qui le serait davantage ce serait que Faverot, s'étant mis en dépense pour se loger d'une manière plus conforme à son rang qu'il ne l'était dans le trop modeste manoir des Gaudon, ait été admis à faire à la célèbre

Venaient ensuite Lamotte et Lépaud. Lamotte paraît avoir été beaucoup moins considérable que Souys et Cluzor, si on en juge par des actes ultérieurs à la Révolution (1), qui lui attribuent néanmoins trois domaines (la Vallée, la Breure, Jayère) et quatre locateries, avec le château et la réserve. Le possesseur était un de Vic de Pontgibaud, et antérieurement les Guillouet (2), après les Catriot (3) et les d'Anlezy (4).

Rien ne rappelle à Lamotte les seigneurs de jadis ; à la place où ils ont vécu une demeure toute moderne, d'où la vue plane sur l'agreste vallée du Chamaron, minuscule affluent de la 'Rose caché sous les ronces et les aulnes, existe maintenant.

Lépaud, dont on aperçoit, à gauche de la route de Bourbon, le petit château restauré, s'ajoutait aux nombreux biens du chevalier Pierre-Joseph Renaud de Boisrenaud (5). Une réserve et quatre domaines (la Pâquette, Piquet et les deux Losme (?) en dépendaient (6).

L'abbaye possédait aussi dans la paroisse plusieurs fermes. Il en sera question plus loin.

Citons également les petits fiefs : Lavin, le Goutet, Bigut.

voyageuse les honneurs de sa nouvelle demeure, et de là, peut-être, le point de départ de la légende. Il est possible aussi que Faverot se soit ruiné à la fois à bâtir et à recevoir la duchesse, car quand il vendit son bien, quelques années après, il l'était en effet.

(1) *Hist. de Saint-Menoux*, p. 304.

(2) *Noms féodaux*, en 1684 et en 1716.

(3) Reg. paroissiaux de Saint-Pierre des Ménestraux ; 6 décembre 1639.

(4) Reg. paroissiaux de Saint-Menoux : 22 avril 1597 et 21 avril 1600 ; *Noms féodaux.*

(5) Sa mère, Mme Rose-Josèphe Cardon, veuve de Henri-Pierre-Jacques Renaud de Boisrenaud, mort avant 1769, ancien capitaine au régiment de Lévy-Cavalerie, chevalier de Saint-Louis, lui avait fait l'attribution de la terre de Lépaud dans le contrat de mariage (13 novembre 1769), à Bar-sur-Ornain [Bar-le-Duc], de son frère aîné Antoine-Louis-Joseph, chevalier, seigneur des comté de Sagonne et baronnie de Jouy ; et son père l'avait lui-même achetée, en 1745, avec les Vesvres et Embourg, paroisses de Bourbon et Souvigny, du comte d'Evry. (Arch. de l'Allier, série E. 1658-1660.) Antérieurement, depuis la fin du xvie siècle, Lépaud appartient à la famille Feydeau, pour passer, à la fin du xviie, à celle de Coiffier.

(6) Arch. de l'Allier, série Q. 241.

Lavin est le seul dont il ait été possible de connaître l'étendue exacte (quatre-vingt-douze hectares) (1). L'ancienne maison est restée intacte, de même que le castel — plus digne d'intérêt, — du Goutet, où vivaient, réfugiés dans ce faible noyau des grands biens de leurs ancêtres, les deux frères Aubery.

Bigut, situé sur la lisière de la paroisse d'Autry, était habité par le chevalier de Jarsaillon, qui fut le premier maire de Saint-Menoux. Avant la Révolution on qualifiait de château ce rustique logis, — simple rez-de-chaussée flanqué au pignon sud d'une petite tour (2), et qu'entouraient en demi-cercle des granges et étables, — mais depuis long-temps a été abandonnée l'habitude de cette appellation trop flatteuse. C'était le type parfait de la vraie gentilhommière, où certains nobles campagnards peu fortunés, d'autrefois, se résignaient à vivre pour ne pas risquer d'humilier un nom que leur trop modique avoir ne leur eût pas permis de soutenir honorablement à la ville.

Le chevalier de Jarsaillon ne possédait Bigut que depuis 1782. Il en avait fait l'acquisition de Jacques de Dreuille, qui lui-même avait pris la place des Aubouer, que l'on voit pendant tout le XVIIIe siècle et presque tout le XVIIe, généralement en discussion avec leurs voisins pour finir, semble-t-il, par se ruiner en procès (3).

Les petits propriétaires étaient-ils nombreux dans la paroisse ? C'est une question qui a été posée et l'est encore pour la France entière sans avoir été complètement élucidée (4). Nous n'avons pas de renseigne-ments positifs à ce sujet sur Saint-Menoux, mais à défaut d'un rôle de

(1) Appartenant à Claude Deschamps de Bisseret, de Lavault-Sainte-Anne, mort le 20 mai 1789. Ce fief provenait (XVIIe siècle et jusque vers la fin du XVIIIe) des comtes de Coiffier.

(2) Cette tour subsiste, mais endommagée par des éboulements. Avant de récentes réparations, Bigut n'avait subi aucun changement depuis la Révolution. Une petite chapelle extérieure, qui masque un peu la façade, porte en clé de voûte un écusson intraduisible.

(3) V. Arch. de l'Allier, série B. 167 et série E. 1139-1141. — Antérieurement à 1633 on trouve à Bigut des Teneuille ou Theneuille, et avant eux les Esgrin, seigneurs de Laugère, la Forêt, Joux, etc.

(4) E. Champion, la *France en 1789*, dans l'*Hist. générale*, de Lavisse et Rambaud, VIII, 18. — V. aussi dans la *Révolution française*, revue, XXXIV, p. 370, un article de M. Aulard.

collecteur ou autre pièce administrative du temps, signalons un état des revenus de la commune, du 15 prairial an XI (5 décembre 1802), dont les Archives départementales possèdent quatre feuillets sur cinq (1). Sur quatre-vingt-sept contribuables fonciers qui y sont nommés, la plupart sont de petits propriétaires déjà qualifiés tels, ou leurs auteurs, pendant ou au début de la Révolution, dans des actes de vente (2) ou procès-verbaux d'élections.

Un autre document, du 19 mai 1792 (3), qui est un récolement établi par Jacques Boirot, avoué à Moulins, de sa ferme des Epignauds, dont il venait de faire l'acquisition et provenant de l'abbaye, tendrait encore à indiquer que la propriété n'aurait guère moins été morcelée, dans la commune, qu'aujourd'hui, si quelques ventes en détail n'eussent eu lieu ultérieurement à la Révolution. L'étendue de cette ferme était de cinquante et un hectares, et dans la désignation sont nommés treize petits propriétaires voisins. Nous n'en savons pas davantage sur cette question.

La population du bourg, avons-nous dit, était de cinq cents habitants environ. Elle se composait, suivant les expressions qu'employait, en 1786, le curé, répondant à un questionnaire de l'archevêque de Bourges (4), de « 300 communiants et à peu près 200 enfants ». Et d'après lui les gens de campagne auraient été plus nombreux car la paroisse entière, ajoutait-il, comprenait 700 communiants, c'est-à-dire 400 pour la partie rurale ou, en y ajoutant les enfants dans la pro-

---

(1) Arch. de l'Allier, série GG.

(2) Dans plusieurs actes de vente concernant de petits propriétaires, nous avons observé que les parcelles sont presque toujours limitées par d'autres petits propriétaires.

(3) Obligeamment communiqué par son possesseur, M. l'abbé Moret.

(4) Copié à la suite d'un cahier contenant la table des actes paroissiaux de 1706 à 1792. (Arch. de l'Allier, série GG. 12.) L'abbé François Fallier, curé de Saint-Menoux, avait dressé cette table lors de sa nomination comme officier public chargé de la tenue des actes de l'état civil, le 9 décembre 1792. Le questionnaire était de ceux que, sous l'ancien régime et en application de décisions synodales, l'autorité ecclésiastique adressait périodiquement aux curés pour se renseigner sur l'état des paroisses.

portion indiquée pour le bourg, 1.200 âmes au total. Mais l'exagération est évidente puisqu'on verra, par le recensement de 1790,
mentionné en un procès-verbal de la municipalité du 29 août, que cette
population totale ne s'élevait qu'à 1.008 habitants (1).

Dans cette petite communauté, ainsi que l'on disait alors, étaient
représentés les trois ordres. Au sommet de l'échelle figurait naturellement l'abbesse, Mme Andrée de Sainte-Hermine, ayant rang de seigneur. Elle était d'une famille fort ancienne possessionnée en Poitou,
Limousin, Saintonge et Angoumois (2), et abbesse depuis 1759. Elle
avait vingt-neuf ans quand elle signa son acte de profession, étant née
paroisse de Mosnac, diocèse d'Angoulême, le 23 février 1729 (3), de
Hélie de Sainte-Hermine la Barrière, chevalier, seigneur de Saint-Lau-
rent de la Barrière, et de Magdelaine de Boisragon (4). Elle paraît avoir
exercé ses pouvoirs seigneuriaux, — presque une petite royauté (5)
avec non seulement un titre et des droits honorifiques, mais aussi des
droits utiles et effectifs, — d'une façon plutôt débonnaire et familiale,
comme il convenait à son sexe.

Dans son abbaye elle avait toujours vécu entourée de quelques-uns
de ses parents, dont plusieurs y avaient même contracté des habitudes
sédentaires. Sa sœur cadette, Louise-Madeleine, née le 25 août 1734 —

(1) Un autre recensement, mais argué de faux et inscrit le 15 décembre 1790
au registre de la municipalité, donne les chiffres suivants : habitants du bourg, 452 ;
de la campagne, 454. Il sera parlé plus loin de ce recensement, qui fut l'occasion d'un curieux incident.

(2) V. Généalogie des maisons Irland et de Sainte-Hermine, Bibliothèque municipale de Moulins. — L'abbesse de Saint-Menoux était d'ailleurs nommée par le
roi et « toujours prise parmi les familles de la plus haute noblesse ». (Abrégé de la
Géographie du département de l'Allier, par Alary, p. 56) — Un comte de Sainte-
Hermine, neveu de l'ancienne abbesse, fut préfet de l'Allier (1832), et il y a
quelques années un marquis du même nom était député de la Vendée.

(3) Arch. de l'Allier, série Q. (Résumé de la situation active et passive de l'abbaye ;
pièce contenant la liste des religieuses, avec la date de naissance de chacune.)

(4) Ainsi nommée au registre paroissial de Saint-Menoux. Sur un extrait de
celui des naissances de la paroisse de Mosnac (canton de Châteauneuf, Charente),
on lit : « Louise-Magdelaine Fé ».

(5) Le siège où elle prenait place dans le chœur était appelé : le « trône », ou
« trône abbatial. » (V. un procès-verbal d'installation de l'abbesse Marie de Sou-
deilles, en 1748 ; Hist. de Saint-Menoux, p. 198.)

également à Mosnac, — y résidait constamment et s'y maria deux fois : le 29 avril 1777 avec François-Pierre de Lafitte, de Poitiers, ancien capitaine de vaisseau, chevalier de Saint-Louis, âgé de 52 ans, qui mourut presque aussitôt après ; et le 6 septembre 1779 avec Louis-Pierre Irland, aussi de Poitiers, chevalier de Saint-Louis, né à Saint-Benoît de Quinçay, le 13 octobre 1725 (1). Sur le registre paroissial qui constate son premier mariage, Louise-Madeleine est désignée comme « pensionnaire de l'abbaye de Saint-Menoux ».

Mme de Sainte-Hermine avait auprès d'elle les religieuses de chœur : Marie-Thérèse de Courtais, Marie-Joséphine Maréchal, Antoinette Delaire, Marie Deschamps de Pravier de Belfond, Marie-Anne Dubroc, Anne-Catherine-Françoise de Bosquillon de Frescheville, dite de Saint-André, Marie-Hélène-Adélaïde Maquet de Barbodière de Martilly, Jeanne-Madeleine-Cécile Duverne et Magdelaine Aucapitaine ; puis deux converses : Marie Allard et Marie-Anne Lebrun, avec une sœur donnée, Marie Vedet. La doyenne, Marie Allard, était âgée de soixante-dix ans et la plus jeune, Magdelaine Aucapitaine, de vingt-quatre (2).

(1) V. pour les renseignements ci-dessus, indépendamment des deux mariages de Mme Irland, mentionnés aux reg. paroissiaux de Saint-Menoux, Arch. de l'Allier, série Q. 6. L'*Hist. de Saint-Menoux* contient également des détails sur la famille de Sainte-Hermine, p. 202 et suiv.

(2) Voici d'après le document des Archives déjà cité en note p. 29, l'âge de chacune d'elles et la date d'entrée au monastère de quelques-unes, suivant les actes de profession produits devant la municipalité, le 19 janvier 1791, ainsi qu'on le verra.

Religieuses de chœur : la sœur de Courtais, née le 2 février 1724; la sœur Maréchal, née le 18 mars 1732; la sœur Delaire, née le 29 octobre 1735, fit profession le 14 août 1754 ; la sœur Deschamps, née le 12 juillet 1737, fit profession le 22 octobre 1754; la sœur Dubroc, née le 2 février 1738, fit profession le 26 janvier 1763 ; la sœur de Frescheville, née le 24 octobre 1748, fit profession le 8 novembre 1774 ; la sœur Maquet, née le 18 août 1756, fit profession le 22 juillet 1776; la sœur Duverne, née le 24 juin 1763, fit profession le 3 juin 1783 ; la sœur Aucapitaine, née le 16 février 1765.

Sœurs converses : la sœur Allard, née le 12 juillet 1719, fit profession le 23 mai 1745 ; la sœur Lebrun, née le 24 janvier 1724.

La sœur Marie Vedet, née le 28 janvier 1726, s'était « donnée à l'abbaye par acte capitulaire du 7 janvier 1760 ».

Les Bénédictines de Saint-Menoux avaient été plus nombreuses aux époques

Un aumônier, le bénédictin dom Pierre-Joseph Bizot (1), assurait le service du culte au monastère tout en vaquant à l'administration des biens. Le clergé comptait en outre le curé et un ancien trésorier de la Sainte-Chapelle de Bourbon, en retraite, Maurice Deschamps de Pravier, retiré à Lavin.

De nobles il n'y avait que le chevalier de Jarsaillon, les frères Aubery du Goutet et le chevalier Irland. Les autres personnages titrés, possessionnés dans la localité, n'y faisaient que de courtes et lointaines apparitions.

Deux notaires étaient installés au bourg (2): Guillaume Aucouturier, s'intitulant aussi notaire de Souvigny, où il se transportait à jours fixes pour passer des actes, et qui cumulait avec sa charge la fonction d'officier de la justice seigneuriale, et son collègue Jean-Baptiste Chabrol (3). Un huissier, Jean Blondin; deux chirurgiens (4), Steuf et Rolland, et quelques rentiers dont Etienne Archambault de la Thuillerie (5) com-

antérieures. Du temps de Nicolas de Nicolay, c'est-à-dire avant 1569, on en comptait vingt-neuf (*Générale Description du Bourbonnais*, édit. Vayssière, II, 153). — En 1686 il y en avait vingt, d'après le *Procès-verbal de la Généralité de Moulins*, de l'intendant Florent d'Argouges, et seize en 1727 (*Hist. de Saint-Menoux*, p. 192).

(1) Dom Bizot était aumônier de l'abbaye depuis peu, ayant succédé à dom Coussot, également religieux bénédictin de l'ordre de Cluny.

(2) Le nombre des notaires de campagne était considérable. Il s'en rencontrait jusqu'en de simples hameaux. Ils ajoutaient parfois au produit de leur étude d'autres professions comme celle d'aubergiste. En 1702, Marc Blanzat, prédécesseur médiat d'Aucouturier ou de Chabrol, est notaire royal à Saint-Menoux et « hôte de la Tête-Noire », dont le tenancier sera plus tard l'huissier Jean Blondin. (Arch. de l'Allier, série E. supp., *Inventaire*, I, 733.)

(3) Chabrol mourut le 26 mars 1791 (Arch. de l'Allier, série E. supp., *Ibid.* I, 738), et n'eut pas de successeur, ainsi qu'on le voit dans une lettre du 28 février 1793 du procureur de la commune au procureur-syndic où on lit: « Il n'y a dans notre municipalité qu'un notaire, qui est le citoyen Aucouturier... »

(4) Médecins d'un ordre inférieur, et non des praticiens s'adonnant aux opérations chirurgicales, comme on le pourrait croire. Le médecin des religieuses était Faye, de Bourbon.

(5) Ce dernier habitait Saint-Menoux depuis peu. Dans un acte passé devant les notaires de Bourbon-l'Archambault, le 10 mai 1783, il est qualifié de « bourgeois et garde à la monnaie ». Lui et Claudine Cottin, sa femme, « demeurant ensemble en la ville de Moulins, paroisse de Saint-Pierre d'Iseure », font donation du « bien de la Thuillerie », situé paroisse d'Agonges, à « messieurs maîtres

plétaient le groupe de la bourgeoisie, pour la plupart gens d'allures bien modestes avec qui allaient de pair les petits propriétaires, les marchands, les fermiers, les entrepreneurs (1). Quelques fermiers avaient même sur eux la supériorité de la fortune acquise, de tout temps la plus réelle et en tous cas la plus enviée.

Le peuple proprement dit, classe de beaucoup la plus nombreuse, ce qui constituait aussi une supériorité, qui bientôt allait devenir effective, comprenait les métayers et les journaliers, dont il serait intéressant de connaître la situation.

Dans tout le royaume, ainsi qu'en font foi les cahiers de doléances, cette situation était précaire. Les cultivateurs récriminaient beaucoup contre la taille et les droits. Ce qui est certain, c'est que les auteurs du temps, de toute opinion, ont laissé un tableau très sombre des conditions d'existence des habitants des campagnes en 1789. Les hommes et les femmes y étaient mal vêtus (2), ne mangeant que du pain de seigle « dont ils n'enlevaient même pas le son le plus grossier... », rapporte Jean Garnier; et quant au vin, « il ne s'en consommait que dans les cabarets ».

La condition des gens vivant de salaires journaliers devait être plus pénible encore que celle des métayers, à cause des chômages, sans lesquels ils n'eussent pas éprouvé trop de privations, surtout depuis que la liberté du tissage, auquel s'employaient nombre d'individus, avait été accordée. La journée des maçons et couvreurs à paille était payée, en 1790, 18 sous; des tailleurs de pierre, charpentiers et charrons, 25 ;

Etienne Archambault, avocat en parlement, et Charles Archambault de la Perrière, notaire et procureur au bailliage, pairie et maîtrise royale des eaux et forêts en la ville de Nevers, tous les deux frères germains, demeurant en ladite ville de Nevers, cousins issus de germains desdits sieur et dame Archambault de la Thuillerie... » (Arch. de l'Allier, série B. 798.)

(1) Sous l'ancien régime on était très attentif à se faire attribuer la qualité à laquelle on avait droit, surtout quand ce droit était contestable. Le bourgeois ambitionnait constamment de passer dans la classe de la noblesse, et l'artisan de devenir bourgeois. Dès que l'on cessait de se livrer à un travail manuel on était apte à se dire bourgeois : ainsi Pierre Tridon, garde des forêts à Saint-Menoux, est qualifié tel dans un procès-verbal d'élections de la municipalité, du 21 novembre 1790.

(2) Arthur Young, I, 107.

des menuisiers, 22 ; des aide-maçons et manœuvres, 12. Les peigneurs de chanvre·gagnaient 6 liards la livre, de laine 3 sous (1). Ces chiffres sont faibles assurément, mais pour en tirer des conséquences, on ne doit pas perdre de vue la différence de la valeur de l'argent, et qu'on vivait alors à meilleur marché. Ce ne sont donc pas là des prix de famine ; seulement il eût fallu travailler tous les jours.

Pour les salaires à l'année, on peut citer, à titre d'indication, que les gages de deux gardes au service de l'abbaye étaient de 100 livres pour chacun ; que la femme de chambre de l'abbesse recevait la même somme (2), et que les dépenses pour gages, nourriture et « frais y relatifs » de quinze domestiques occupés à ladite abbaye sont évaluées à 2.800 livres (3). Ces domestiques, des ouvriers agricoles, un jardinier, des femmes affectées au service intérieur, des filles de basse-cour, devaient être rétribués très inégalement.

Le nombre des indigents était relativement élevé. D'après le procès-verbal du 29 août 1790, sur 3.602 habitants que contenait le canton, 99 ne payaient aucune taxe et un nombre égal n'était imposé qu'à une ou deux journées de travail. Il y avait 35 vieillards hors d'état de travailler, 42 infirmes, 121 enfants de pauvres au-dessous de quatorze ans, ne pouvant gagner leur vie, 88 indigents malades et 3 vagabonds ; en tout 208 indigents. La proportion n'est pas établie pour Saint-Menoux, mais il est certain qu'on reste au-dessous de la vérité en lui attribuant les trois quarts de ce total. Il n'y aurait donc pas eu moins de 150 individus recevant la charité à Saint-Menoux, le septième de la population, bourg et campagne. Ce fait serait en contradiction avec ce que nous avons dit des conditions économiques de la paroisse, si l'on ne savait que la mendicité venait de loin solliciter les établissements monastiques, et

---

(1) Prix indiqués dans un procès-verbal de la municipalité du 2 novembre 1793. Il n'est pas fait mention que la nourriture y fût ou non comprise, et les prix usités pour les femmes n'y sont pas portés. — V. sur les salaires de journaliers de campagne en d'autres régions, pendant le règne de Louis XVI, E. Levasseur : *les Classes ouvrières en France avant 1789*, II, 887 ; et le vicomte d'Avenel : *Hist. économique de la propriété et des salaires en France*, IV, 574.

(2) V. arrêtés du département et du district, 27 juillet et 2 août 1792.

(3) Reg. municipal, 26 février 1790.

que celui des Bénédictines de Saint-Menoux était réputé pour être un des plus riches. D'ailleurs l'abbaye eut, ainsi qu'on le voit dans la déclaration du 26 février 1790, jusqu'à sa dissolution un service de secours organisé. Trois fois la semaine, était faite « une aumône consistant en pain à tous les pauvres de l'endroit, qui sont en grand nombre dans le bourg » ; et on y ajoutait pour chacun « aux trois jours de distribution une portion de fèves cuites ou crues pendant le carême ».

Les ouvriers eux-mêmes avaient recours, pendant la longue saison d'hiver, aux moments de détresse, à ces largesses. Le procès-verbal du 29 août le donne d'abord à entendre, car il comprend parmi les nécessiteux « un grand nombre de journaliers, de femmes veuves et d'enfants en bas âge » ; puis il le dit clairement quand il ajoute que « le défaut de travail et d'occupations utiles *dans le bourg... occasionne la mendicité* », à laquelle on obvierait, ajoute-t-il, « par des ateliers de charité dans le canton, un établissement de filature, un hospice pour les malades pauvres, un bureau de secours dans chaque municipalité et la diminution des impôts, dont la surcharge a été jusqu'à présent une cause réelle de misère ».

On se demandera quel était, dans ce milieu, le degré d'instruction, car il est toujours intéressant d'être fixé sur ce point. La question de l'enseignement était alors subordonnée à des circonstances particulières, puisqu'il n'existait pas encore, on le sait, d'organisation générale à ce sujet ; mais les cahiers des trois ordres réclamaient un plan d'éducation nationale sous la direction de l'Etat (1), et c'était le vœu unanime. Jusque-là l'unique condition, semble-t-il, pour ouvrir une école dans les bourgs avait été d'obtenir l'agrément du pouvoir local.

(1) Les cahiers des trois ordres du Bourbonnais demandaient : celui du tiers, « qu'il soit fait une réforme dans les universités et dans les collèges », sans spécifier à l'égard de l'enseignement populaire : celui du clergé, « un plan d'éducation commun à tous les collèges » et « qu'il soit aussi établi des maîtres d'école dans chaque paroisse » ; et celui de la noblesse, « qu'il soit pourvu par les Etats généraux aux moyens les plus avantageux d'améliorer l'éducation publique, cette éducation pouvant seule donner l'espoir de voir multiplier les citoyens utiles à la patrie ». (*Bull. de la Soc. d'ém. de l'Allier*, III, 193-321-340.)

Il y avait une école à Saint-Menoux (1), mais comment au juste elle était organisée et si elle était très fréquentée, c'est ce que nous ne saurions dire. Nous remarquerons seulement que les procès-verbaux de séances municipales ou d'assemblées primaires, par les signatures qu'ils portent, montrent que le nombre de ceux qui savaient lire et écrire était relativement élevé ; et sous ce rapport il semble que depuis une vingtaine d'années des progrès assez sensibles avaient été réalisés, car dans une « délibération d'habitants » du 10 décembre 1769 (2) quelques-uns à peine peuvent signer avec le notaire. Le syndic et le collecteur « porte-bourse » se trouvaient parmi les illettrés.

On observe aussi sur les registres municipaux que toutes les signatures sont celles de fermiers, marchands, petits propriétaires, gens de métiers ou bourgeois, presque jamais de métayers. C'est que les métayers ne se souciaient pas de l'école. De bonne heure ils employaient leurs enfants à la garde des troupeaux, et l'idée de se priver des services d'un pâtre ou d'un berger, qui ne leur coûtait rien, pour l'envoyer chez l'instituteur en rétribuant par surcroît ce dernier, n'avait pas de sens à leurs yeux. De cette manière de voir, qui longtemps subsistera, il résultait que les paroisses absolument rurales ne possédaient pas d'écoles, à moins de fondation ; et dans ces petites paroisses il se rencontrait parfois qu'aucun individu ne savait lire ni écrire. C'est ce que l'on voit mentionné par les membres et procureur-syndic du bureau intermédiaire du département de Moulins, lors de la vérification des

(1) Les registres paroissiaux en fournissent la preuve. Le 3 avril 1677, au bas d'un acte de décès figure la signature d'Antoine Chambe, « maistre d'escholle à Saint-Menoux » ; le 25 janvier 1780, c'est l'acte de mariage d'Etienne-Jacques Desvernes, « maître d'école en cette paroisse », âgé de 40 ans, veuf en premières noces de Françoise Thauveron, avec Anne Lavignot, âgée de 25 ans, originaire de Châtillon, domestique de ferme à Autry, au domaine des Barons. Enfin, le 18 février 1789, était inscrit le décès de François Petit, âgé de 72 ans, également qualifié de « maître d'école à Saint-Menoux ». — A observer aussi que dans un « état de consistance et d'évaluation des biens nationaux restant à aliéner au 1er prairial an V (20 mai 1797) dans le département de l'Allier (Arch. de l'Allier, série Q.), mention est faite de la « maison du collège et jardin, situés à Saint-Menoux ». Il est impossible de ne pas faire à ce sujet un rapprochement avec l'instruction.

(2) Acte d'Aucouturier (aux minutes de Me Dousson, notaire à Souvigny).

procès-verbaux des municipalités de 1788 (1). « On ne peut se dissimuler, y est-il dit, qu'il y a des paroisses où il est impossible d'exécuter strictement le règlement [du 10 août] par la raison qu'il n'y a pas de sujets qui soient assez instruits ou même qui sachent écrire; d'où suit l'impossibilité de faire le choix d'un syndic qui y soit domicilié. » Pour tourner la difficulté on était obligé de réunir plusieurs collectes.

Quelques détails locaux sur l'application des droits féodaux trouveraient ici leur place, mais nous n'en savons que fort peu de chose, et ces droits n'ont pas laissé de souvenirs parmi les gens de campagne, si ce n'est la dîme, restée vaguement légendaire.

D'après Auroux des Pommiers, la dîme était à l'origine « la portion des fruits de la terre et des troupeaux que les fidèles sont obligés de donner à l'église pour l'entretien des ministres ecclésiastiques » ; d'où il suit qu'en principe la dîme d'une paroisse appartenait au curé. En fait, le curé était le moindre décimateur, parce que les évêques et les papes avaient donné autrefois des paroisses à des monastères, ou en fief à des seigneurs, à la charge de se constituer les protecteurs de l'Eglise. La dîme était par suite devenue une propriété divisible et transmissible comme toute autre et se donnant à bail.

Il y en avait de plusieurs sortes dont la principale, la *grande dîme*, se percevait sur les gros fruits, blé, vin, orge, seigle, avoine. A Saint-Menoux elle appartenait à l'abbaye, et il sera plus tard question du bail. La « petite dîme » de Bigut, perceptible sur les paroisses de Saint-Menoux et Autry, et celle de « Pouilly » (2), près les Ramées, indivise avec les Bénédictins de Souvigny, et perceptible paroisses de Saint-Menoux, Souvigny et Marigny, lui appartenaient également.

Il n'est question nulle part de menues dîmes. Elles étaient sans doute levées directement.

(1) Arch. de l'Allier, série C. 72. — Une lettre du maire de Marigny au procureur-syndic mentionne que dans sa paroisse lui seul et le curé savaient lire et écrire. (Arch. de l'Allier, série L. 566.)

(2) On dit aujourd'hui Ripouly. Par « petite dîme » on entendait sans doute en ce cas des dîmes peu importantes et non des « menues dîmes », s'appliquant en droit féodal à des produits secondaires, pois, raves, fèves, etc., qu'on appelait encore « vertes dîmes ».

La dîme ne représentait pas forcément le dixième de la récolte. La quotité variait suivant les localités, et les prix de ferme éprouvaient une dépréciation sérieuse du fait des difficultés dans la perception que savait susciter aux fermiers la ruse des décimés (1).

L'abbaye possédait en outre la *laide* perceptible dans le bourg de Saint-Menoux (2).

Quant à des droits de banalité, il n'en est nullement question dans la déclaration des biens faite par l'abbesse, et les ventes ultérieures ne comprennent ni moulins ni fours banaux. L'abbaye avait bien été propriétaire de deux moulins situés sur le ruisseau du Goutet, antérieurement à 1764 (3), mais non banaux et que l'on avait démolis depuis. D'après la « coutume » du Bourbonnais il fallait du reste pour acquérir la banalité avoir titre ou une possession trentenaire. Aux XVIe et XVIIe siècles il y avait plusieurs autres moulins dans la paroisse appartenant à des laïcs (4) et il paraît certain que ce droit féodal n'y fut jamais en usage.

La présence d'un four banal au bourg n'est pas constatée davantage. Les registres paroissiaux seuls contiennent une indication assez lointaine à cet égard (5).

Ce dont les cultivateurs se plaignaient beaucoup aussi, c'était de l'abus des droits de chasse, mais encore à cet égard, la paroisse était de celles qui pouvaient se dire favorisées. L'abbesse n'en avait souci que pour l'approvisionnement en gibier du couvent, ce dont se char-

---

(1) V. Auroux des Pommiers, 1, art. XXI (*De la manière de lever et payer décimes*) ; notamment p. 45. — La loi du 4 août 1789 abolit les dîmes ecclésiastiques et déclara rachetables les autres, qui furent elles-mêmes supprimées ensuite (14 avril 1790). La loi du 5 novembre suivant excepta les dîmes *inféodées*, prix d'une concession de fonds.

(2) Le droit de *laide* s'exerçait sur toutes marchandises, denrées et bestiaux vendus aux foires et marchés. Il n'était dû que par les forains et les étrangers. Les « droits de place » établis de nos jours en sont la représentation.

(3) Arch. de l'Allier, série B. 875. — V. aussi série C. 114.

(4) Sur la Rose, à Battereau et à Roussat (le seul qui reste), et sur le Chamaron, aux Megnants. (Arch. de l'Allier, série B. 167.)

(5) Le 25 janvier 1711 est inscrit le décès de Louis Guinchard « fermier du four banal de Saint-Menoux ». (Arch. de l'Allier, série E. suppl., *Inv.*, 1, 714.

geaient aisément les gardes ; et parmi les seigneurs, seuls le chevalier de Jarsaillon et les frères Aubery, peu en situation de se livrer aux grandes chasses, résidaient à Saint-Menoux. Les autres n'y faisaient que de rares apparitions et non pour goûter ce plaisir. Les métayers et petits propriétaires en étaient donc moins incommodés que de nos jours par les porteurs de permis.

Les colombiers existant dans tous les châteaux et dont les volées s'abattaient sur les guérets à l'époque des ensemencements, donnaient lieu à de plus légitimes récriminations ; mais déjà, de même que pour la chasse, le préjudice offusquait moins que le privilège.

Nous n'avons pas de renseignements se rapportant à la localité sur d'autres droits féodaux, ni sur la répartition et le recensement des impôts ; à cet égard il faut s'en tenir aux faits généraux.

CHAPITRE PREMIER

Organisation municipale

Sous l'ancien régime avaient lieu parfois dans les paroisses, sur ordonnance de l'intendant de la généralité, ou simplement à la requête du syndic, des « délibérations d'habitants » (1) dont, suivant la phrase consacrée, on convoquait « la plus saine et majeure partie, pour délibérer librement sur certaines affaires de la communauté ». On donnait à ces habitants par exemple à décider si les tâches pour l'entretien des chemins publics devaient être faites à prix d'argent ou en nature, et on les consultait sur l'établissement des rôles de la taille. Ces réunions étaient rares et irrégulières et on ne peut y voir l'indice d'une véritable organisation municipale.

En réalité, l'institution des municipalités fut d'abord, après des tentatives infructueuses en 1776 et en 1778, ébauchée par un édit royal de juin 1787, lequel a été suivi de ce que l'on a appelé le règlement de 1788. Ce règlement porte que l'administration de la province de Bourbonnais sera divisée en trois espèces d'assemblées : municipales, départementales et provinciale ; que les membres de l'assemblée provinciale seront choisis parmi ceux des assemblées de département, qui le seront eux-mêmes parmi les membres des assemblées municipales, ces dernières composées du seigneur et du curé, membres nés, d'un syndic et de trois, six ou neuf membres — suivant le nombre de feux, — élus par ceux des habitants qui payeront, « de quelque état et

____

(1) Analogues à celle que nous avons eu l'occasion de mentionner, p. 35

condition qu'ils soient », cinq livres et au-dessus d'imposition foncière ou personnelle. Les réunions devaient avoir lieu une fois par an, le premier dimanche de septembre, à l'issue de la messe paroissiale, et toutes les questions administratives pouvaient y être mises en discussion. Il incombait au syndic de faire exécuter les décisions prises (1).

Malgré l'interdiction de siéger plus d'une fois dans l'année, cette création dut être considérée comme une satisfaction sérieuse donnée à l'opinion, qui depuis quelque temps aspirait aux réformes. Le procès-verbal d'élection de cette municipalité, écrit de la main du curé à la suite du texte complet du règlement, indique d'ailleurs une volonté très apparente d'application et le souci d'en observer scrupuleusement les prescriptions.

La communauté de Saint-Menoux, d'après les rôles des collecteurs, contenait cent cinquante-deux feux, et l'assemblée municipale devait comprendre six membres, outre le syndic. Les élections eurent lieu le 28 septembre (2), puis il ne fut plus question de rien pendant huit mois, au cours desquels s'étaient préparés et accomplis de très graves événements.

Les Etats généraux s'étaient assemblés et les municipalités créées par l'édit de 1787 avaient cessé d'être un objet de vive attention, quand celle de Saint-Menoux se réunit le 24 mai 1789, afin de répartir la contribution pour la dépense des chemins (3).

A cette date du 24 mai la Révolution était commencée et bientôt

(1) Le règlement contenait des dispositions minutieuses, inspirées de l'esprit du temps, pour la présidence, dévolue au seigneur.

(2) Furent élus : syndic, Pompone Mérite, propriétaire et aubergiste ; membres, « messire » Jean-Claude de Jarsaillon, chevalier, seigneur de la terre et fief de Bigut, ancien capitaine au régiment de Barrois; Antoine Guetton, Jean Bernard, Méteigner, « marchands fermiers » ; Pierre Tridon, propriétaire, et Mayeul Charpy, laboureur.

(3) Cette contribution s'élevait à la somme de 669 livres 12 sols ; elle « revenait au dixième du principal de la taille et des impositions accessoires d'icelle et de la capitation taillable réunies, et de huit deniers en sus destinés aux frais de confection du rôle et aux taxations des collecteurs et receveurs particuliers des finances... » Ce procès-verbal et la délibération d'habitants du 10 décembre 1769 montrent qu'avant la Révolution on exécutait parfois, à Saint-Menoux, des travaux sur les chemins.

s'ouvrait, par la prise de la Bastille, la longue série des grands mouvements populaires. Quelques jours après, du 27 juillet au 1ᵉʳ août, se
produisait cette panique générale et mystérieuse que l'on a appelée
historiquement la « grande peur » : émotion soudaine qui fit, jusque
dans les villes, s'armer les citoyens pour se défendre contre des
ennemis imaginaires (1), pendant que les paysans de partout sonnaient
le tocsin, envoyaient aux nouvelles dans les paroisses, surveillaient les
routes ou fuyaient dans les forêts avec meubles et bestiaux (2).

Puis la nuit du 4 août vint sanctionner la chute de la féodalité.

Mais depuis le mois de juillet le payement des impôts est à peu près
suspendu (3), le pouvoir central reste sans moyens d'action, les attentats contre les personnes et les propriétés, les incendies de châteaux,
en certaines provinces, se multiplient. Les quarante mille paroisses de
France ressemblent à autant de petites Républiques indépendantes où
on supplée à l'absence d'organisation générale par des organisations
particulières. On se municipalise révolutionnairement, à l'instar de
Paris, on forme des milices, on s'arme, et les paysans, revenant à
l'usage des délibérations d'habitants, se réunissent et prennent des

(1) Alexandrine des Echerolles : *Une Famille noble sous la Terreur*, p. 9.

(2) Gilbert-Bon Vernoy de Saint-Georges, alors curé de Buxière-la-Grue
[aujourd'hui les-Mines], a évoqué également la « grande peur » en termes
expressifs : « Dans les plus petits coins de France et dans un seul et même jour
le bruit se répandit que les ennemis venaient mettre tout à feu et à sang. Quelle
consternation générale ! Que de femmes enceintes en accouchèrent ! Que de personnes s'en trouvèrent mal ! Combien en moururent de peur ! Alors tous s'ar-
mèrent de pistolets, de fusils, de cognées, de bêches, de *bigots* [instrument à dents
recourbées]... Alors le tocsin sonne partout... » (Dans la *Terreur en Bourbonnais*, de Louis Audiat, I, 18.) — Le reg. des délibérations de l'assemblée municipale de la ville de Moulins, séance du 17 août, (Arch. de la ville, n° 136), fait
une allusion à cette panique, qui détermina la municipalité à former un régiment
de garde nationale. — Il est à propos de faire observer qu'un phénomène identique se produisit en Angleterre en 1688. « Dans cent villes à la fois la populace
fut possédée de l'idée que des barbares armés approchaient... Dans toutes les
localités le peuple commençait à couper les ponts, à faire des barricades... »
(Macaulay, *Hist. d'Angleterre depuis l'avènement de Jacques II*.) Cette « peur »
d'outre-Manche est connue sous le nom de la « Nuit irlandaise », en raison de
ce que les « barbares » dont on redoutait les brigandages étaient les Irlandais.

(3) H. Taine, *la Révolution*, I, 90.

mesures inspirées des circonstances locales ; notamment ils installent des *comités permanents* ou *conseils*, ajoutés ou substitués aux anciennes municipalités, qui sont néanmoins laissées en fonctions purement et simplement là où, comme à Saint-Menoux, la surexcitation est moindre. Et cette « période d'anarchie spontanée » — nom sous lequel on la désigne — dure jusqu'au début de l'année suivante, où l'administration du pays sera reconstituée sur de nouvelles bases.

L'Assemblée nationale avait décidé que le royaume comprendrait des départements, districts, cantons et communes, et un décret du 15 janvier 1790 avait consacré ces divisions. Saint-Menoux était devenu le chef-lieu d'un canton dont dépendaient les cinq communes d'Autry-Issart, Marigny, Agonges, Montilly et Bagneux.

Elle avait aussi (12 novembre et 14 décembre) établi un système municipal d'après lequel chaque assemblée communale comprenait un maire, un *procureur de la commune* et des membres en quantité variable (1), tous élus par les *citoyens actifs*, c'est-à-dire âgés de vingt-cinq ans, payant une contribution égale à trois journées de travail au moins (2), et n'étant ni domestiques, ni serviteurs attachés à la personne. Ces membres se distinguaient en membres du *corps municipal* et en *notables*, ceux-ci en nombre double. Les uns et les autres, réunis, formaient le *conseil général* de la commune. Dans les paroisses de plus de cinq cents habitants, le corps municipal se divisait en *bureau,* composé du tiers des officiers municipaux, y compris le maire, et en *conseil,* formé des deux autres tiers. Tous, officiers municipaux et notables, étaient élus pour deux ans et renouvelables par moitié, chaque année, le sort devant décider de ceux qui sortiraient à l'époque de l'élection qui suivrait la première année.

Ces assemblées avaient tous pouvoirs à l'égard de ce qui est d'essence purement municipale. Pour les objets d'administration plus générale, elles demeuraient entièrement subordonnées aux administrations de district et de département (3).

---

(1) **En proportion de la population :** de trois, y compris le maire, jusqu'à 500 habitants ; de six depuis 500 jusqu'à 3.000 ; etc.

(2) **La valeur attribuée à la journée de travail ne devait pas être supérieure à vingt sols.**

(3) **Instituées par une loi du 22 décembre 1789.**

A partir du dimanche 7 février 1790 furent élues ces municipalités, sur décret de convocation lu et publié par les curés au prône de la messe paroissiale et affiché à la porte de toutes les églises le dimanche précédent, 31 janvier. Le peuple allait faire directement et légalement son entrée dans la vie politique, et cet événement, dont la portée est immense, l'agite, le transforme (1).

Le scrutin s'ouvrit à Saint-Menoux sous les auspices de la municipalité de 1788, et soixante-treize citoyens actifs y prenaient part (2). A quatre heures du soir on n'était parvenu à élire qu'un président, le chanoine Maurice Deschamps de Pravier, et un secrétaire, Jacques Loyard. De guerre lasse on renvoyait au lendemain l'élection des trois scrutateurs.

On jugera de la lenteur obligée des opérations par cet extrait du procès-verbal : « ... Et comme les trois quarts au moins des électeurs ne savent ni écrire ni signer, il a été convenu unanimement que les billets de ceux qui n'écrivent pas le seraient par Jean-Louis Auroux, jeune homme non électeur ni éligible, et à cet effet retiré à l'écart ; et ensuite lesdits billets seront vérifiés et relus à chaque votant par Charles Guelin, séparément... »

On avait sans doute, pendant les sept heures consécutives passées dans l'église, éprouvé les rigueurs de la saison ; aussi la réunion du lendemain eut-elle lieu dans un local moins spacieux, « une chambre basse chez Pierre Tridon ». C'est là que fut continué et clos le scrutin, dont le résultat fut l'élection du chevalier de Jarsaillon comme maire, et de Jean Loyard comme procureur de la commune (3).

(1) « Un mouvement extraordinaire régnait partout. J'apercevais dans les rues, — disait le comte Louis-Philippe de Ségur (*Mémoires*, III, 482) rentrant alors en France après une longue ambassade en Russie, — des groupes d'hommes qui se parlaient avec vivacité. Le bruit du tambour frappait mes oreilles au milieu des villages, et les bourgs m'étonnaient par le grand nombre d'hommes armés que j'y rencontrais... On ne reconnaissait plus les paysans de France. »

(2) Il pouvait y en avoir en totalité dans la paroisse de 130 à 140, ou un huitième de la population. Les abstentions étaient donc nombreuses, comme elles le furent partout. « Dès le commencement de 1790, le relevé des votes montre autant d'absents que de présents. » (H. Taine, *la Révolution*, I, 269.)

(3) Les cinq autres membres du corps municipal étaient : François Fallier,

Le dimanche suivant, à l'issue de la messe et les habitants convoqués à son de cloche, les élus prêtèrent le serment de « maintenir de tout leur pouvoir la constitution du royaume, d'être fidèles à la Nation, à la Loi et au Roi, et de bien remplir leurs fonctions au désir de l'Assemblée nationale ». On avait donné à la cérémonie tout l'éclat des pompes religieuses.

Le 21 on nomma un secrétaire-greffier, qui fut Jacques Loyard.

Jean-Claude de Jarsaillon(1) était né à Bourbon-Lancy, le 14 avril 1751, et sa famille comptait parmi les premières de la noblesse de Saône-et-Loire, où se trouve encore le château de Jarsaillon, près de Gilly, dans la commune qui en porte le nom (2). Il possédait Bigut par suite d'acquisitions récentes, sauf une partie héritée de l'une de ses sœurs, Anne-Denise (3), morte à Saint-Menoux, âgée de vingt-sept ans, le

curé ; Jean Blondin, huissier royal et aubergiste ; Antoine Guetton, fermier ; Guillaume Aucouturier, notaire, et Pierre Tridon, propriétaire. — Notables : Gilbert Veillaud, Pâques Parent, Gilbert Charbonnier, Claude Loyard, Claude Auroux, Dominique Charpy, Jean Méteignier, Maurice Deschamps de Pravier, Félix Pessant, Antoine Prélier, Pierre Bernard et Claude Duret.

(1) Dans le procès-verbal de l'assemblée générale des trois ordres du 16 mars 1789, le nom est écrit « de Jersaillon de Bigut » (*Armorial du Bourbonnais*, t. I, XXI). On écrivait indifféremment Jersaillon ou Jarsaillon. Cette dernière orthographe est maintenant la seule qu'on emploie pour désigner à la fois la commune, le château et la famille.

(2) Le château et la terre de Jarsaillon appartenaient récemment encore à la vicomtesse d'Amfreville, née la Tour, dont la mère était une Jarsaillon. Armes : *tiercé en fasce : au premier de gueules, au lion passant d'or ; au deuxième d'or à trois trèfles de sinople rangés en fasce ; au troisième d'argent à trois branches de sinople.* — La mère du chevalier, une Ducrest, ainsi que Mme de Genlis, avait sa famille originaire de Bourgogne, possessionnée en Nivernais.

(3) Le fief avait été acheté par lui le 12 avril 1782 par acte de Pornotte, notaire à Moulins, de Jacques de Dreuille au prix de 34.300 livres, et la portion recueillie dans la succession de sa sœur (les cinq sixièmes du domaine appelé le petit Bigut) lui avait été attribuée par acte devant Montgilbert, notaire à Bourbon-Lancy, du 22 juin 1784, contenant partage entre sa mère Jacqueline Ducrest, veuve de Pierre-Claude, baron de Jarsaillon, seigneur de Chalmoux, Fontette, etc., et ses enfants survivants qui étaient, outre Jean-Claude : Jacques-Marguerite, de la paroisse de Chalmoux ; Lazare, de la paroisse de Rocle, et Françoise-Marguerite, mariée à Jean-Baptiste-Marie Vollant de Berville. — Jarsaillon avait acheté directement la sixième portion du petit Bigut (acte Pornotte, du 9 juillet 1784) et le bien tout entier s'était trouvé lui appartenir.

22 avril 1784(1), et cette propriété comprenait alors ce que l'on appelle encore aujourd'hui le grand et le petit Bigut, plus une réserve (2). Le revenu qu'il en tirait ne devait pas dépasser ni même atteindre quatre mille livres : aussi exploitait-il lui-même les terres à l'aide de métayers, pour qu'elles lui rapportassent davantage. Mais il était célibataire, et à cette époque un gentilhomme pouvait, avec une aussi modique rente, vivre dans une abondance relative, — à la condition seulement de ne pas quitter son bien, dont il tirait presque tout, et surtout de ne pas avoir de dettes, ce qui par malheur n'était nullement le cas du seigneur de Bigut (3).

Les dettes étaient en effet le côté difficile de son existence et sa vie dut en être fort troublée. Ce n'était cependant pas, semble-t-il, faute de modération dans ses goûts, mais sa position était celle des propriétaires à qui sont échus des charges trop lourdes avec des biens trop légers, et qui ont commis la faute d'ajouter encore à leurs embarras en achetant plus qu'ils ne peuvent payer (4).

Le maire élu occupait bien le premier rang dans la municipalité, non la première place. Un autre, l'abbé Fallier, y exerçait une prépondérance absolue qui, sous des formes diverses, se continuera jusqu'à la fin de la Révolution. Quelques mots pour le faire connaître dès maintenant ne seront pas inutiles.

François Fallier était né à Moulins, le 21 janvier 1748(5), de Gilbert Fallier, « procureur ès-cours » en cette ville, et de Jeanne Papon. Il avait été vicaire à Souvigny depuis 1773 jusqu'à l'époque où il fut nommé à Saint-Menoux. Installé comme curé en cette dernière paroisse, le 11 juin 1781 (6), on trouve pour la première fois sa signature sur les

(1) C'est probablement aussitôt après ce décès qu'il avait quitté l'armée. Dans un parrainage du 1er février 1783 (Reg. paroissiaux de Saint-Menoux), le chevalier est qualifié de capitaine et non, comme partout ailleurs depuis, d'*ancien* capitaine.

(2) Un domaine voisin, dit le Villard, revendu peu après la mort d'Anne-Denise, en avait fait partie.

(3) Il ne payait pour tous impôts que 88 livres de vingtièmes.

(4) Bigut était rongé d'hypothèques. (Arch. de l'Allier, série E. 1138 et série Q : ventes avant l'an IV.)

(5) Sur le reg. paroissial le nom est écrit *Faillier*.

(6) *Hist. de Saint-Menoux*, p. 275.

registres paroissiaux à la date du 22 juillet suivant, avec l'énonciation de sa qualité. Le fait n'est pas douteux, et cependant le 23 mai 1783, près de deux ans plus tard, Mme de Sainte-Hermine signait devant Aucouturier (1) un acte de présentation à la cure de Meillers « de Me Jean Fallier, prêtre, bachelier en Sorbonne, vicaire de la paroisse de Savigny-en-Beaune, en Bourgogne ». Il y est désigné comme nommé en remplacement de son frère « Me François Fallier, *dernier pourvu et possesseur d'icelle* », démissionnaire « par acte passé devant nous, notaires soussignés, le jour de hier » (2). Il y a là une particularité que nous nous contentons de souligner, ne pouvant en donner l'explication.

Fallier avait aussi deux sœurs (3), dont l'une mariée à Pierre Thibaud, marchand mercier à Moulins, qui spécula sur les biens nationaux, et l'autre à Joseph Juillet, commis du district de Cérilly (4).

Son enthousiasme pour la Révolution se manifesta, dès le début, en mouvements passionnés dont on jugera par ceci qu'à la première page du registre des délibérations il avait, mêlant ses souvenirs de théologien à ses aspirations démocratiques, écrit cette phrase : *Populus qui ambulabat in tenebris vidit lucem et sumpsit exordium* (5) ; citation curieuse d'un texte sacré, par ce curé de 1790 qui voyait dans la Révolution comme une «.rédemption », un « salut » ; l'œuvre libératoire du Messie attendu

----

(1) Etude de Me Dousson.

(2) C'est ce qui nous a fait écrire, dans notre article sur les *Subsistances* (*Bull. de la Soc. d'Em.*, 1906), que François Fallier avait été curé de Meillers avant d'être nommé à Saint-Menoux.

(3) La présence à un acte de baptême administré à Saint-Menoux le 16 août 1791 par Laurent, évêque constitutionnel de l'Allier, de « Pierre Fallier, notaire à Moulins », ferait supposer que ce dernier était peut-être aussi son frère. En tous cas il n'existe aucun lien de parenté entre lui et le notaire de Souvigny (à la même époque) Claude Fallier. Celui-ci était fils d'un autre François Fallier, notaire à Buxière.

(4) Toutes les deux sont prénommées « Jeanne », la première dans un arrêté du directoire du district (Arch. de l'Allier, série L. 258), et l'autre dans son acte de mariage, inscrit sur le registre de l'état civil de la commune de Saint-Menoux, à la date du 7 février 1793. (Arch. de l'Allier, série E. suppl., *Inv.*, 1, 738.)

(5) « Le peuple, qui marchait dans les ténèbres, vit une grande lumière et commença à concevoir une grande espérance. » La première partie correspond à un passage d'Isaïe, chap. ix, ῥ 2. M. l'abbé Clément a bien voulu nous aider de son érudition pour identifier ce texte.

par le Peuple. Porté à l'action par son tempérament (1) et étant de plus un « homme instruit et plein d'esprit » (2), il devait exercer autour de lui une grande influence que ne fit probablement qu'augmenter, jusqu'à un certain moment, son attitude de défenseur des intérêts populaires.

Il avait une facilité de travail énorme, une santé robuste et une rare aptitude pour les affaires. Il n'en fallait pas tant pour donner, dans ce milieu, l'impulsion ; surtout si l'on ajoute que pour le goût de la parole il ne le cédait en rien aux plus féconds discoureurs.

(1) Il fut un des principaux instigateurs, à l'assemblée générale de Moulins du 16 mars 1789, d'une manifestation contre l'attribution au supérieur de Sept-Fons, de la présidence de l'Ordre du clergé. (J. Cornillon : *le Bourbonnais sous la Révolution*, 1, 34.)

(2) Rapport du préfet Didelot, du 2 thermidor an IX : dans le *Personnel concordataire*, de M. l'abbé J. Clément, p. 30.

CHAPITRE II

Les Municipalités
jusqu'à la Municipalité de Canton

I

Déclaration des biens et revenus de l'abbaye — Inventaire — Option des religieuses — Disette ; excitation a ne pas payer de droits d'aides — Lettre des députés de l'Allier — Le maire est élu juge de paix — Elections nouvelles — Guillaume Aucouturier.

Un décret du 13 novembre 1789 obligeait les chefs de maisons religieuses et les ecclésiastiques titulaires de bénéfices à une déclaration de leurs biens et revenus devant la municipalité du lieu. En sa qualité d'abbesse Mme de Sainte-Hermine se trouvait donc dans l'obligation de se conformer à cette prescription, et le premier acte des officiers municipaux allait être de recevoir sa déclaration, — ce qui eut lieu le 26 février.

L'état qu'elle déposa entre leurs mains avait été établi avec le plus grand soin par l'abbé Fallier, fort compétent à cet égard. C'est un résumé très clair et très complet de la situation active et passive de l'abbaye, et des plus intéressants à consulter (1).

On y voit que cette abbaye était très riche. Elle possédait trois étangs, un moulin (2), trois vignobles, douze domaines, deux prieurés (3), et des dîmes ou portions de dîmes (4) sur un certain nombre de paroisses :

(1) Il a été recopié en entier sur le registre municipal, par Fallier lui-même.
(2) A Pouilly-les-Nonains, à huit kilomètres de Roanne, sur la Renaison.
(3) Pouilly-les-Nonains et Bourbon-l'Archambault.
(4) En droit féodal les dîmes étaient immeubles.

7

Saint-Menoux, Montilly, Bagneux, Agonges, Gipcy, Bressolles, Bourbon-l'Archambault, Saint-Hilaire, Marigny, Treban, Thiel et Pouilly-les-Nonains. Le tout, y compris quelques rentes sur les tailles et sur des particuliers, composait un revenu de 24.416 livres 13 sols 8 deniers (1).

D'après cet état, les charges foncières s'élevaient à 3.637 livres, les dettes passives à 1.610 et les dettes chirographaires à 7.244 livres 8 sols. Il était dû notamment 5.000 livres pour constructions en cours. En ajoutant 7.831 livres pour charges diverses : entretien de l'église et de l'abbaye, gages et nourriture de quinze domestiques, frais de justice, de garderie, traitements de l'aumônier et du sacristain, honoraires du chirurgien, du médecin, décimes dans les diocèses de Bourges et de Lyon, portion congrue au curé de Saint-Menoux (700 livres), suppléments de portions congrues à ceux de Montilly (292 livres), de Bourbon-l'Archambault (108 livres 10 sols), de Saint-Hilaire (35 livres 6 sols 8 deniers), de Pouilly-les-Nonains (400 livres), de Saint-Léger-en-Roannais (375 livres), de Neulise-en-Roannais (20 livres 10 sols 8 deniers), de Bagneux (20 livres), et une rente au titulaire de la chapelle de Lorette (50 livres), il restait un revenu net de 10.726 livres 8 sols 11 deniers.

Sur cette somme se prélevaient les frais d'assistance aux indigents, évalués à 1.800 livres. Et de plus, est-il ajouté, l'abbaye « par sa position qui est sur la grande route de Moulins à Bourbon se trouve exposée

(1) Les propriétés de Saint-Menoux, non compris la « maison abbatiale et conventuelle, avec ses cours, granges, *étableries*, écuries, remise, parc et jardins », et un grand pré « à cueillir environ quarante charrois » étaient les suivantes : — Le grand domaine de la « Basse-cour de l'abbaye », dont le fermier était Gilbert Tortel, de Neuvy, au prix de 2.798 livres (bail Aucouturier, du 11 octobre 1781); — quatre autres appelés la Font-Glaterie, les Epignauds, la Forêt et les Ramées, avec le *panage* (droit payé pour faire paître des porcs en forêt) dans la « Garenne de l'abbaye », et la « petite dixme de Bigut », près les Ramées, le tout affermé à Jean Bernard, de Saint-Menoux, au prix de 2.400 livres (bail Aucouturier, du 26 juillet 1785); — un pré nommé le Juge, dont le fermier était Louis Pessant, boulanger au bourg, au prix de 600 livres (bail Aucouturier, du 21 novembre 1781); — la grande dîme, avec le pré Saint-Germain, ou de la Cure; fermiers, Dubouis et Bizet, de Saint-Menoux, au prix de 1.652 livres (bail Aucouturier, 25 mars 1782); — les dîmes de « Chamaron et de Losme », plus deux prés au Goutet, ainsi que la *laide* de Saint-Menoux; mêmes fermiers, au prix de 1.000 livres (bail devant le même notaire, 28 janvier 1782). — Enfin le bois de la « Garenne », non affermé.

au passage d'un grand nombre de pauvres de toute espèce qui se rendent tous les ans à Bourbon *des quatre coins du royaume* pour y prendre les eaux dans les saisons convenables et qui, munis de leurs certificats, demandent des secours que l'humanité réclame et qu'on ne peut leur refuser... » Cet exode, curieux à constater entraînait un surcroît de dépenses dont le chiffre n'est pas fixé.

On préparait la vente des biens ecclésiastiques. Dans ce but la municipalité fut chargée, en exécution de décrets des 14 et 20 avril, de se rendre à l'abbaye pour « se faire représenter les registres et comptes de régie, les arrêter et former un résultat des revenus... ; dresser un état sommaire de l'argenterie, des effets et objets de sacristie, de la bibliothèque et du mobilier le plus précieux ». Les opérations devaient avoir lieu en présence des religieuses, et Jarsaillon, assisté de ses officiers municipaux, y procéda les 28-31 juillet (1). Quoique ce soit un peu anticiper, mais pour ne pas disséminer ce qui a rapport à l'abbaye, parlons-en dès maintenant.

Mme de Sainte-Hermine se prêta de fort bonne grâce aux formalités exigées d'elle, ainsi que ses compagnes. Toutes satisfirent aux comparutions, fournissant sans aucuns faux-fuyants ni moyens dilatoires tous les renseignements, titres et justifications nécessaires. Fallier servit de secrétaire, et en fait dirigea le travail. Il vérifia sur titres les revenus ; puis, aidé de Mme Delaire, *sacristaine*, il fit le récolement de l'argenterie et des objets en argent et en vermeil de la sacristie, « y compris quatre petits bustes de saints et le buste de saint Menoux en argent (2).» On inventoria ensuite le linge à l'usage du culte et les ornements, — dont Mme de Pravier avait la garde, — puis les effets d'infirmerie,

(1) Arch. de l'Allier, série Q: ventes avant l'an iv. Cet inventaire ne figure pas au registre.

(2) La sœur Maréchal réclama une « boîte en tombeau » servant à exposer le Saint-Sacrement le jeudi saint, et offerte par elle pour la sacristie en 1787, — ce que confirmèrent ses compagnes. Cet objet, prétendait-elle, devait lui être restitué ou la somme de 150 livres, prix d'acquisition. Le 21 décembre suivant, étant alors retirée à Moulins chez les Dames de la Croix, où elle avait une sœur religieuse, elle pétitionnait à nouveau dans la même intention, qualifiant cette fois la « boîte en tombeau » de « vase en vermeil ». Le directoire du district répondait que dès le moment qu'elle avait fait ce don l'objet ne lui appartenait plus.

d'hôtellerie, le bétail de la basse-cour, « où il s'est trouvé un cheval et une voiture à quatre roues, doublée de velours rouge d'Utrecht et à glaces », et enfin la bibliothèque. Mme de Sainte-Hermine avait ensuite été constituée gardienne du tout.

Le maire devait aussi « dresser un état des religieuses, avec leur nom, leur âge..., et recevoir la déclaration de celles qui voudraient s'expliquer sur leur intention de sortir du monastère, ou d'y rester (1)...» Mais aucune ne voulut se prononcer catégoriquement. L'abbesse et les sœurs de Courtais, Maréchal, de Frescheville, de Barbodière, Aucapitaine, Allard, Duverne, Deschamps, Lebrun et Vedet répondirent simplement qu'elles ne prendraient de décision que quand elles connaîtraient le chiffre de la pension qui leur serait allouée (2). Quant à Antoinette Delaire et à Marie-Anne Dubroc, elles déclarèrent qu'elles resteraient, l'une « si cela était possible » et l'autre « si elle en avait la liberté ».

En réalité Mme de Sainte-Hermine n'attendit pas qu'il eût été statué à l'égard de sa pension ; moins de deux mois après, le 20 septembre, elle prenait « pour raison de santé » la détermination définitive de s'éloigner, ce dont elle prévenait le maire par lettre, l'informant en même temps qu'elle habiterait à Moulins. A cette date elle donnait devant le notaire Aucouturier une procuration à dom Bizot pour la représenter à Saint-Menoux, et le même jour elle partait, laissant le gouvernement de la communauté à Mme de Courtais, élevée au rang de supérieure (3).

L'élection d'une supérieure et d'une économe allait d'ailleurs devenir

(1) D'après un décret du 13 février, religieux et religieuses pouvaient, en effet, partir à cette condition, et avaient droit à une pension. Les religieux qui préféraient rester devaient se retirer dans les maisons qui leur seraient indiquées, de façon à en réunir plusieurs en une seule, mais les religieuses n'étaient pas soumises à la même obligation.

(2) Les pensions ne furent fixées que par arrêté du directoire du département du 5 juin 1791, conformément à la loi du 14 décembre 1790. Il était attribué à Mme de Sainte-Hermine 1.500 livres ; à chaque religieuse de chœur 700 et aux converses 350. Il n'était pas question de la « sœur donnée ».

(3) Ce n'est que le 5 février 1791 qu'elle prit possession des meubles auxquels elle avait droit. Voici, d'après le procès-verbal qui en constate la remise, en quoi ils consistaient : « Un lit garni de rideaux en soie violette, deux matelas, un lit de plume, une couverture et une courte-pointe, quatre pièces de tapisserie de verdure, un sopha, quinze fauteuils en point de tapisserie, une commode avec

obligatoire par une loi du 14 octobre suivant, pour tous les religieux et religieuses ayant opté pour la continuation de la vie en commun. Les uns et les autres devaient aussi établir un règlement fixant les heures des offices, des repas, de la fermeture des portes, etc. Les municipalités devaient veiller à son exécution (1).

Le 28 février l'abbé Fallier avait fait, de même que l'abbesse, la déclaration des biens et revenus de son bénéfice (2).

Ces revenus consistaient principalement en une portion congrue — acquittée par l'abbaye — de 700 livres. Il avait en outre la jouissance de la maison presbytérale (3), et d'une locaterie située « auprès du cimetière », dont le fermier Pierre Tridon payait 120 livres. Deux « morceaux » de prés, où se récoltaient onze quintaux de foin, formaient supplément.

De plus il existait, à charge de dire des messes, des contrats de rentes constituées par : Messire Jacques Faverot, de 10 livres ; messire Guilloüet, de 6 livres ; messire Coefflér de Lavin et sa femme Marie de la Plain, de 7 livres 10 sols ; messire de Teneuille, seigneur de Bigut, de 27 livres ; Marie Phelipart, de 5 livres ; et par Marc Blanzat, de 5 livres. Enfin le curé était encore bénéficiaire, avec obligation de dire annuellement « vingt-six messes, par réduction depuis plus de 140 ans » d'une vicairie dite de Saint-Antoine et Saint-Sébastien de Montilly, affermée 100 livres et comprenant des bâtiments d'habitation et d'exploitation, des terres, des prés, quinze œuvres de vigne et un étang (4).

dessus de marbre, quatre pièces de tapisserie de verdure tendues dans le parloir, une tapisserie en peinture à la détrempe dans la salle à manger, une douzaine et demie de chaises de paille ; le tout à son usage ainsi que son carrosse à quatre roues, resté à Moulins ».

(1) Un arrêté du directoire du département, du 28 juillet 1792, semble indiquer qu'à cette date les religieuses de Saint-Menoux n'avaient pas encore observé cette prescription.

(2) Le même jour est inscrite au registre la déclaration faite par le procureur des cordeliers de Champaigue, paroisse de Marigny, pour deux petits champs l'un appelé le champ Gadot et l'autre le champ Blanc, avec un petit pré appelé le pré qui danse, le tout situé paroisse de Saint-Menoux et affermé à Mayeul Faivre pour 55 livres.

(3) La maison actuelle du bureau de poste.

(4) La déclaration de cette vicairie avait été faite devant la municipalité de Montilly, le 27 février, et renouvelée le 7 mars devant celle de Saint-Menoux.

Comme charges, 38 livres de décimes et 6 livres d'impositions, plus les réparations des bâtiments.

En somme, le revenu net était d'environ 1.000 livres, à quoi s'ajoutait le casuel. Pour l'époque, où généralement la condition des curés de campagne confinait à l'indigence, il y avait lieu de se tenir pour satisfait, quoique ce ne fût pas l'avis de l'abbé Fallier, puisqu'on le voit répondre à l'archevêque de Bourges, dans le questionnaire de 1785, qu'il n'a « point de vicaire, le revenu de la cure ne permettant pas de le nourrir... » Comme beaucoup de ses collègues, il entretenait un cheval, que rendait nécessaire le mauvais état des chemins (1).

Après la prestation de serment et les déclarations reçues et transcrites des biens et revenus de l'abbaye et de la cure, la municipalité ne semble pas se hâter d'entrer en activité ; du moins ce n'est que le 14 avril qu'elle désigne, en sa première séance, un de ses membres, Aucouturier, pour former le bureau.

Où installa-t-on la chambre commune ? Il n'en est pas parlé, et jusqu'en 1792 on ne rencontrera aucune indication à ce sujet. Ce fut sans doute, comme plus tard, dans un des bâtiments de l'abbaye. Quoi qu'il en soit, les procès-verbaux sont au début très rares, ce qui n'empêcha sans doute pas les officiers municipaux de veiller avec soin aux choses du moment, dont les plus urgentes étaient la répartition de la contribution patriotique et les subsistances. On traversait d'ailleurs une crise et l'inaction ne leur eût guère été possible.

Excité par la disette qui sévissait, le peuple en maintes communes se livrait à de graves désordres dont on ne fut pas tout à fait exempt à Saint-Menoux. Une véritable émeute se produisait en effet au marché le 3 juin et une taxation forcée était arrachée aux officiers municipaux.

Et comme pour ajouter à ces embarras, le notaire Jean-Baptiste Chabrol, qui cumulait avec sa charge l'emploi de receveur des droits et courtier jaugeur du bureau des aides établi à Saint-Menoux, cherchait à provoquer la grève de l'impôt en engageant les aubergistes, de la part du receveur de Bourbon, disait-il, à lui refuser à lui-même le

(1) Tridon, fermier de la locaterie, devait une redevance de trois charrois de paille et avait droit, d'après son bail, « aux fumiers de l'écurie de M. le curé ».

paiement des droits de détail sur la consommation faite dans leurs cabarets. Les aubergistes avaient été les premiers à dénoncer le fait (1) et cet incident prit les proportions d'un événement dont il fut rendu compte aux députés du Bourbonnais à l'Assemblée nationale, lesquels adressèrent aux officiers municipaux, en réponse, une lettre du 30 juin signée de Lomet (2), du comte de Tracy et de Lebrun, Laurent (3), Michelon, Aury, Tridon et Lucas.

Cette lettre est intéressante. « ... Nous avons vu avec un bien grand plaisir, disent les députés, l'expression de votre reconnaissance pour l'Assemblée nationale et les preuves de votre activité pour le maintien et l'observation de ses décrets... » Quant au procès-verbal « qui constate les perfides conseils que l'on a donnés à plusieurs aubergistes... de ne pas payer les impositions », il sera remis, annoncent-ils, au comité des recherches, car ils voient là des éléments propres à faire découvrir « les premiers moteurs des troubles, et les ennemis de la paix et de la constitution ». Ils conseillent en même temps d'en envoyer un double au procureur du roi.

Et en post-scriptum: « Nous sentons, messieurs, tout le regret que vous avez d'être forcés de taxer le prix des grains. Nous espérons que l'impression que fera le décret du deux vous rendra bientôt la force suffisante pour faire respecter les lois, et que vous en profiterez pour anéantir cette taxation forcée. »

On voit par ces quelques lignes combien avait été violente la contrainte morale subie par les officiers municipaux pour établir cette taxe et combien, en dehors du peuple proprement dit, les idées de liberté des échanges étaient conformes alors à l'intérêt public. La lettre tout entière montre également une si parfaite unité de vues sur toutes

(1) Soit comme agents du fisc et par représailles, soit pour d'autres causes, les commis, en une infinité de villes et bourgs, étaient alors fort maltraités par le peuple. Un certain nombre furent pendus. (Taine.)

(2) François Lomet, avocat à Moulins, l'un des trente-sept commissaires qui avaient été chargés de dépouiller les cahiers du Tiers-Etat ; élu député aux Etats généraux ; né à Moulins le 5 octobre 1726. Il fut acquéreur, plus tard, de biens de l'abbaye à Saint-Menoux, et emprisonné comme suspect.

(3) Futur évêque constitutionnel de l'Allier.

choses qu'on n'eût pu croire à des germes de divisions existant déjà, pourtant, et aux événements prochains qui dispersèrent ces hommes dans des partis ennemis et des situations si contraires. Mais la fête de la Fédération, qui alors se préparait et s'organisait partout, fête où l'enthousiasme apparut si grand, si universel, dut communiquer bien davantage encore le sentiment de trompeuse confiance où l'on aimait à se réfugier.

Cette journée fameuse fut solennisée à Saint-Menoux avec autant de pompe que possible, et c'est, jusqu'aux dernières élections municipales, avec le dénombrement de la population, qui eut lieu en août et auquel il est fait allusion dans le procès-verbal du 29, concernant la mendicité, le seul fait que nous ayons à citer (1).

En novembre, il y avait à renouveler la moitié du conseil général. Le maire venait d'être élu juge de paix du canton et un officier municipal, Antoine Guetton, était démissionnaire ; de sorte que le corps municipal, réduit à quatre membres, ne comportait que la sortie d'un seul, qui fut Pierre Tridon, désigné par le sort.

Les opérations eurent lieu le 21, et pour résultat l'élection de Guillaume Aucouturier comme maire.

Mais il était officier municipal non sortant ; par suite, il y avait aussi à pourvoir à son remplacement ; c'est-à-dire qu'il y avait à élire trois membres du corps municipal et six notables (2).

---

(1) Le registre mentionne uniquement quélques travaux effectués aux bâtiments des biens nationaux. La municipalité, auxiliaire des directoires de département et de district, vaquait sous leurs ordres à l'administration de ces biens, dont l'entretien exigeait des réparations fréquentes. (V. procès-verbaux du 30 juillet et du 5 septembre.) C'était, avec l'approvisionnement du marché, la principale occupation des officiers municipaux. — A mentionner, au sujet de cette question, la visite à Saint-Menoux de Dalphonse, délégué du district, spécialement pour examiner les bâtiments du grand domaine, dont une grange menaçait ruine.

(2) Furent élus officiers municipaux : Dominique Charpy, Jean Montillié, marchand, et Antoine Faivre, boulanger. Or, Charpy étant précédemment notable, on dut le remplacer comme tel, ce qui porta à sept le nombre à élire. Ces sept notables furent : Mayeul Faivre, boulanger ; Pompone Mérite, aubergiste ; Antoine Desforges, Jean Flousat, François Jardillier, Jean Desforges, laboureurs, et Pierre Tridon, bourgeois. — Tous prêtèrent serment le dimanche 28, à l'issue de la messe de neuf heures, et le 5 décembre Fallier était désigné pour former, avec le maire, le bureau.

L'abstention des citoyens actifs fut plus grande encore que le
7 février. De soixante-treize votants on descendait cette fois à trente-
sept, et on doit faire observer qu'ailleurs, généralement, on vote moins
encore (1). Il faut dire que le titre d'électeur ou de citoyen actif, qui
pouvait plaire au début par la nouveauté et le sentiment d'importance
individuelle qu'il comportait, entraînait à des obligations incessantes
qui enlevaient au cultivateur une portion notable de son temps, —
puisque toutes les fonctions étaient à l'élection. Par être libre il a compris autre chose que sa dépendance aux affaires publiques, et petit à
petit le nombre des votants devait forcément se restreindre à ceux que
des espérances, ou les circonstances, ou le goût de la politique pous-
sent en avant.

Ce deuxième maire est un homme d'une soixantaine d'années, ancien
« juge ordinaire civil et criminel et de police de la justice de Berry et
franchise de Saint-Menoux, et notaire royal audit lieu », ainsi qu'il est
qualifié au procès-verbal du 24 mai 1789. Il avait été délégué à l'assemblée des trois ordres, de Moulins, et était parent par alliance des
frères Aubery du Goutet, ayant épousé (4 octobre 1770) Marie-Jeanne
Aubery, sa cousine germaine, fille de Jean-Etienne, sieur de Virjolai (2).

Aucouturier se montra toujours très partisan de la Révolution, qu'il
suivit dans toutes ses phases. Comme notaire la principale force de son
étude avait résidé dans la clientèle de l'abbaye, qu'il partageait avec son
collègue Chabrol, — celui-ci n'en recevant que les miettes et, pour cette
cause ou pour d'autres, son ennemi déclaré. L'abbaye renversée il avait

(1) A Saint-Pourçain, 89 votants sur 577 électeurs prennent part à une élection
partielle (13 juin 1790). En novembre de la même année, il n'y en a plus que 38,
et en novembre 1791, 30. (C. Grégoire, *le Canton de Saint-Pourçain pendant la
Révolution*, p. 43-44-62.)

(2) Fils lui-même d'Antoine Aubery de la Tardivonnerie, dont le père était
Antoine Aubery, écuyer, sieur du Goutet, président en l'élection de Moulins, en
1671, arrière-grand-père de Pierre-Georges Aubery du Goutet, le futur maire de
Saint-Menoux sous le Consulat et l'Empire, et de son frère Gilbert-Bon. Le
grand-père maternel d'Aucouturier, Jean-Baptiste Petitjean de Belleville, procureur d'office de la justice de Saint-Menoux, dont une fille avait épousé Jean-
Etienne Aubery, était aussi le grand-père maternel de Marie-Jeanne Aubery, sa
femme. (Arch. de l'Allier, série E., supp., *Inv.* et reg. paroissiaux.)

trouvé dans les nombreux procès-verbaux, ventes mobilières, états de lieux, inventaires et séquestres, tous actes et formalités fréquents dans l'administration et la réalisation des biens nationaux, une source de profits compensateurs (1). C'était un homme avisé, fort circonspect et modéré au fond. Il avait la charge d'une nombreuse famille.

II

INCIDENTS AU SUJET DU RECENSEMENT DE LA POPULATION — FALLIER PRÊTE SERMENT —
SECTIONNEMENT — EMIGRATION DE JARSAILLON — DÉLIMITATION DE LA COMMUNE
LES JACOBINS — ELECTIONS — JEAN LOYARD.

La nouvelle municipalité eut tout d'abord à s'occuper d'un fait assez étrange. Le 12 décembre, Fallier recevait par voie indirecte et quelque peu mystérieuse un « paquet » qu'une sorte de pressentiment lui fit dès le premier moment prendre en défiance, — au point de ne vouloir en faire l'ouverture qu'en présence de Maurice Deschamps et d'Archambault.

Dans ce paquet se trouvait un recensement de la population de la commune, accompagné d'une lettre de Perrotin, procureur syndic (2), adressée aux officiers municipaux. Cette lettre datée du 24 octobre était ainsi conçue : « On vient de présenter au directoire du district un état de population qui s'élève à *neuf cent quinze* âmes. Si vous trouvez que ce *nouvel état* approche davantage de la vérité, vous pouvez le signer sans inconvénient... »

Que signifiait cela ?... De recensement, Fallier ne connaissait que celui du mois d'août ; il y avait pris part et tout autre que celui-là ne pouvait être qu'apocryphe et sans valeur aucune. Tel était son avis, et cependant il n'en fit pas moins assembler d'urgence les officiers muni-

(1) Il sera, notamment, commissionné (25 avril 1792) pour faire les états de biens et procéder à l'inventaire des meubles de tous les émigrés du canton. (Arch. de l'Allier, série Q. 18 : ventes avant l'an IV.)

(2) Ancien conseiller au présidial de Moulins et président-trésorier de France au bureau des finances de la généralité.

cipaux qui, mis au fait de l'incident, en éprouvèrent comme lui une vive surprise. On délibéra longuement et les circonstances de cette affaire furent examinées avec une minutie qui ne laissa rien échapper. Il fut constaté qu'on se trouvait en présence d'une copie tronquée du recensement officiel, et que des retranchements y avaient été opérés pour en changer le résultat. C'était donc un faux (1).

Mais comme on ne voulait laisser subsister aucun doute sur la sincérité des opérations de dénombrement, on prit la résolution de les recommencer avec d'irrécusables garanties d'exactitude, pour prouver qu'il y avait bien 1.008 habitants dans la paroisse. Des poursuites seraient en outre exercées contre le coupable et ce coupable on le désignait assez singulièrement : « Tous ceux de l'assemblée qui savent lire, dit le procès-verbal, ont *décidé* que l'écriture *paraît être* de la main du sieur Jean-Baptiste Chabrol, notaire... »

On se demandera dans quel but cette machination et pourquoi tant d'émotion à sa découverte. Mais nul besoin de chercher longtemps le mot de l'énigme : c'est le traitement du curé qui était en cause et qui, avec une population inférieure à 1000 habitants, se trouvait exposé à une réduction de 300 livres (2). Fallier ne s'y était pas trompé.

Le directoire du district, mis au courant de la question, délégua l'administrateur Bouyot pour procéder, avec les officiers municipaux, à une révision, et à la surprise de tous on reconnut que le dénonciateur anonyme avait raison : il avait rectifié, non falsifié. A défaut du rapport de Bouyot un compte de recettes du curé (du 1er juillet 1791), contenu en un registre du district (3), le prouve en effet. On y voit que « d'après

(1) La copie en question a été intégralement reproduite au registre et il faut s'en louer, car toutes les familles y sont énumérées.

(2) Le décret du 12 juillet 1790 faisait dépendre le traitement des ministres du culte du chiffre de la population. Au-dessous de 1.000 habitants ce traitement était de 1.200 livres ; de 1.000 à 2.000 il s'élevait à 1.500 livres.

(3) Arch. de l'Allier, série L., 284. — Ce compte était établi en application du décret du 14 juillet 1790 d'après lequel les curés dont le revenu [de leur ancien bénéfice] était inférieur à 1.200 livres devaient toucher ce revenu pour l'année 1790 comme par le passé. La différence devait être complétée par le receveur dans les six premiers mois de 1791. Le revenu du bénéfice de Fallier était alors admis pour 733 livres et il avait à toucher le complément de 467 livres.

le compte rendu du commissaire nommé à l'époque de janvier dernier, la paroisse de Saint-Menoux ne contenait pas une population *au-dessus de mille âmes* », et que par suite « tant pour la présente année que pour les subséquentes il y a lieu de fixer le traitement [de Fallier] à la somme de 1.200 livres ». Le notaire-jaugeur Chabrol, s'il était réellement l'auteur peu délicat du contre-recensement, avait donc atteint son but. Cependant on continua, dans les pièces administratives, à évaluer à 1.008 habitants la population de la paroisse, ce qui ne dut être pour Fallier qu'une compensation très insuffisante.

Au moment où ce dernier tombait dans ce piège tendu par un trop-ingénieux ennemi, il avait à prendre une décision au sujet du décret enjoignant à « tous évêques, ci-devant archevêques, curés et autres ecclésiastiques fonctionnaires publics », de prêter serment à la Constitution civile du clergé. Il n'eut d'ailleurs pas un instant d'hésitation et le 11 janvier il déclarait en chaire que le dimanche suivant, après la messe, il obéirait à la loi.

Le jour indiqué, 16 janvier, devant le conseil général de la commune et les citoyens assemblés dans l'église au son des cloches, il prêta ce serment. Le procès-verbal qui en rend compte est très succinct, et le parut trop sans doute à Fallier, car il fit ajouter en marge la note suivante : « La cérémonie a été précédée par le chant de l'hymne *Veni, creator*, entonnée par le sieur curé revêtu du surplis et de l'étole, et terminée par le *Te Deum*, qui a été entonné par le procureur de la commune à la réquisition du maire, et chanté les cloches sonnantes par tous les assistants. »

Ce même mois de janvier, le 20, eut lieu le sectionnement de la commune pour asseoir la contribution foncière (1). Le territoire fut divisé en six parties ou sections par autant de commissions composées chacune d'officiers municipaux assistés d'un nombre au moins égal d'autres commissaires nommés par le conseil général. Jean-Claude de Jarsaillon(2)

(1) La plupart des autres municipalités n'avaient pas encore fait leur sectionnement en mai suivant. (Arrêté du directoire du département du 24.) L'opération était essentielle et ordonnée par la loi concernant la contribution foncière.

(2) En cette seule occasion il est nommé sans titre ni particule. Jusqu'alors on n'avait pas observé à son égard la loi des 19-23 juin 1790 supprimant les titres de noblesse.

et Jean Desforges furent adjoints à Antoine Faivre pour la délimitation d'une section, et c'est la dernière fois qu'il sera question du ci-devant seigneur de Bigut avant son émigration, qui eut lieu sept mois après.

Dans l'intervalle, le registre municipal est à peu près muet, quoique les faits locaux n'aient pas dû chômer. C'est l'époque, en avril et en mai, où furent vendus, — sauf le monastère et l'enclos, — les biens de l'abbaye, gros événement, où s'affirmait d'une manière particulièrement sensible aux gens de campagne, la force de cette Révolution qui anéantissait des institutions réputées immuables depuis les temps les plus lointains.

De l'émigration même de l'ancien maire il n'est aucunement question. A la date du 21 novembre on trouve seulement parmi les délibérations la mention qu'Aucouturier, élu juge de paix à sa place la veille, prête serment devant le conseil général et reçoit les félicitations de Fallier, faisant fonction de maire. On peut établir, néanmoins, que cette émigration date du 30 août, car le jour en est pour ainsi dire fixé par un arrêté du directoire du département du 26 juin 1792, rendu sur une pétition de Jacques Saulnier, d'Agonges, fermier de Souys et Cluzor, et de Pierre Parent, métayer du domaine de la Forêt, assesseurs, qui réclamaient le paiement de 140 livres pour honoraires du *30 août 1791* au 27 novembre suivant, jour de l'entrée en fonctions d'Aucouturier, « *pendant lequel temps ils ont suppléé à la vacance...* »

Ce départ coïncidait avec le flux d'émigration qui suivit la fuite du roi, et c'est le moment où beaucoup d'officiers du 23ᵉ régiment de cavalerie (Royal-Guyenne) en garnison à Moulins, accompagnés de quelques civils dont était Jarsaillon (1), se décidèrent à gagner la frontière.

C'était devenu une mode d'émigrer (2). Les femmes dans les salons, leur premier engouement pour la Révolution passé (3), y poussaient

<hr>

(1) J. Cornillon : *le Bourbonnais sous la Révolution*, II, 204. — Son frère Jacques-Marguerite émigra également. Lazare fut le seul qui resta.

(2) « La plupart étaient entraînés par la mode et la frivole opinion. » De Barante : *Hist. de la Convention nationale*. I, 3.

(3) Cet « engouement » du début est constaté notamment par Ed. et Jules de Goncourt : *la Société française sous la Révolution*, p. 5 et 15.

de toute leur influence (1), et c'est à des suggestions de cette nature que dut obéir le chevalier, car il ne s'était nullement préparé à quitter Bigut et il n'existait contre lui aucune suspicion ni hostilité de la part des habitants, dont il était l'élu et que sa qualité de juge de paix, à défaut d'autre, eût suffi à rendre déférents envers lui. Ce qui prouve qu'il n'y était pas préparé et que sa résolution fut soudaine, c'est que le 10 août, moins de deux mois et demi avant qu'il partît, il payait le solde du prix du Petit Bigut (2). S'il avait eu à ce moment le projet d'émigrer il aurait certainement conservé cet argent, dont le poids ne l'eût pas incommodé à l'armée des princes où, comme l'on sait, on ne roulait pas sur l'or. S'il ne l'a pas conservé c'est apparemment qu'il ne pensait qu'à libérer son bien, économisant pour cela le plus possible, au point de différer les plus urgentes réparations de Bigut, laissé presqu'en ruines (3).

On s'occupait partout de la délimitation des communes, ordonnée par un décret du 24 novembre 1790, d'après celui du 12 juillet sur la Constitution civile du clergé. Le concours demandé aux municipalités avait été jusqu'alors une cause de retard, mais on voulait aboutir, la question étant considérée comme urgente. Le procureur général syndic, réclamant un arrêté du département en séance du 24 mai 1791, expliquait en effet qu'il fallait « attribuer à chaque pasteur pour l'exercice de son ministère, une

---

(1) Mlle Alexandrine des Echerolles : *Hist. d'une famille noble sous la Terreur*, peint à merveille ce mouvement : « L'émigration devenue une mode impérieuse, écrit-elle, il fallut partir ou démériter... Je me rappelle parfaitement l'agitation de nos familles, leurs réunions secrètes, l'empressement avec lequel on se communiquait les nouvelles d'outre-Rhin. Quand partez-vous ? se demandait-on. Vous arriverez trop tard, hâtez-vous. Ils reviendront sans vous. C'est pour si peu de temps... Ceux qui résistaient, degradés aux yeux de la noblesse, étaient en quelque sorte repoussés de son sein... Les femmes harcelaient sans pitié les caractères indécis. Des bonnets de nuit, des poupées, des quenouilles leur parvenaient de toutes parts... » La duchesse d'Abrantès (*Mémoires*, v, 2), raconte que Davout, qui était de bonne noblesse, fut pressé de cette façon et reçut un jour un paquet contenant une quenouille et un fuseau. Son obstination à refuser de partir lui valut un duel.

(2) Aux époux Prioux, 1.000 livres (acte devant Duchollet père, notaire à Bourbon). Le 16 avril de la même année il avait déjà payé (acte devant le même notaire) 400 livres sur les 1.400 restant dues. (Arch. de l'Allier, série E. 1138.)

(3) L'état de lieux qui en fut dressé en décembre 1792 le constate.

population qui ne fût pas trop considérable pour ses forces, mais qui lui fournisse néanmoins une occupation suffisante ». Il fallait aussi établir la dépense nécessaire pour assurer ce service sur des bases définitives.

A Saint-Menoux Jean-Baptiste Reignier, commissaire désigné par le district, exécuta, assisté d'Aucouturier, de Jean Loyard et de Fallier, le travail en quatre journées : 22 et 23 août et 19 et 21 septembre. Le rapport qu'il déposa concluait à des pertes et à des gains à peu près équivalents (1), au vif mécontentement néanmoins de ses collaborateurs, qui prétendaient que leur commune se trouvait lésée (2). Aussi protestèrent-ils avec énergie (30 décembre), alléguant que Reignier « guidé par des motifs qu'ils ignorent... » n'a pas observé pour les limites avec Agonges et Autry le tracé convenu en leur présence, et ils demandent que la situation ancienne soit maintenue, puisque le changement entraîne des conséquences graves, surtout « en raison de la population de leur bourg, des cinq foires *considérables* qui s'y tiennent et du grand nombre de patentés qu'il renferme ». On ne voit pas bien ce qui peut motiver de telles plaintes, si ce n'est que la solution proposée par Reignier était en effet bien éloignée des espérances de la municipalité qui, interrogée le 13 janvier, avait répondu le 27 février que les paroisses d'Autry, Marigny, Agonges et le Breuil « seraient dans le cas d'être réunies à celle de Saint-Menoux », déclarant pourtant se contenter de réclamer l'incorporation « d'une partie de Marigny, d'une partie d'Agonges et de toute la paroisse du Breuil (3) ».

On se passionnait beaucoup dans les campagnes pour la fixation des limites des communes. Chacun voulait les reculer aux dépens du voisin, et c'est là une manifestation intéressante de l'esprit local (4).

(1) Saint-Menoux perdait le domaine du Plaix et les deux domaines et réserve de Bigut, et gagnait sur Marigny la Grange du Bois, qui auparavant alternait avec cette paroisse, et quelque territoire sur Marigny.

(2) Peut-être Fallier avait-il eu l'espoir d'une augmentation de population d'où serait résultée la fixation de son traitement à 1.500 livres.

(3) Cette paroisse ne contenait, d'après la protestation, que 50 à 60 habitants.

(4) Les municipalités employèrent tous les moyens pour obtenir que les limites de leurs paroisses fussent élargies. Se trouvant en concurrence à ce sujet, leurs contestations devenaient parfois fort acrimonieuses, ainsi qu'il arriva entre Saint-Menoux et Bourbon. (Délibération du directoire du district du 4 mars 1791.)

Les administrations de département et de district attachaient aussi, pour d'autres motifs, une haute importance à ces opérations. Il fallait rétablir l'ordre dans les états de section pour l'assiette de la contribution foncière, et pourvoir de prêtres les communes à créer avec le seul contingent des assermentés, le nombre des réfractaires ayant laissé des vides dans le personnel ecclésiastique disponible. Aussi le travail avait-il été préparé dès le mois de mai 1791 par le directoire du district et l'évêque de l'Allier, et des propositions de suppression et réunion avaient-elles été soumises dès le mois de juin à l'Assemblée nationale (1). Ce n'est cependant qu'après octobre 1792 qu'était rendu le décret d'approbation (2).

C'est à partir du mois d'août 1791 que fut probablement formée à Saint-Menoux une *Société populaire* ou des *Amis de la Constitution*, autrement dit un club de *Jacobins*. Cependant il n'est parlé nulle part de cette organisation et si on ne voyait ce club cité dans des procès-verbaux de la municipalité (13 frimaire an II et 9 germinal an VIII), ainsi que dans une lettre du maire Aubery du Goutet au préfet de l'Allier, du 29 août 1810 (3), il faudrait, quant à son existence même, s'en tenir à une certitude purement morale. La Société de Saint-Menoux n'est même pas inscrite sur les registres de celle de Moulins, à laquelle elle s'était nécessairement affiliée (4). Tout ce que nous en savons, grâce au procès-verbal du 13 frimaire, c'est qu'elle s'installa avec la municipa-

(1) Dans ces premières propositions les paroisses du canton de Saint-Menoux étaient maintenues, sauf Marigny.

(2) V. pour tous les renseignements relatifs à la délimitation de la commune : Arch. de l'Allier, série L, district de Moulins : affaires diverses ; circonscriptions territoriales.

(3) Arch. de l'Allier, série O, commune de Saint-Menoux ; l'Eglise.

(4) On remarque d'ailleurs sur ces registres, à partir de juillet 1791 jusqu'à l'an II, une longue lacune pendant laquelle dut se former la Société de Saint-Menoux. — Celle de Moulins tint sa première séance le 6 mars. En juillet celles de Gannat, Cusset, Montluçon, Bourbon-l'Archambault, le Veurdre, Saint-Pourçain, le Donjon, Saint-Gerand-le-Puy, Vichy et Varennes lui étaient affiliées, et au moment de sa dissolution plus de 200 autres du département se ramifiaient avec elle. Le nombre total en France dépassa 30.000, obéissant toutes au mot d'ordre de la Société mère, et cette organisation exerça une influence décisive sur la Révolution.

lité, en 1793, dans un petit bâtiment dit de la « Charbonnière », provenant des Bénédictines et qui avait été attribué à la commune avant l'adjudication (1).

Les officiers municipaux de tout le canton, — car il ne s'était pas formé de Société dans les autres communes, — des notables, avec un certain nombre d'électeurs habituels composaient probablement le club de Saint-Menoux. Les métayers, qui préféraient s'occuper de leurs travaux, et qu'intéressaient davantage les difficultés matérielles journalières, ne devaient s'y rencontrer qu'exceptionnellement. Du reste il eût fallu le plus souvent venir de loin et s'imposer des dérangements fréquents.

Le 4 décembre, on vote pour renouveler l'assemblée municipale. Il y avait à élire un maire, plus deux officiers municipaux en remplacement de Fallier et Blondin, « qui ont fait leur temps », et, pour la même raison, six notables. Le scrutin donna pour successeur à Aucouturier Jean Loyard, et à celui-ci comme procureur de la commune, Pierre Parent. Les deux nouveaux officiers municipaux furent Félix Pessant, boulanger, et Pierre Tridon (2).

Loyard était maréchal de son état et petit propriétaire du bourg, chef d'une famille nombreuse. Il n'avait ni l'autorité morale ni la capacité d'Aucouturier, mais il arrivait à son moment. Le noble d'abord, le bourgeois ensuite, puis l'artisan. Il n'avait été élu qu'à une majorité relative et dérisoire de seize voix, et trente-huit électeurs avaient pris part au vote.

---

(1) La Société tint aussi des séances dans l'église, sans doute aux moments d'affluence. Dans la lettre d'Aubery on lit en effet : « L'église servait pendant la Révolution aux rassemblements très fréquents du peuple de Saint-Menoux et de *tous les frères et amis des communes qui composaient le canton ; c'est-à-dire les affidés de la Société des Jacobins* ».

(2) Un des anciens notables, Antoine Desforges, avait quitté la commune, et Tridon, qui l'était déjà, dut être remplacé. L'élection porta donc sur huit notables qui furent : Claude Auroux, propriétaire ; Pierre Laconche, maçon ; François Fallier, Pâques Parent, Pierre Bouis, Claude Duret, ces trois derniers cultivateurs ; Claude Loyard, propriétaire, et Antoine Guetton, fermier. — Les élus prêtèrent serment le 11 décembre et Antoine Faivre fut désigné pour compléter le bureau.

III

OFFRE DE DÉMISSION DU NOUVEAU MAIRE — RIVALITÉ DE BLONDIN ET DE LOYARD — SERMENT DES FONCTIONNAIRES — FAITS GÉNÉRAUX — VISITE PASTORALE — VENTE MOBILIÈRE A L'ABBAYE — INCIDENTS A L'ABBAYE — INVENTAIRE — FALLIER RÉCLAME DE L'ARGENTERIE D'ÉGLISE — ATTRIBUTION A LA PAROISSE DE VASES ET D'ORNEMENTS — AUTRE VENTE MOBILIÈRE — AUCOUTURIER EST RÉÉLU JUGE DE PAIX — ELECTION — JEAN BLONDIN.

SOUS l'administration de ce nouveau maire une particularité se présente : jusqu'au 15 juillet 1792, c'est-à-dire pendant près de huit mois, le registre municipal est absolument vide de procès-verbaux, et à cette date quelques lignes seulement s'y rencontrent, écrites de la main de Loyard lui-même..., pour offrir sa démission.

Il avait pris en effet cette résolution, et elle était motivée par nombre de piqûres d'épingle devenues sans doute trop douloureuses, ce qu'il exprime en disant qu'il a « l'honneur de représenter que ses occupations, jointes aux tracasseries qu'il est obligé d'éprouver » le déterminent, « malgré son civisme », à « requérir qu'il soit nommé un autre maire ». Il ne fait pas savoir quelles sont ces tracasseries, mais en novembre on découvre qu'il a un ennemi en la personne de Jean Blondin, lequel, selon toute apparence, est devenu le chef d'une opposition qui s'est formée contre lui. On jugera des incidents que dut faire naître la rivalité de ces deux hommes par le suivant.

Loyard avait fixé au lundi le jour du marché aux grains, au lieu, comme auparavant, du dimanche, « attendu, faisait-il observer, que le dimanche ne doit être employé qu'au service du culte... » Blondin était, paraît-il, d'un avis contraire, car on le voit prendre sur lui d'annoncer au son du tambour, à l'issue de la messe « et se disant commandant de la garde nationale » que, par ordre du procureur syndic, le marché des grains continuera à se tenir le dimanche. On devine la colère de Loyard. Il y avait usurpation de fonctions, rébellion, etc. Les officiers municipaux se réunissent, protestent, délibèrent et prennent des mesures de répression, car ils soutiennent leur maire.

Cela se produisait presqu'à la veille des nouvelles élections et c'est, avec un procès-verbal (23 septembre) de la prestation de serment des fonctionnaires et pensionnaires (1) recevant traitement et pension de l'Etat, uniquement ce dont nous sommes redevables à l'activité du secrétariat pendant toute une année, l'année 1792 !...

Dès la fin de 1791 la situation générale avait gravement empiré. Le peuple s'armait de piques et le *bonnet rouge* était devenu le signe de ralliement des *patriotes*. Le 20 avril 1792 la guerre était déclarée, on disait des prières publiques dans les églises, on plantait en grande cérémonie des *arbres de la liberté* (2) et tous les citoyens portaient la cocarde tricolore. Les enrôlements de volontaires, les armements, la proclamation déclarant que « la patrie est en danger », l'organisation de la garde nationale — dans l'Allier, très incomplète partout ailleurs qu'à Moulins, — viennent mettre en mouvement toute la France. En juillet des commissaires sont chargés d'aller exciter le zèle des municipalités, un deuxième bataillon de volontaires de l'Allier est formé (3), et dans chaque canton les gardes nationaux se réunissent pour désigner ceux d'entre eux qui entreront dans ce bataillon ou les troupes de ligne. Le 30 juillet le directoire du district achète des fusils afin de s'armer contre les ennemis de l'Etat « et de combattre les factieux, de quelque parti qu'ils puissent être ». A partir du 10 août le conseil et le directoire du département ne délibèrent plus que réunis ; les imaginations sont envahies par des idées de complots, de trahisons ; le 13, une pétition réclamant le désarmement des personnes « suspectées » ou soupçonnées « d'incivisme » est présentée au district de Moulins, à qui la mesure paraît cependant prématurée et qui répond que « ce serait inquisitorial... violer les droits des citoyens... » On se borne à donner aux

---

(1) Maurice Deschamps, Aucouturier, Fallier et Jacques Loyard, ce dernier greffier de la justice de paix. Ce serment était exigible sous peine de renoncer aux pensions et traitements, en vertu de la loi du 14 août 1792.

(2) Usage renouvelé, paraît-il, des Gaulois. Sous la Révolution on plaçait au sommet de l'arbre la pique et le bonnet symboliques.

(3) Le premier bataillon, qui assista à la bataille de Valmy, avait été formé en novembre 1791. (V. *Note sur le premier bataillon des volontaires de l'Allier*, par M. Pierre Flament, archiviste de l'Allier, dans le *Bull. de la Soc. d'ém. du Bourbonnais*, année 1904.)

pétitionnaires une demi-satisfaction. Le 14 est créé un « Comité de surveillance », qui ne tardera pas à terroriser le département (1), et l'Assemblée nationale rend un décret ordonnant que tous les corps administratifs se lieront à la chose publique par un nouveau serment : « d'être fidèle à la nation et de maintenir la liberté et l'égalité ou de mourir pour les défendre (2) ». Il n'est question que de désarmement des « ennemis de l'intérieur », et les visites domiciliaires commencent... Enfin la bataille de Valmy (20 septembre) vient pour un temps calmer les passions populaires.

Il eût été intéressant de démêler, dans ce faisceau d'événements, les émotions et l'attitude de nos campagnards, de voir le conseil général de Saint-Menoux en permanence, à l'exemple de ceux du département et du district (3), et de noter les petits faits locaux du moment. Mais à défaut de renseignements à ce sujet on est heureux de rencontrer dans les Archives départementales quelques dédommagements à d'autres points de vue.

Citons d'abord la visite pastorale (16 avril) de l'évêque constitutionnel Laurent, ancien curé d'Huillaux, venu pour confirmer les paroissiens du canton. De la réception qui lui fut faite il n'est parlé nulle part,

(1) Voici la délibération : « Le cruel événement [le 10 août] qui a eu lieu à Paris, les machinations de tout genre que les malveillants ne cessent de mettre en usage, ont paru des motifs assez puissants pour exciter la sollicitude du district et pour l'engager à apporter dans ce moment-ci une surveillance toujours active ; et pour la rendre plus utile il a arrêté qu'il serait créé un comité de surveillance composé de trois membres du conseil. On a procédé sur le champ à leur nomination par la voie du scrutin et il en est résulté que MM. Lequien, Vidalin et Barret ont été nommés... »

(2) Les administrateurs du directoire et du conseil général du district le prêtèrent le 18 août avec une grande exaltation. Les commis des bureaux, les citoyens présents à la séance « de l'un ou l'autre sexe » s'y associèrent, et le même enthousiasme se retrouva dans les communes. La cérémonie eut lieu le plus souvent dans les églises, le peuple assemblé, ou sur les autels de la patrie.

(3) Le 13 août les séances du conseil général et du directoire du district devenaient permanentes « pour tout le temps que durera le péril imminent où se trouve la patrie », et on fixe par tirage au sort l'ordre dans lequel chacun des membres passera la nuit. Il est probable qn'on se contenta, dans les municipalités, de tenir la chambre commune ouverte pendant le jour, et d'y assurer la présence constante d'un ou de plusieurs municipaux.

et il ne serait resté aucune trace de son passage s'il n'eût eu à administrer un baptême (1). Nombre de fidèles lui attribuaient un caractère schismatique contre lequel on s'insurgeait, et des scènes de révolte contre son autorité épiscopale ne devaient pas tarder à se produire à l'hôpital de Moulins. Il ne serait donc pas étonnant qu'il eût aussi rencontré de l'hostilité à Saint-Menoux ; l'absence de tout procès-verbal au registre le donnerait même à croire.

A noter également des formalités et incidents relatifs à la liquidation des biens de l'abbaye et à l'expulsion des religieuses.

Le 16 mai les membres du directoire du district, J.-B. Reignier et Martin Radot, présents à Saint-Menoux, se rendaient à l'ancien monastère accompagnés du maire, du procureur de la commune et des officiers municipaux Pierre Parent et Mayeul Charpy (2). Ils se faisaient présenter par les religieuses le linge dont elles étaient restées dépositaires, et après leur en avoir attribué une certaine quantité — « trois douzaines de serviettes, trois paires de draps de maître et trois nappes..., plus les draps de *repoil* (3) nécessaires à leurs domestiques et aux sœurs converses » (4) — ils ordonnaient la vente du surplus. Ils envoyaient en outre à Moulins de l'argenterie et les titres — dont ils emplirent des sacs, — que contenait encore la bibliothèque.

Quelques jours plus tard Loyard, dans un mémoire adressé au dis-

---

(1) Arch. de l'Allier, série E. suppl. : « Le 16 avril 1792 a été baptisé par nous François-Xavier, évêque du département de l'Allier, étant dans le cours de nos visites pour administrer le sacrement de confirmation aux paroissiens de Saint-Menoux et du canton, Jean, né du jour, fils légitime de Gilbert Charpy, laboureur à Joux, et de Marie Perchet. Parrain, Jean Charpy, aussi laboureur à Joux, oncle de l'enfant ; marraine, Marie Perchet, femme de Jean Charpy, aussi laboureur à Joux, sa tante, qui ont déclaré ne savoir signer de ce requis. Le baptême fait en présence de MM. Fallier, curé de Saint-Menoux, François Roux, curé de Montilly, Jean-Antoine Martinant, curé d'Agonges, Antoine, Thibaud, maire de Montilly, Antoine Genin, vicaire de la Cathédrale, Guillaume Aucouturier, juge de paix du canton, Porgean de Beaumont, Pierre Fallier, *notaire à Moulins*, qui ont signé avec nous. »

(2) Arch. de l'Allier, série Q. ; ventes avant l'an IV.

(3) Mot qui n'est plus employé et qui désignait un drap d'un tissu grossier.

(4) De même qu'aux religieuses qui avaient quitté la communauté. (Rapport des commissaires, déposé au district le lendemain.)

trict, se plaignait que des personnes étrangères fussent installées dans l'abbaye à titre de locataires, et d'avoir été gravement et fréquemment insulté par elles. A l'occasion de la discussion de ce mémoire devant le directoire, Martin Radot et Reignier certifièrent qu'en dirigeant la vente du mobilier ils avaient été, en effet, témoins de faits semblables. Le directoire procéda à une enquête, et le 3 juillet intervenait un arrêté d'après lequel les personnes en question seraient tenues de quitter les lieux dans un délai de deux mois.

Mais le 17 ce sont de nouvelles et plus vives plaintes de Loyard. Antoine Trémont, un des locataires, explique-t-il, lui a adressé de « violentes invectives » (1) ; on obstrue la galerie communiquant à la chambre destinée aux séances de la municipalité et on embrouille la serrure de la porte, de sorte qu'on ne peut pénétrer pour siéger. Alors le district prend un deuxième arrêté : « Le sieur Vidil, huissier, se transportera demain matin (19 juillet) à la ci-devant abbaye... ; il fera assembler les religieuses et converses qui sont restées dans la maison et les sommera de déclarer si elles n'ont pas loué une partie des terres de l'enclos à prix d'argent ou à moitié fruits ; quel est le nombre des ménages étrangers qu'elles ont placés ou tolérés dans la maison, et à quel titre habitent les personnes en question. »

Puis le département, sur le rapport de Vidil, un avis du district du 20 et une nouvelle lettre de Loyard, décidait (28 juillet) que, « sans délai, tous les particuliers qui occupent indûment quelques parties des bâtiments du monastère, à l'exception du nommé Richot et de sa femme, portiers, seront tenus d'en sortir et de verser entre les mains du receveur du droit d'enregistrement, les sommes dont chacun d'eux se trouvera débiteur... ; la partie du bâtiment servant ci-devant à la tenue des audiences de la justice seigneuriale, et actuellement aux assemblées de la municipalité, continuera d'avoir la même destination, sans que la dite municipalité puisse être troublée... »

---

(1) Les maires révolutionnaires étaient alors fréquemment l'objet d'avanies de la part des paysans dévoués à l'ancien régime. Alexandrine des Echerolles, dont le père était incarcéré à la prison de Moulins, raconte que nombre de ces paysans s'y trouvaient en même temps que lui, condamnés pour cette cause à quelques mois de prison, — parfois au pilori. (*Hist. d'une famille noble sous la Terreur*, p. 30.)

Une nouvelle loi vint d'ailleurs ordonner l'évacuation pure et simple des couvents. La vente définitive du mobilier de l'abbaye devait s'en suivre et être précédée d'un inventaire de celui qui était resté à la disposition des religieuses, distraction faite des objets leur appartenant et garnissant leurs cellules. Radot, devenu vice-président, et Desforges, secrétaire, en furent chargés, et l'opération eut lieu le 21 septembre en présence du maire et d'un officier municipal.

Les chambres des sœurs Delaire, Duverne, Allard, de Frescheville, Deschamps de Pravier, Maquet de Barbodière, Dubroc et Marie Vedet furent succesivement inventoriées (1), et Radot attribua à ces religieuses, les seules qui fussent encore présentes, leurs meubles en leur accordant la faculté de les emporter — « ou d'en faire tel usage qu'elles croiront convenable », — ainsi que « les denrées comestibles, bois de chauffage, poterie et autres ustensiles de ménage qu'elles peuvent s'être procurés, dont elles ne pourront néanmoins user qu'en la présence de deux officiers municipaux ». Le procès-verbal ajoute que « sont compris dans les objets qui doivent appartenir aux dites dames les linges et habits à leur usage corporel ».

Radot poursuivit ensuite ses opérations dans toutes les parties de l'abbaye, dans la « chapelle Sainte-Barbe », les corridors, les galeries, toutes les chambres, le *chauffoir* (2), etc... Il rencontra çà et là des œuvres d'art, et éprouvant devant elles un vague respect mêlé de préoccupations d'ordre pratique, il prit des mesures pour éviter qu'elles ne fussent détériorées. « Nous les avons descendus [les tableaux], mentionne-t-il au procès-verbal, et déposés dans une chambre au nom-

(1) Arch. de l'Allier, série Q. 283 ; ventes avant l'an iv. — Voici la composition du mobilier d'une chambre de Bénédictine, — celle de Marie-Anne du Broc — : un lit garni d'une paillasse, deux matelas, un lit de plume, deux couvertures de laine et une courte-pointe, un traversin, un oreiller, les rideaux, un prie-Dieu, une commode, une armoire, un coffre, une table, une petite bibliothèque, deux tabourets, deux « bergères », cinq chaises, une « encoignure », une tapisserie en papier, neuf cadres, un Enfant Jésus, deux tréteaux, un rideau de fenêtre et sa tringle, et un treillis, un *feu*, une table de nuit et cinq chaises tapissées. — C'était une des plus confortables.

(2) Sorte de « chambre commune » (ainsi désignée dans l'inventaire) du monastère. On y faisait les réunions et les réceptions. Ce n'était autre, sans doute, que le *parloir*.

bre de ... [la place est en blanc], dont la clé est restée entre les mains de messieurs les officiers municipaux, que nous avons invités à les faire transporter au district le plus tôt possible, avec tout le soin que de *pareils meubles* exigent ». Que pouvait-on lui demander de plus?

Dans la sacristie on fit le récolement des linges, ornements et objets de piété, parmi lesquels « quatre bustes de saints et le buste de saint Menoux » déjà portés à l'inventaire de juilllet 1790. Mais alors l'abbé Fallier, intervenant, fit observer que les objets inventoriés étaient les seuls qui fussent à sa disposition et que « si on emportait toute l'argenterie il ne resterait absolument rien pour le service du culte ». L'objection était sérieuse et Radot ne fit aucune difficulté d'en convenir. Après vérification il consentit, sous réserve de l'approbation des corps administratifs, à faire distraction de ce qui était considéré comme indispensable (1), y compris le buste de saint Menoux, qui a « une destination particulière pour cette paroisse ». Le surplus de l'argenterie et des ornements — en quantité considérable et d'une grande richesse, — fut chargé sur une voiture et expédié à Moulins.

D'autres meubles de sacristie et d'église furent inventoriés. A mentionner « dans le chœur des dames un prie-Dieu en bois précieux, appelé vulgairement *le trône*... »

Radot, pour terminer, donna lecture aux religieuses réunies de la loi du 17 août fixant l'époque (31 octobre) « où elles devraient avoir évacué ladite maison » (2).

Ultérieurement (2 octobre), les vases, linges et ornements laissés à la paroisse provisoirement par Radot lui étaient abandonnés définitivement par le district, à l'exception du calice en vermeil et de la patène, de l'encensoir et de sa navette, de deux burettes et du plat d'argent, « qui ne sont pas indispensables, ne pouvant même être considérés que comme des

____

(1) Un ostensoir avec sa couronne, deux calices avec leurs patènes, une paire de burettes, une cuvette, un buste de saint Menoux, un encensoir et sa navette, deux ciboires, quatre grands chandeliers, — le tout en argent, or et vermeil, — et une glace à cadre de bois.

(2) L'un des considérants de cette loi dit qu' « il est un moyen de concilier par une augmentation de pension le bien-être des religieux et religieuses et les intérêts de la nation avec l'extinction absolue de la vie monacale... » Les religieuses ne durent pas se faire d'illusions à cet égard.

objets de parade... ; » et remise était faite aux officiers municipaux d'un encensoir d'un autre métal et de burettes ordinaires. Cette décision était homologuée le 22 par le département. Les objets jugés non indispensables devaient être conduits au district sous huitaine, et les linges et ornements « déposés dans l'église sous la surveillance de la municipalité, jusqu'à ce qu'il ait été définitivement statué sur la distribution de ceux trouvés dans les établissements supprimés, en conformité de la loi du 14 septembre dernier (1) ».

On était arrivé à la fin de l'année. Le 2 décembre le conseil général de Saint-Menoux, assemblé, reçoit le serment de Guillaume Aucouturier, réélu juge de paix le 25 novembre, puis ont lieu les élections municipales, renouvellement entier du corps municipal et du conseil général, en exécution de la loi du 19 octobre. Jean Blondin fut élu maire et Charles Guelin procureur de la commune. Officiers municipaux : Jean-Louis Hospitalier, Mayeul Faivre, Claude Auroux, Pierre-Antoine Rolland et Gilbert Bobier (2).

Ces élections paraissent avoir été un échec complet de la précédente municipalité, de Loyard surtout. Son ennemi le remplace et lui-même n'arrive que le dernier sur la liste des notables.

Trouvait-on chez Loyard trop de civisme ou pas assez ? Il serait difficile de répondre. Cependant il est probable que Blondin dut l'accuser de tiédeur, d'abord parce que c'était déjà l'usage, et ensuite parce qu'il fallait montrer son zèle révolutionnaire devant le petit nombre d'électeurs, — toujours les mêmes, — acquis en grande partie aux idées avancées, plus franchement à Saint-Menoux que dans les paroisses voisines (3).

---

(1) Par cette loi les municipalités étaient chargées d'établir la liste des ornements, linges et choses diverses nécessaires au culte dans leurs paroisses, et les districts devaient faire des propositions d'attribution par voie de prélèvements, là où se trouveraient des maisons religieuses évacuées, sur les objets religieux en provenant.

(2) Notables: François Fallier, Gabriel Guelin, Guillaume Aucouturier, Pompone Mérite, Jean Taillardat, Pierre Tridon, Antoine Trémont, Antoine Faivre, Antonin Steuf, Etienne Archambault, Joseph Guelin et Jean Loyard. — Le 25, Rolland était élu membre du bureau.

(3) Conséquence naturelle de la plus grande agglomération au bourg. Nombre

Quant à Blondin, on verra bientôt, par les causes qui ont rendu son pouvoir éphémère, combien peu il était propre à en maintenir ou relever le prestige.

IV

C'EST sous cette municipalité que fut appliquée pour la première fois à Saint-Menoux la loi du 20 septembre 1792 sur l'état civil des citoyens. Fallier fut, sous le nom d'*officier public*, désigné par le conseil général pour tenir les registres (1) et le même jour (9 décembre), après vêpres, il prêtait en l'église le serment exigé (2).

La délibération qui constate ce fait ajoute que l'assemblée municipale demanda au curé et obtint de lui de tenir ses séances au presbytère. La chambre d'audiences de l'ancienne justice était en effet devenue indisponible, puisqu'on allait vendre l'abbaye et qu'après la mise aux enchères des derniers meubles les bâtiments avaient été fermés et placés sous la surveillance des époux Richot, portiers.

Mais un nouveau malheur, avant l'adjudication définitive, était réservé au vieux monastère.

Un des premiers actes de Blondin avait été de vérifier l'état des bâtiments de l'abbaye. Il s'y rendit le 11 décembre, accompagné du procureur de la commune et d'un officier municipal, à huit heures du

de délibérations l'indiquent d'une manière non douteuse et cela résulte aussi de la correspondance d'Aucouturier avec le district, en mai 1792, au sujet des inventaires de biens d'émigrés. (Arch. de l'Allier, série Q. 241 ; ventes avant l'an IV.)

(1) On décida aussi que « les registres resteraient à la cure comme par le passé », faute de chambre commune et d'armoire, et on en dressa un inventaire.

(2) Arch. de l'Allier, série L, affaires diverses ; canton de Saint-Menoux. — Un mandement de l'évêque de l'Allier contenait une instruction « capable de détruire tous les scrupules qu'auraient pu avoir les consciences timorées sur les dispositions de la loi ». (Arch. de l'Allier ; correspondance du procureur-syndic ; lettre du 27 février 1793.)

matin. Le portier lui remit les clefs, et dès les premiers pas il put constater que tout avait été « saccagé » de fond en comble. Le procès-verbal dressé par lui de cette visite, écrit de sa main et où l'orthographe et le style rivalisent de fantaisie, mais d'une description rapide et singulièrement précise, est une des plus curieuses pages des registres de Saint-Menoux. La forme, incorrecte au delà de tout ce que l'on peut imaginer, n'en permet malheureusement pas une reproduction intégrale.

Blondin aurait bien pu se dispenser de se munir de clés, car de serrures, il n'y avait plus la moindre apparence, par la raison qu'il ne restait pas de portes non plus. « Toutes ont été emportées » avec les vitres, les impostes, le plomb qui les garnissait, mentionne le procès-verbal. Les espagnolettes des croisées, les chéneaux en plomb et en fer-blanc, la rampe de fer de l'escalier du dortoir, celle du bâtiment de Lorette, les barreaux de fer partout où il y en avait, notamment dans la chambre des menuisiers et ceux des grandes portes d'entrée, les parquets, les placards, les cheminées, tout cela avait disparu ; c'est-à-dire que, — et c'est ce qui caractérise ce pillage, — tout ce qui était métal et bois, tout ce qui était utilisable et représentait une valeur appréciable, tout ce qui pouvait s'employer, se vendre, tenter les convoitises, était arraché, soustrait. Une razzia complète, méthodique. Toutefois l'intention destructive, brutale, inconsciente, s'y décelait aussi par des pierres de taille brisées, rompues. L'incursion des Huguenots de 1562 n'avait été que jeu d'enfants à côté de cet inconcevable et rapace vandalisme.

Quels étaient les coupables ?... Richot, interrogé, prétendit d'abord ne rien savoir, puis, se ravisant ou pressé par Blondin, il ajouta que « l'ancien maire était journellement dedans [l'abbaye], et que depuis que les citoyens ont vu *qu'il en abusait...*, les malheureux s'y sont jetés, ce qui a occasionné la perte de cette maison...» L'accusation n'était nullement déguisée.

Blondin ne pouvait en rester là. S'adressant au district, il réclama la nomination d'un commissaire pour venir constater l'état des lieux, afin qu'il fût, ainsi que ses collègues, déchargé d'une responsabilité que ni lui ni eux ne voulaient assumer ; et le curieux, c'est que Loyard présentait également, et en même temps, une demande d'enquête.

Il leur fut donné satisfaction à tous les deux par la désignation de Reignier, qui déposa un rapport ; puis sur arrêtés du directoire du district du 21 décembre et du directoire du département du 5 janvier 1793, le juge de paix fut saisi de l'affaire « pour être le procès fait et parfait, suivant la rigueur des lois aux auteurs du délit, à leurs complices et adhérents... »

On ne sait ce qui advint. Il faut croire cependant qu'en fin de compte la conduite de Loyard ne fut pas incriminée puisque, sur pétition de lui sollicitant paiement de 150 livres pour voyages à Moulins, et salaire comme « gardien » de l'abbaye, le district lui allouait, le 8 fructidor an II (25 août 1794), 20 sols par jour pour la « garde » pendant vingt jours des bâtiments. Cette allocation semblerait exclure toute idée de culpabilité antérieure, et même indiquer que Loyard avait, étant maire, reçu mission de « garder » l'abbaye, ce qui expliquerait que sa présence y eût été si fréquente et ce qui, d'ailleurs, paraît ressortir des termes de l'arrêté du 21 décembre. Celui du 5 janvier mentionne du reste que « les anciens officiers municipaux et ceux en exercice étaient chargés de surveiller tous les bâtiments et biens de la ci-devant abbaye où ces mêmes délits ont été commis ». On reste néanmoins perplexe devant ce fait que visitant « journellement » les locaux, Loyard n'ait pas signalé lui-même ce qui s'y passait, ou qu'il n'ait pas été inculpé pour l'avoir toléré.

Après le 11 décembre les portes d'entrée de l'abbaye avaient été, soit sur l'ordre du commissaire enquêteur, soit sur l'initiative de la municipalité, « murées », ainsi que le fait connaître une phrase relevée dans un acte de procédure criminelle (1). Malgré tout on pilla encore ce qui pouvait rester à piller, quoique la première opération ne parût pas comporter une besogne supplémentaire. Cela est positivement établi par un autre arrêté du directoire du district du 26 février (2), qui désigne l'administrateur Renaud pour aller à Saint-Menoux procéder à une enquête relativement à des « dilapidations dans les dépendances de la ci-devant abbaye par des citoyens dénommés au procès-verbal ». Ce

(1) Arch. de l'Allier, série L, dossiers du tribunal criminel ; affaire Blondin.
(2) *Ibid.*, série L, 259.

procès-verbal avait été dressé la veille par le procureur-syndic « sur la dénonciation à lui présentée par d'autres citoyens ». Le rapport de Renaud n'est pas connu.

Quelques jours après le premier pillage, un autre et plus retentissant scandale avait éclaté, entraînant la démission, puis la suspension du maire et de l'officier municipal Hospitalier. Cette double démission, inscrite au registre à la date du 9 février, est contresignée de Guelin et rayée en divers sens ; puis aux pages suivantes on trouve des procès-verbaux où ne figurent plus ni Blondin ni Hospitalier, jusqu'au 14 avril où a lieu une élection nouvelle sur avis du directoire du district du 21 février, ordonnant la convocation des électeurs pour donner *un successeur à Blondin et à Hospitalier.* Tout cela excite la curiosité, et en cherchant un peu on ne tarde pas à savoir de quoi il s'agit.

Autrefois, jusqu'en février 1793, l'église abbatiale et l'église paroissiale de Saint-Menoux étaient séparées par un mur intérieur supportant un plafond en forme de tribune, où on avait placé des orgues. De chaque côté un escalier y donnait accès. Les habitants de Saint-Menoux eurent grand'peur, quand furent expropriées les congrégations, que la nation ne revendiquât, comme appartenant aux religieuses, la nouvelle église et ne la mît en vente avec leurs autres biens. En toute occasion ils protestèrent à l'avance, prétendant que les deux églises n'en faisaient qu'une, et quand le danger parut conjuré, le conseil général prit la résolution de rendre définitive la réunion en supprimant le mur de séparation et la tribune. Le 25 décembre 1792 les travaux étaient mis en adjudication.

L'église paroissiale était carrelée. Vers le fond de la nef se trouvaient deux grosses pierres de taille « larges chacune d'environ quinze pouces et longues de trois pieds ». C'était l'entrée du caveau où, sauf dans deux exceptions résultant de la présence dans l'église de deux tombeaux dont il sera question, depuis un temps immémorial on inhumait les abbesses (1). Dans les premiers jours de janvier 1793, — la date

______

(1) On voit mentionné dans l'acte d'inhumation de l'abbesse Marie-Gabrielle du Boulay-Favier, morte en son prieuré de Bourbon le 13 juin 1695 et dont, soit dit en passant, l'*Ancien Bourbonnais* fait à tort les deux abbesses Boulay et

exacte n'a pas été précisée, — l'une de ces pierres fut brisée par la chute des matériaux du mur en démolition et on put entrevoir, dans l'ombre, par l'ouverture, les cercueils qui s'y trouvaient. Le maire ayant eu alors l'horrible pensée de s'approprier le plomb dont ils étaient composés, les fit extraire du caveau et porter « à l'heure de l'angelus », dans sa cour, où fut consommée la profanation (1).

Le fait avait été avoué devant les officiers municipaux le 25 janvier par Hospitalier (2), qui avait aidé à sortir les cercueils, et dénoncé le 8 février par Rolland, Auroux, Bobier et Fallier, au directoire du district (3).

Une répugnante affaire de droit commun, en somme, que cette violation de sépultures, mais que nous ne pouvions tout à fait passer sous silence, puisqu'elle a motivé un changement de maire et qu'elle clôt tristement l'histoire de l'abbaye (4).

Favier (*Voyage pittoresque*, 11, 189), que la défunte avait été placée « dans son cercueil de plomb, le 15 au présent mois et an, dans un sépulchre ou cavo dans la vieille église *où sont inhumez toutes les religieuses* dudit monastère ». (Arch. de l'Allier, série E, supp. *Inv.* 1, 732.)

(1) Cinq cercueils furent enlevés et c'étaient les seuls que contînt la crypte. Il y a lieu d'être surpris de ce petit nombre.

(2) Délibération non portée au registre, la municipalité s'étant résolue, au premier moment et « pour conserver sans altération la réputation de la paroisse », à ne pas faire intervenir la justice. Cette délibération est jointe au dossier criminel.

(3) Aucouturier, chargé comme juge de faire l'enquête à Saint-Menoux, descendit (14 février) dans la crypte. Il n'y trouva que des ossements épars « tous desséchés et tombant en cendres, quelques lambeaux d'habillements dont on ne pouvait distinguer la couleur et qui paraissaient de soie parce que, quoique pourris, ils offraient encore quelque ténacité..., et des morceaux de souliers ». Cependant il résulte des pièces du dossier que les cercueils n'avaient pas été ouverts sur place et qu'on les avait sortis intacts. Il avait même fallu, pour les faire passer plus aisément, élargir l'ouverture à l'aide d'une pince et d'un ciseau. On se demande comment, dans ces conditions, des ossements qui en provenaient pouvaient joncher le sol. C'est un autre sujet de surprise.

(4) Blondin fut mis en arrestation le 4 mars, jugé le 16 avril et condamné à « quatre années de fers » avec exposition pendant six heures, attaché au poteau d'un échafaud, sur une place publique de Moulins. Hospitalier, impliqué dans le procès, fut mis hors de cause, mais retenu pendant trois mois en une maison de correction. V. aux Arch. de l'Allier : correspondance du procureur-syndic avec le

Blondin en cessant ses fonctions légua à l'assemblée municipale certains embarras dont elle eut quelque peine à sortir. Le registre des délibérations et divers documents : décrets, arrêtés, lettres, matrices de rôles, procès-verbaux de sectionnement, etc., tout était chez lui. On obtint bien, avant qu'il fût interné, la restitution du registre, mais non du reste. En son absence on dut s'adresser à sa femme, à qui on réclama en outre des fonds appartenant à la commune et dont son mari était resté dépositaire. Les officiers municipaux n'obtenant ni argent ni papiers eurent alors recours à des perquisitions (23 avril), et sans plus de succès. On en référa au district, et sans doute sur avis du procureur-syndic on désigna (9 mai) des commissaires (Pompone Mérite et Gilbert Bobier) pour continuer les démarches et prendre les mesures nécessaires. On finit évidemment par aboutir, car il n'est plus, ensuite, question de cette affaire.

Depuis le 9 février le maire eût dû être suppléé par le premier officier municipal, mais celui-ci n'était autre qu'Hospitalier ; c'était donc à Faivre, venant après lui, qu'échéait la charge. En réalité ce fut Fallier qui dirigea tout, se remettant après une assez longue abstention, dont on ignore la cause, à son ancienne besogne de rédaction des procès-verbaux, et entretenant la correspondance.

Le nouveau maire, Claude Auroux, ancien chef-jardinier de l'abbaye (1), fut élu le 14 avril sur convocation extraordinaire des électeurs, dont vingt-sept seulement se présentèrent au scrutin. Le procès-verbal de cette élection ne fait qu'en enregistrer le résultat sans autre indication. Une particularité à noter, pour montrer à quel point étaient devenues sommaires les opérations électorales, c'est que le nom de l'officier municipal à élire aux lieu et place d'Hospitalier est laissé en blanc.

procureur de la commune de Saint-Menoux ; les registres des délibérations du directoire du district (arrêté du 8 février 1793) et du département (9 février) ; et le dossier criminel : série L, affaire Blondin.

(1) Originaire de Bourbon-l'Archambault. Sa fille Andrée, née le 19 décembre 1770, avait pour marraine Mme Andrée de Sainte-Hermine. A son acte de baptême avaient signé toutes les religieuses, et en outre Mme de Lestrange, prieure de Bourbon.

V

Les procédés de la Terreur avaient fait leur apparition, devançant la
date du 31 mai qu'on lui donne ordinairement comme point de départ(1).

Depuis le mois de février le certificat de civisme était exigé des
fonctionnaires, et le 18 avril un arrêté du conseil général du département et un autre du comité de sûreté publique de l'Allier, installé de
la veille seulement, obligeaient tous les nobles, tous les prêtres « non
employés », tous les parents d'émigrés, à habiter « jusqu'à nouvel ordre »
dans les villes chefs-lieux de leurs districts. Maurice Deschamps et les
frères Aubery se trouvant compris dans cette mesure, le premier
demanda et obtint de se fixer à Bourbon, où il avait exercé pendant
seize années les fonctions de trésorier de la Sainte-Chapelle ; mais on
astreignait les deux autres à ne pas s'absenter de Moulins, malgré leurs
instances pour être autorisés à séjourner à Saint-Menoux.

Des troubles éclataient un peu partout, indépendamment des grands
soulèvements de l'Ouest et du Midi. Le recrutement opéré en vertu de
la loi du 24 février en produisit en maintes localités de partiels dont
notre commune fut exempte, sinon le canton.

Une ardeur néfaste de destruction de tout ce qui rappelait, dans les
monuments, le temps écoulé, sculptures ou emblèmes de la féodalité,
objets portant des signes nobiliaires, etc., sévissait alors dans les municipalités, et cette manie se manifestait parfois sous des formes singulières.
Ainsi le 12 juin le procureur Guelin informait les officiers municipaux
qu'un nommé Porché, de Moulins, demandait à acheter deux « pierres »

(1) Aussitôt investi du pouvoir municipal, on voit Blondin menacer des citoyens
de visites domiciliaires. (Arch. de l'Allier, série L. ; affaire Blondin.)

placées, l'une dans la vieille église et l'autre « dans la partie distraite de la vente et attribuée à la paroisse pour servir de sacristie ». La première, explique le procès-verbal, est « censée avoir servi de tombe à une abbesse et a pour empreinte en relief la figure de ladite abbesse et pour inscription l'année de son décès ». Toutes les deux, ajoute-t-il, « sont d'Apremont et ont d'épaisseur quatre à six pouces, de largeur deux pieds huit pouces, et de longueur cinq pieds six pouces ».

La proposition était acceptée séance tenante « eu égard au besoin pressant que la commune a d'argent pour faire face aux réparations de l'église, qui sont maintenant à sa charge(1)... » D'ailleurs, prennent soin de faire observer les officiers municipaux, « les objets en question sont incontestablement à la commune et on ne peut les laisser en place, étant *surchargés d'armes et écussons* qui répugneraient aux amis de l'égalité et à de vrais républicains... » Le prix en était fixé à 24 livres.

Le même jour la municipalité délibère sur la remise au district de l'argenterie d'église, déjà réclamée à deux reprises par le procureur-syndic, auquel il n'a encore été répondu que d'une manière évasive, mais qui transmet cette fois un ordre impérieux. On avait envoyé Guelin à Moulins pour s'expliquer verbalement et celui-ci, rendant compte de son mandat, dit qu'il a parlé à un administrateur, dont il n'a obtenu que cette parole « dure à entendre » : « Si l'argenterie demandée n'est pas déposée au district dans la journée du 12, le directoire enverra un commissaire et la gendarmerie aux frais de la municipalité pour faire exécuter la loi. »

L'argenterie qu'avait fournie la municipalité était considérable, puisque le poids en excédait 132 marcs. On ne faisait aucune difficulté de livrer la lampe, les burettes avec la cuvette, et l'encensoir avec sa navette, laissés provisoirement à la paroisse par Radot, mais on demandait de remplacer par des « ustensiles de métal » ceux qui avaient été emportés. Devant le refus définitif opposé par le district et la menace d'exécution sommaire, il n'y avait qu'à s'incliner. On ne le fait pas, néanmoins, de bonne grâce ni sans insister pour l'échange. Le décret qui autorise l'exercice public du culte, font remarquer les officiers muni-

____

(1) Depuis le 1er janvier.

cipaux, serait annulé par celui qui attribue à la nation toute l'argenterie moins les vases sacrés des églises paroissiales, « si on ôtait aux paroisses la faculté d'exercer le culte en s'emparant des vases et meubles nécessaires sans les remplacer par d'autres de métal différent, mais dont l'usage est aussi indispensable ». D'un autre côté, disent-ils encore, « si la divinité pour être adorée n'a besoin que du tribut de nos cœurs, le peuple, que l'extérieur séduit, verrait avec peine l'église dépouillée de ses ornements d'usage », et « aller contre l'opinion publique lorsqu'elle n'est pas contraire aux lois et que même les lois l'autorisent, c'est faire rétrograder la Révolution » ; du reste le district ne doit-il pas avoir « des magasins immenses de tout ce qui a été enlevé aux églises supprimées ? » On pouvait donc, « sans faire tort à la nation, leur donner du cuivre en remplacement de l'argent qu'ils s'estiment heureux de pouvoir lui fournir... » Ils décidèrent, toutefois, que cette argenterie serait déposée au district le lendemain, avant neuf heures du matin (1), moins l'ostensoir, les deux ciboires et les deux calices exceptés par le décret. Un état des objets, ainsi que de ceux demandés en échange, fut établi pour être remis au directoire du département, « que nous présumons, avec raison, insinue-t-on, trop juste pour ne pas accéder à notre demande (2) ».

Au reste le service du culte était sur le point de prendre fin.

La conservation des objets d'église intéressait sans doute à un vif degré la municipalité, mais elle ne manquait pas d'autres sujets d'in-

---

(1) Auroux transporta lui-même les objets ; la pesée en fut faite par les orfèvres Prélier et Richu, qui constatèrent les poids suivants : lampe, 8 marcs 5 onces ; encensoir et sa navette, 6 marcs 4 onces 4 gros ; les deux burettes et leur plat, 3 marcs 6 onces. Au total : 18 marcs 6 onces 4 gros.

(2) Cet état comprend des objets en argent : une paire de burettes et la cuvette, six vases à bouquets, un crucifix, une croix processionnelle, deux lampes, un bénitier et le goupillon, une tasse, un gobelet ; en vermeil : un calice, un plat, deux paires de burettes et une cuvette ; et en agate avec garniture de vermeil, une autre paire de burettes. Un encensoir et sa navette, une troisième paire de burettes, la cuvette et quatre statues de saints sont en outre portés sans indication.

On demandait que le district accordât, cuivre et étain : une lampe, un encensoir et navette, une paire de burettes, un crucifix, une croix processionnelle, un bénitier, six chandeliers.

quiétude. Les esprits étaient en fermentation et toute occasion de réunion pouvait donner naissance à des troubles ; aussi le 11 juillet le commandant de la garde nationale, Etienne Aucouturier (1), expose-t-il l'utilité de mettre sa troupe sous les armes « pour maintenir l'ordre » parmi les citoyens « attirés par la fête de Saint-Menoux ». Il existait évidemment des symptômes alarmants, et des violences étaient à redouter.

On ignore si, le jour de la fête (14 juillet), la garde nationale eut à intervenir sur la voie publique. On sait seulement, par la correspondance du procureur-syndic, Dalphonse, que des incidents graves, témoignant d'une très vive surexcitation parmi les habitants, se produisirent dans une assemblée primaire tenue au bourg pour l'acceptation de la Constitution de 1793 (2).

« J'ai cru — écrivait à ce sujet (19 juillet) Dalphonse au maire de Marigny, qui avait présidé l'assemblée en question — j'ai cru devoir rendre compte au directoire des faits contenus au procès-verbal dont vous m'avez adressé ampliation comme secrétaire de l'assemblée primaire tenue à Saint-Menoux le 14 courant. Il a regretté comme moi le trouble qui a eu lieu, mais il a pensé qu'il était incompétent pour prononcer, soit relativement aux *propos indécents* qui ont pu être tenus, soit *quant aux opinions qui ont pu être émises*. Relativement aux opinions, il est de principe que chaque citoyen réuni en assemblée primaire exerce la portion de souveraineté qui lui appartient ; cette souveraineté serait blessée si chacun pouvait être comptable de l'opinion qu'il manifeste. C'est à l'assemblée à la juger, adopter ou rejeter. Un législateur, qui n'est qu'un mandataire, ne peut être inquiété ni recherché pour les opinions qu'il a émises dans l'assemblée législative. Le citoyen qui fait

(1) L'un des fils de Guillaume. Il ne devait être commandant que depuis peu de temps, car au début de l'année, le 6 janvier, ce grade appartenait à Jean Condamine. Ce jour-là la garde nationale, réunie dans ce but, prêtait serment « autour de l'arbre de l'égalité ». Le procès-verbal qui rend compte de la cérémonie ajoute que « le drapeau, du consentement de toute la garde, a été reconduit chez le citoyen curé », à qui il restait confié. — Etienne Aucouturier était aussi secrétaire-greffier de la municipalité. Il avait été nommé par Blondin le 11 décembre 1792, en remplacement de Jacques Loyard.

(2) Cette constitution ne fut jamais mise à exécution.

partie du souverain doit avoir à plus forte raison le même privilège lorsqu'il est en assemblée primaire. Relativement aux propos, l'assemblée primaire exerce la police elle-même ; aussi elle pouvait, par un acte délibératoire pris à la pluralité des voix, réprimer ceux qui ont été tenus dans son sein, si elle les avait crus de nature à mériter que leurs auteurs fussent poursuivis par devant les tribunaux... »

On voit qu'à Saint-Menoux les citoyens mécontents n'étaient pas, sous la Terreur, tremblants et passifs. D'un autre côté on est surpris de rencontrer dans cette lettre, et à un pareil moment, ces phrases de modérantisme scrupuleux, ces onctueuses invocations aux principes et aux lois. Peut-être y pourrait-on découvrir une intention arrêtée de ménagement envers l'élément rural.

L'autorité municipale ne paraît pas avoir été rigoureuse non plus pour réprimer les propos inciviques ; et autant que possible, quand la responsabilité des officiers municipaux n'était pas en jeu, elle cherchait plutôt à aider les imprudents à sortir d'embarras : ainsi fit-elle à l'égard d'Antoine Faivre, coupable, étant en état d'ivresse, d'avoir prononcé des paroles punissables dans le moment et qui, après avoir protesté de son patriotisme, n'est plus inquiété.

Le 17 septembre fut portée la terrible loi ordonnant la mise en arrestation dans toute la France de toutes personnes suspectes, et qui répute suspects ceux qui, « soit par leur conduite, soit par leurs relations, soit par leurs propos ou leurs écrits, se sont montrés partisans de la tyrannie ou du fédéralisme et ennemis de la liberté ». On dresse des listes de ces suspects (1) et déjà, depuis le 20 mai, toute correspondance par lettres avait été interdite avec eux (décision du conseil de département). Beaucoup prennent la fuite et on les traque à travers le pays (2).

---

(1) On a vu qu'on avait commencé à Moulins au lendemain du 10 août, et à faire des visites domiciliaires.

(2) Les municipalités et gardes nationaux de Saint-Menoux et Souvigny, sur avis du citoyen Dupuis, commissaire du district pour le rassemblement des fusils du deuxième canton de Moulins et *extra muros*, du 24 septembre 1793, « d'après le rapport que quatre individus qui sont plus que suspects ont passé aujourd'hui dans leurs communes », étaient mis en demeure de chercher « sans perdre de temps, d'arrêter et d'envoyer à Moulins ces individus ». (Arch. de l'Allier, série L, correspondance de l'agent national.)

Le 7 octobre Fouché, de Nantes (1), crée à Moulins le comité central de surveillance révolutionnaire de l'Allier, avec pouvoirs illimités. Le 11 Maurice Deschamps est arrêté à Bourbon, et le 19, dans une rafle de trente-neuf citoyens, c'est le tour des frères Aubery. Dans la nuit du 21 au 22 la maison de ces derniers est dévastée, ainsi que celles d'un certain nombre d'habitants riches de la ville.

Comme faits révolutionnaires on n'a, à ce moment de crise aiguë, à relever à Saint-Menoux que la destruction par incinération des titres seigneuriaux (20 octobre). Aucouturier, pour se conformer au décret du 17 juillet prescrivant cette mesure, déposa au greffe, afin qu'elles fussent brûlées, quatre-vingt-huit minutes de son étude, contenant des constatations de devoirs et cens seigneuriaux. L'opération eut lieu en grande pompe « au pied de l'arbre de la liberté et aux acclamations tant du peuple que de la garde nationale duement convoquée (2) ».

Alors on faisait grand étalage de vertus antiques et cependant le peuple, celui de Saint-Menoux tout au moins, emplissait les auberges, qui elles-mêmes se multipliaient au point de motiver des mesures restrictives. « Considérant, dit une délibération du 29 octobre, le grand nombre de cabarets qui s'établissent dans cette commune et la grande quantité de vin qui s'y consomme…, avons arrêté que défenses sont faites de donner à boire passé neuf heures du soir, et ce sous peine de vingt livres d'amende pour la première fois et d'*un mois de détention* dans la maison d'arrêt en cas de récidive ». Ces habitudes d'intempérance coïncidant avec la disette de subsistances s'expliquent assez peu. En janvier suivant on joindra à cette défense l'interdiction de jouer dans les débits de boissons d'instruments « tels que musettes et autres », et on organisera des patrouilles avec la garde nationale pour forcer les citoyens à se priver de semblables distractions.

(1) L'ancien prêtre professeur de l'Oratoire, alors député de la Convention en mission, le futur sénateur et ministre de la police de Napoléon et duc d'Otrante, président du gouvernement provisoire après Waterloo, puis ministre et ambassadeur de Louis XVIII.

(2) Il n'est pas parlé des minutes de l'étude Chabrol. Elles avaient été sans doute, après son décès, versées en celle d'Aucouturier.

On se pare de l'épithète de sans-culottes (1) adoptée par les jacobins et on porte la *carmagnole,* ou bien on est traité de *muscadin,* vieux terme revenu à la mode et synonyme de fat outré. Mais la carmagnole n'est pas seulement un costume ; c'est également la ronde républicaine que danse et chante le peuple, avec le *Ça ira* (2).

Le langage change aussi en France, comme les mœurs et les habitudes. L'étiquette, le formalisme d'autrefois ont disparu ; la politesse jugée surannée a fait place à des paroles et à des attitudes soi-disant inspirées de la liberté et de l'égalité, ce que depuis le début de la Révolution réclamaient les novateurs (3). La civilité républicaine devient tout à fait spéciale ; toute vaine formule en est exclue comme entachée d'hypocrisie (4). Déjà le 31 décembre 1792 les compliments officiels

(1) L'origine du mot vient de ce qu'il fut appliqué par dérision à un certain nombre de citoyens du faubourg Saint-Antoine qui se présentèrent le 19 juin 1790 en députation à la barre de l'Assemblée nationale comme étant les « vainqueurs de la Bastille ». Ce fut en leur honneur que la Constitution de 1793 donna le nom de « jours sans-culottides » aux cinq derniers jours de l'année du calendrier républicain, appelés aussi « complémentaires ». (Bertrand de Molleville, *Hist. de la Révolution de France,* III, 179.)

(2) Comme costume la carmagnole consistait en un gilet-veste, un large pantalon, un bonnet de police rouge et une cravate de même couleur, négligemment nouée sur la poitrine. Les plus exaltés n'en portaient pas. — Dans les rondes on tournait lentement pendant le couplet en frappant en cadence la terre du pied, et au refrain on précipitait le mouvement. — Il est impossible de connaître avec certitude l'origine et la signification du mot, malgré que le *Dictionnaire Larousse* et la *Grande Encyclopédie* croient devoir l'attribuer au costume que portaient les fédérés marseillais en arrivant à Paris avant le 10 août, en raison de ce que ce costume était semblable à celui des habitants d'une petite ville de la province de Turin, Carmagnola. Au XVIᵉ siècle un général fameux, François Bussone, né en cette ville, en porta le nom.

Quant au *Ça ira,* il se chantait et se dansait depuis 1790, mais en 1793 on y avait ajouté des couplets sanguinaires.

(3) « M. le prince de Conti ayant cru devoir les saluer et les remercier [des commissaires de la municipalité de Marseille] de je ne sais quelle permission insignifiante qu'ils lui avaient accordée, ils s'écrièrent : Point de remerciements, point de révérences, Conti ; tout cela est de l'ancien régime et nous n'en voulons plus. — Hélas ! répondit notre malheureux parent, une habitude de soixante ans ne se perd pas en un jour. » (*Mémoires* du duc de Montpensier, p. 107.)

(4) Les lettres se terminaient d'ordinaire par les mots : « Salut et fraternité », ou des variantes.

dits du 1ᵉʳ janvier avaient été supprimés ; voici que les mots *monsieur,* *madame, mademoiselle,* ne sont plus que des épithètes injurieuses remplacées par *citoyen, citoyenne.* Le 8 novembre le tutoiement est ordonné dans les administrations, pour bien montrer que le principe d'égalité est devenu un fait, le *vous* ayant, disait-on, été imaginé par les riches pour établir une différence de qualité et de valeur intrinsèque entre eux et leurs inférieurs. Le domestique, la femme de chambre, tutoient le maître et la maîtresse (1) ; et d'ailleurs les domestiques ne sont plus des domestiques ; le mot est remplacé — un peu plus tard, vers le mois de mai 1794 — par celui d'*officieux* ou *agent.* A la campagne les domestiques agricoles sont des *compagnons d'agriculture.* Les quatre rois, les quatre reines, les valets, les as dans les jeux de cartes, sont transformés en *génies,* en *libertés,* en *égalités,* et en *lois.*

Enfin on changea les mots appliqués au temps en instituant (24 novembre) le calendrier républicain, qui dans la pensée des conventionnels devait marquer d'une manière absolue, en politique et en religion, la rupture définitive avec l'ancien régime, la fermeture de l'ère vulgaire et l'ouverture de « l'ère des Français », à dater du 22 septembre 1792, jour de la fondation de la République.

Plus de dimanches, mais des décadis !... Quelle singularité dans le monde rural, et quelle présomption de vouloir faire cesser à coups de décrets des habitudes attachées à la religion, des usages inhérents aux mœurs, aux choses de l'intimité ! Jamais les gens des campagnes ne s'y plièrent et en fait les dimanches continuèrent à rester des jours chômables et les décadis des jours ouvrables.

Depuis la fin de 1792 la Convention poussait au mariage des prêtres et déjà après le 10 août la persécution religieuse, même contre le clergé assermenté, s'était dessinée (2). Le mois suivant (septembre 1792) Fouché, — « le vil Fouché », suivant l'expression de M. Aulard (3), —

---

(1) Le tutoiement dura de la fin de l'année 1793 à la fin de l'année 1794. Dans le langage officiel il se continua plus ou moins régulièrement jusqu'à la fin de la Convention.

(2) Le 18 défense était faite aux prêtres de se montrer, hors l'exercice de leur ministère, « revêtus des anciens habits de leur état ». ·

(3) *Le Culte de la Raison et le Culte de l'Être suprême,* p. 29.

avait fait prendre par le conseil du département un arrêté d'après lequel tout prêtre pensionné par la nation devait, dans un délai d'un mois, ou se marier, ou adopter un enfant, ou nourrir à sa table un vieillard indigent, sous peine d'être déclaré déchu et de la fonction et du traitement. Voilà que désormais, — ainsi le veut une loi du 20 octobre, — tout ecclésiastique, même assermenté, dénoncé pour incivisme par six citoyens, sera déporté sur la côte occidentale d'Afrique, entre le 25ᵉ et le 28ᵉ degré de latitude. On conçoit quelle dut être l'inquiétude de Fallier. Peut-il répondre que six citoyens désireux de l'envoyer sur la côte d'Afrique ne tomberont pas d'accord pour affirmer son incivisme ?... Que faire pour se mettre à l'abri de ce danger ?... D'abord se livrer à des manifestations anti-religieuses. Le 25 on le voit proposer de déplanter les croix des chemins (1) et d'envoyer à Moulins trois couronnes d'argent oubliées dans l'église (2). Ensuite il se fait délivrer par la municipalité un certificat de civisme que, pour plus de sûreté, il rédige lui-même (6 novembre), et où il fait attester par les officiers municipaux que « depuis 89 il s'est montré un des plus ardents défenseurs de la Révolution ». Grâce à lui, y est-il dit, la tranquillité a constamment été maintenue dans la commune, et il « a toujours fait une guerre ouverte à l'aristocratie... » Mais tout cela devenait inutile en présence du décret du 15 brumaire faisant entrevoir la déportation et la réclusion aux assermentés non mariés, et qui encourage les communes à renoncer au culte public (3). En réalité on ne voulait plus de religion, on « déchristianisait ». La situation apparaissait dangereuse pour Fallier et une seule ressource s'offrait à lui, se « déprêtriser », comme on disait.

(1) Fouché avait pris un arrêté à ce sujet.

(2) Auroux les porta le même jour. Au directoire du district on les pesa séance tenante et l'on constata le poids de 3 marcs 5 onces. (Délibération du directoire du district.) L'une de ces couronnes, qui se plaçait au-dessus de l'ostensoir les jours de bénédiction, représentait des fleurs de lys « dont le nom seul, écrit Fallier, révolte tout patriote ».

(3) Les presbytères et paroisses, dans les communes ayant renoncé au culte public, étaient destinés à « subvenir au soulagement de l'humanité souffrante et à l'instruction publique ».

Il s'y résigna le 7 frimaire (27 novembre), jour où fut inscrite sur le registre sa renonciation (1).

Le 20 brumaire (10 novembre), on avait inauguré à Paris le « culte de la Raison », et aussitôt la plupart des églises deviennent des « Temples de la Raison » où s'installent les sociétés populaires, où s'organisent les *fêtes décadaires*, et où sont fréquentes les mascarades anti-religieuses (2). Quant au culte catholique, il ne s'exerce plus que clandestinement. On renverse les croix et c'est le moment, jusqu'en prairial, où des rafles de vases sacrés et objets divers sont faites dans les sacristies, et où tout ce dont on peut faire argent est mis aux enchères.

A Saint-Menoux Fallier fit décider le 15 frimaire (5 décembre), l'envoi immédiat au comité de surveillance de Moulins des linges, étoffes d'or et d'argent, cuivre et argenterie restés dans l'église. On n'a que faire de les garder, observe-t-il, « tandis que les ennemis du dehors et ceux du dedans mettent la patrie aux abois et que nos braves frères d'armes manquent de linges pour se vêtir et panser leurs plaies ». On en fit des paquets qu'une voiture escortée de quatre fusiliers et du commandant de la garde nationale transporta le lendemain.

D'autres effets, que s'attribua la commune, furent vendus plus tard,

(1) Il en envoya aussitôt copie au comité de surveillance qui, le lendemain, en prenait acte en en reproduisant les termes et en ajoutant : « Sur quoi il a été observé que le citoyen Fallier n'a pas renoncé catégoriquement à la prêtrise et n'a pas remis ses lettres [de prêtrise] ». Malgré cette réserve il ne semble pas que l'on ait exigé davantage. — Depuis le 3 frimaire le comité enregistrait chaque jour de nombreuses renonciations et abjurations. Le frère de François Fallier, Jean, curé de Bagneux, abjura le 12. — Une pension (de 800 à 1.200 livres suivant l'âge) était accordée aux ecclésiastiques qui abdiquaient, mais un décret du 6 germinal an II (26 mars 1794) suspendit tous paiements, puis après le 9 thermidor un autre décret du 18 vint ordonner que les ex-bénéficiaires et les abdicataires ne touchant plus d'arrérages depuis le 1er germinal seraient payés de leur arriéré. En septembre 1794 la Convention sépare l'Eglise de l'Etat, mais la pension des abdicataires leur est continuée à titre de secours.

(2) Lucien Guillemaut, *Hist. de la Révolution dans le Louhannais*, II, 271. — Un document postérieur à la Révolution, publié par M. l'abbé Moret dans son ouvrage déjà souvent cité, p. 61, constate que Fallier se livra à des actes de profanation sur les restes de saint Menoux.

le 1ᵉʳ floréal. Fallier surveilla l'opération et toucha les fonds (1.120 livres), qu'il versa au receveur Jean Loyard (1).

Le 11 nivôse (31 décembre), le même Fallier termine l'année en réclamant l'exécution intégrale de l'arrêté du département ordonnant que les statues des églises seront brisées, les vases d'or et d'argent livrés au district et les flèches des clochers abattues. Cet arrêté n'avait pas produit tout son effet, dit-il, car « il reste six statues de pierre d'Apremont dans l'église et le clocher subsiste encore ». Mais il explique qu'il a besoin « de quelque pierre pour des chemins » *(sic)*, et il demande que « la commune soit assemblée pour lui faire l'adjudication desdites statues et pour l'autoriser à donner au rabais la démolition du clocher ». Fut-il mis en possession des statues et en fit-il l'emploi utilitaire qu'il avait annoncé? On l'ignore. Quant à la démolition de la flèche du clocher, on la mit en adjudication le 20 floréal (9 mai 1794) (2). Le travail devait être achevé dans un délai de deux mois, mais il ne fut jamais exécuté, probablement parce que le mouvement de réaction contre le culte de la Raison commença dès le mois suivant et que le 16 frimaire la Convention avait décrété la liberté des cultes (3).

Le 10 nivôse on avait « épuré » la municipalité, ainsi que le prescrivait la loi du 14 frimaire organisant le gouvernement révolutionnaire. Deux jours à l'avance avait été placardée la liste des officiers municipaux et on avait fait savoir aux citoyens qu'ils pouvaient à leur gré les changer ; soixante-quinze électeurs, le chiffre le plus élevé qui eût été

(1) Le 7 germinal. Loyard avait été nommé le 4 par la municipalité à l'emploi de receveur.

(2) D'après le *sumptum*, la flèche devait être démolie jusqu'à la cage, laquelle recevrait une couverture de tuiles en dôme. Les adjudicataires furent Jean Condamine et François Perceau, ce dernier charpentier à Burges-les-Bains (Bourbon-l'Archambault), à 380 livres, avec abandon à leur profit des matériaux de démolition. — Les administrations de département et de district avaient, rapporte Jean Garnier, « fait fermer toutes les églises et pris des mesures pour faire tomber le même jour tous les clochers ». Cependant il y eut peu de communes, dans l'Allier, où ces mesures furent suivies d'exécution. A Saint-Menoux la flèche de l'église subsista jusqu'au 2 décembre 1806, jour où elle fut renversée par un ouragan.

(3) Comme mesure préparatoire au culte de l'Etre suprême, et nullement en faveur de l'église catholique.

encore atteint, ce qui indique une vive surexcitation, se présentèrent au scrutin (1).

L'assemblée réunie, de pressantes instances furent faites auprès de Charles Guelin pour qu'il conservât ses fonctions de procureur sous la nouvelle dénomination d'« agent national » (2), mais il s'en défendit de toutes ses forces. Il n'était, disait-il, qu'un pauvre menuisier « sans autres capacités ni lumières que celles de la probité » ; il ne pouvait compter que sur son travail pour nourrir sa femme et ses six enfants, d'où impossibilité pour lui de continuer à « sacrifier presque tout son temps aux affaires publiques » ; et puis jamais il ne saurait « entretenir les correspondances prescrites... »

Qui choisir alors, si ce n'est Fallier, « le républicain Fallier », qui depuis 1789, lit-on au procès-verbal, « a fait une guerre ouverte à l'aristocratie, au fanatisme et aux abus », dont « le travail opiniâtre et éclairé a donné à la commune une énergie dont sans lui elle aurait été incapable » ? Toutes les voix se portèrent sur lui.

Cette soi-disant épuration ne fut complétée que deux mois plus tard, en séance du 11 ventôse (1er mars 94). Le nombre des électeurs tomba alors à dix-sept, votant à haute voix sans plus de façons, et qui se bornèrent à remplacer un membre manquant par Antoine Loyard, à élire Jean Loyard comme officier public — emploi devenu vacant par suite de l'option de Fallier, — et six notables pour combler des vides résultant de décès ou départs (3).

---

(1) V. aux Arch. de l'Allier, sur cette « épuration », un dossier série L.; affaires diverses, canton de Saint-Menoux.

(2) Les agents nationaux furent institués par le décret de frimaire pour remplacer les procureurs syndics et les procureurs des communes. Ils furent essentiellement, avec les représentants en mission, les agents du gouvernement terroriste en province. Le même décret avait réduit à huit membres et privé de leur conseil général, de leur président et de leur procureur général syndic les assemblées de département.

(3) Notables élus : Pessant, Jean Tridon, J. Condamine, Gabriel Chopin, Jean Laroche, J.-L. Hospitalier.

VI

MAILLE-SUR-ROSE — ON VEUT INSTALLER LA MUNICIPALITÉ, LA SOCIÉTÉ POPULAIRE
ET LE MARCHÉ DANS LA « CHARBONNIÈRE » — FALLIER DEVIENT « SALPÊTRIER » ;
JEAN BERNARD LE REMPLACE COMME AGENT NATIONAL — DÉMISSIONS — FAITS
D'ADMINISTRATION — OUVERTURE D'UNE ÉCOLE — LES PRISONNIERS DE GUERRE.

Au début de cette année 1794 on inaugure la série des fêtes civiques,
débutant à Saint-Menoux par celle, si étonnante, du 20 nivôse (9 janvier), où plus de 800 personnes prenant part à un banquet fraternel,
emplissent la place publique.

C'est l'époque où les appellations civiques sont à la mode, où
les prénoms et les noms de lieux sont empruntés aux sentiments du
moment ou à l'histoire romaine (1). A Saint-Menoux on se contente de
revenir au nom primitif : « Maille-sur-Rose » (2), et c'est le 26 pluviôse
(15 février 1794), dans une lettre de l'agent national du district relative
à des réquisitions de grains, qu'il apparaît pour la première fois.
L'éclipse totale que subira celui de Saint-Menoux durera jusqu'au
26 pluviôse an III (14 février 1795), un an jour pour jour.

La municipalité, depuis la vente de l'abbaye, recevait l'hospitalité de
Fallier. Voulant faire cesser ce provisoire, les officiers municipaux
avaient fait choix, le 13 frimaire (3 décembre 1793), pour local définitif
d' « un petit bâtiment situé près de l'arbre de la liberté ». Les réparations nécessaires devaient y être effectuées « pour procurer un lieu

(1) Le comité de l'Instruction publique, dès octobre 1793, avait invité les
municipalités dont les noms « rappelleraient la royauté, la féodalité ou le fanatisme », à les réformer, et la Convention ratifia toutes les demandes acceptées par
ce même comité, qui lui furent adressées ou présentées à ce sujet. Il y eut parfois des noms absolument ridicules, tel *Brutus-le-Magnanime* (Saint-Pierre-le-
Moûtier). Pour les prénoms, le patronage des saints et saintes du calendrier
catholique étant abandonné, on lui substitua celui de personnages historiques de
la Grèce ou de Rome, sans compter la ressource qu'offrirent les noms de jours,
mois, instruments ou végétaux du calendrier républicain.

(2) *Malliacum super rivulum Rosæ :* Maille sur la rivière de Rose.

propre à faire une chambre commune », et aussi « une salle pour la Société populaire, un marché et un corps de garde ». Le 13 germinal (2 avril 1794), on avait mis en adjudication les travaux (1), qu'en prairial on dut compléter par d'autres.

Ce « petit bâtiment » n'était autre que l'ancienne « charbonnière » des religieuses. Quoique faisant partie des dépendances de l'abbaye, elle avait été abandonnée à la commune par arrêté du département du 12 janvier 1793, à la suite d'une pétition des habitants suivie d'un rapport favorable de l'ingénieur Benoît.

Nous arrivons ensuite jusqu'au mois de juin 1794 sans rencontrer de renseignements sur des faits locaux à relater ici. Le 29 seulement (11 messidor), nous voyons inscrite au registre la démission de Fallier. Après six mois d'exercice, il abandonnait ses fonctions pour une nouvelle et imprévue incarnation : il devenait « salpêtrier » du district, nommé par la commission des armes et poudres de la République le 1er prairial (2).

Son successeur comme agent national fut Jean Bernard, l'ancien fermier de l'abbaye.

Peu après on eut à continuer la destruction des sculptures féodales et à appliquer un arrêté du 12 messidor, prescrivant que « les marques visibles de servitude, telles que fleurs de lys, armoiries ou autres signes qui rappellent l'esclavage », doivent disparaître dans le délai d'une décade, « de manière qu'il ne paraisse plus seulement qu'il en a existé... » Aucune délibération ne fut portée au registre à ce sujet.

Privé de son mentor, Auroux restait désemparé. Comment, sans lui, sortir des mille tracas suscités notamment par la loi du maximum ? Ne comprenant rien à tout ce qui se passe, ignorant de tout ce qu'il signe, heurté par les difficultés de tous les instants, son effroi s'augmente de l'obscurité de son cerveau. Ces difficultés, d'ailleurs, loin de diminuer comme on eût pu croire, après la Terreur, vont toujours croissant. Le

(1) Adjudicataires : Jean-Baptiste Condamine et Blaise Larmée.
(2) En germinal le citoyen Chometon avait été préposé pour enseigner la fabrication et l'emploi du salpêtre dans le département de l'Allier. Il avait ouvert une école d'instruction où sans doute était allé s'initier Fallier.

20 fructidor (6 septembre 1794), Bernard requiert la formation d'un bureau permanent ; on décide que « les séances commenceront tous les jours à 9 heures du matin et que deux membres, avec le maire, y assisteront (1) ». On établit un roulement. C'est-à-dire que, moins que jamais, Auroux s'appartient ; et dès lors l'idée fixe d'échapper à cette tyrannie le hante. Mais avec ce régime d'exception qu'est le gouvernement révolutionnaire, s'il veut recouvrer sa liberté il en est réduit à la demander comme une grâce. S'adressant à l'agent national du district, Delaire, dans une lettre rédigée par Aucouturier, il invoque son grand âge, le défaut « de lecture et d'écriture », qui le rend inapte à toute besogne administrative, et la crainte « à chaque instant d'être la victime de son inexpérience ou de tromper le vœu de ses concitoyens ». « En acceptant la démission du soussigné, implore-t-il, tu lui rendras le plus grand service possible et il reprendra, malgré ses vieux ans, la bêche et le *fechou* (2), seuls instruments dont il puisse se servir utilement pour le bien de la République (3). »

Le dossier des Archives où cette lettre est conservée montre qu'Auroux n'était pas seul à vouloir fuir des devoirs devenus trop pénibles. Gilbert Bobier et Pompone Mérite aspiraient comme lui au repos. L'un, officier municipal depuis trois ans, « était, à ce qu'il explique, célibataire quand il fut nommé » ; mais il ne l'est plus, trois enfants lui sont venus depuis son mariage, il emploie de fréquentes journées à s'occuper des affaires municipales et cette perte de temps, jointe à l'hiver rigoureux que lui, « pauvre tisserand », ne peut supporter, le réduit à la misère. Il demande donc « au nom de la justice et de l'humanité » à être remplacé. L'autre motive sa pétition, comme Auroux, de son âge, de « ses infirmités continuelles » et « de son peu d'entendement dans les affaires publiques ». Ces plaintes ne sont pas écoutées.

Le 23 brumaire (13 novembre), Auroux revient à la charge, cette fois

(1) Le 7 brumaire an III (28 octobre 1794), on désigne un économe, Gilbert Bobier, qui « sera tenu de ne laisser manquer ni papier, ni plumes, ni encre, ni pains à cacheter, ni bois, ni chandelle ».
(2) Houe à l'usage des vignerons.
(3) Arch. de l'Allier, série L., affaires diverses ; canton de Saint-Menoux.

auprès du représentant Boisset (1). Celui-ci ne lui répondant pas assez vite à son gré, il va le trouver et en obtient enfin une promesse conforme à ses désirs, — mais non suivie d'effet. Et les mois continuent à s'écouler sans que ses vœux soient exaucés. Un moment vient pourtant où il croit avoir cause gagnée et où il fait inscrire sa démission sur le registre (20 pluviôse). Hélas ! il lui faut encore attendre jusqu'au 21 floréal (10 mai 1795) sa libération.

Il y avait deux années qu'Auroux était maire et pendant ce temps, qui comprend la phase la plus dramatique et la plus violente de la Révolution et six mois de réaction thermidorienne, s'étaient accomplis à Saint-Menoux, dans l'ordre administratif, des faits intéressants dont il n'a pas été parlé. Les deux églises avaient été réunies par la suppression du mur qui les séparait et la démolition de la tribune des orgues (2) ; la belle horloge de l'abbaye, achetée par Fallier (3) et cédée à la commune, avait été placée au pignon de l'église ; on avait nommé un garde champêtre, institution nouvelle (4), apporté des améliorations aux chemins, etc. (5).

Mais l'événement le plus important avait été l'ouverture d'une école publique municipale, dont le premier maître fut un tout jeune homme, Jean-Louis Auroux, fils du maire (6). Il avait fait sa déclaration devant la municipalité le 21 prairial an II (9 juin 1794).

A travers tant d'obstacles la forme sociale entrevue par les novateurs de 1789 apparaissait. Mais que de tribulations encore pour les munici-

---

(1) Boisset (Joseph-Antoine de), conventionnel, né à Montélimar le 7 octobre 1768. Député de la Drôme ; envoyé en mission dans l'Allier. Devint membre du Conseil des Anciens.

(2) Les travaux furent exécutés ou terminés en avril 1793.

(3) Pour 150 livres. Il la céda au même prix, qui fut payé avec l'argent provenant de la vente de l'orgue (60 livres) et des fonds de collecte (15 brumaire an II).

(4) Le premier garde champêtre fut J.-L. Hospitalier. (Délibération du 30 messidor an II.)

(5) V. délibération du 20 ventôse an III. Une loi du 21 pluviôse ordonnait une enquête sur la vicinalité en France, et des fonds étaient mis à la disposition des communes pour exécuter les travaux.

(6) Il était alors secrétaire-greffier de la municipalité et le restera jusqu'à la fin de l'année, pour être remplacé par Etienne Aucouturier.

palités de l'an III ! Il n'est pas jusqu'aux gages des victoires, dont l'orgueil national s'était tant gonflé, qui n'eussent par répercussion leurs inconvénients. Il y avait trop de prisonniers de guerre !... Déjà le 3 octobre 1793 les administrations demandaient, — les casernes de Moulins ne pouvant en contenir davantage (1), — que des contingents dont on annonçait l'envoi, fussent versés dans les départements voisins, et en messidor an II arrivait, — provenant de l'armée du Nord, — une nouvelle colonne de 800 hommes, dont 430 étaient répartis dans les principales communes du district de Moulins. Le 2 brumaire (23 octobre 1794), on en recevait encore 750, dont 250 pour le district. Saint-Menoux en avait naturellement sa part qu'il fallait loger et alimenter (2), et le 7 on voit la municipalité s'occuper de cette importante question. Elle décide que Loyard (3) tiendra un registre des dépenses à faire pour le « nécessaire animal » de ces prisonniers, — dont on ne fait pas connaître le nombre, — et un état des recettes, c'est-à-dire sans doute des salaires payés par leurs employeurs, — car Loyard devait aussi leur « procurer de l'ouvrage ». On les qualifiait de « déserteurs ennemis », nom sous lequel on avait fini par les confondre tous, déserteurs ou non. Il est bien probable que l'ordonnateur à la sollicitude

(1) A cette époque on faisait coopérer une partie de ces prisonniers aux opérations de l'« armée révolutionnaire » (300 hommes dont la solde était fournie par les riches, d'après un arrêté de Fouché du 26 septembre), occupée, pour l'approvisionnement de Moulins, à lever des réquisitions sur « les propriétaires, fermiers et riches égoïstes ». On les distribuait dans les granges pour battre les gerbes et écosser. (Reg. du comité de surveillance, 5 octobre.)

(2) L'histoire des prisonniers de guerre en France, pendant la Révolution, est navrante. Mais à cette époque les souffrances physiques étaient comptées pour si peu de chose ! A Moulins ces malheureux n'étaient pas vêtus et on les parquait dans des cours par centaines, affamés, sans aucun souci ni de leurs besoins ni de la plus élémentaire hygiène. On voit dans une délibération de l'administration de département du 20 thermidor an III que « les prisonniers de guerre et déserteurs étrangers », au dépôt de Montluçon et dans l'étendue de ce district, « sont obligés de se tenir perpétuellement cachés pour soustraire aux regards publics leur nudité absolue, n'ayant ni bas, ni culottes, ni chemises, ni vestes, ni habits ». En frimaire an IV on croit pourtant, dit un arrêté de l'administration centrale du 29, qu'il est « urgent d'améliorer le sort de ces étrangers, dont l'existence *devient intéressante*, puisqu'ils sont destinés à être échangés... »

(3) Sans indication de prénom. Probablement Jacques.

de qui ils étaient confiés ne parvint pas à subvenir au « nécessaire animal » de ces hommes d'une manière suffisante, puisqu'ils finirent par, — justifiant en quelque sorte le mot de « déserteur » qu'on leur appliquait, — s'enfuir la nuit « sans permission », de la maison où ils étaient logés. Le lendemain 9 floréal (28 avril 1795), on organisa des battues autour du bourg et dans les bois pour les capturer, mais vainement, et on dut se contenter de dresser un procès-verbal qui fut envoyé à l'agent militaire supérieur du département.

Ces fuites se produisant un peu partout (1) devenaient inquiétantes pour la sécurité des campagnes, qui du reste n'en avaient jamais encore autant manqué. C'était par troupes de huit à dix que, sous prétexte de mendicité, les vagabonds, renforcés de ces prisonniers échappés, exerçaient leurs brigandages.

VII

GUILLAUME AUCOUTURIER EST MAIRE POUR LA SECONDE FOIS — CONTRE-RÉVOLUTION —
L'ÉGLISE EST RENDUE AU CULTE — GUILLAUME VOLLE, CURÉ — LA MUNICIPALITÉ
DE CANTON.

C'EST le notaire Aucouturier, l'ancien maire de 1791, l'ancien juge de paix (2), qui succède à Auroux. Nommé par le comité de législation le 2 germinal an III (22 mars 1795) (3), il est installé le 21 floréal.

A l'époque où nous sommes arrivés les beaux jours de la prédominance populaire sont passés ; la multitude est lassée, on est lassé d'elle et le principe d'autorité renaît par fatigue du principe contraire. La contre-Révolution bat son plein, mais le siège en est surtout dans le

(1) L'administration de département avait prescrit par arrêté du 8 floréal des mesures en vue de les empêcher.

(2) Démissionnaire. Il avait été mis en demeure d'opter entre son étude et le prétoire, le cumul n'étant plus autorisé. Son successeur avait été d'abord Tortel, désigné par le conseil général du district le 18 ventôse an II (8 mars 1794), mais non installé, on ne sait pourquoi, puis Jean-Louis Lomet, de la commune de Montilly, nommé le 1er floréal suivant.

(3) L'arrêté le nommant le remplaçait aussi comme notable par Louis Augard.

Midi. Un chant de revanche, *le Réveil du Peuple* (1), affole les jacobins, et les compagnies de « Jéhu » ou de « Jésus » et des « Enfants du Soleil », composées principalement de jeunes gens dont les familles comptaient des victimes de la Terreur, se forment (avril-mai 1795 ou un peu avant) et exercent de terribles représailles.

Le décret du 3 ventôse an III avait proclamé la liberté des cultes, mais l'Etat n'en salariait aucun. Il interdisait même les cérémonies, signes, ornements et manifestations extérieurs, ainsi que le port du costume ecclésiastique, et les communes ne pouvaient acquérir ni louer de locaux pour le culte, etc. Néanmoins, partout les exercices religieux, les solennités reparurent, les prêtres réfractaires émigrés rentrèrent, se montrant au grand jour ; et l'Eglise gallicane se vit en une situation difficile, car le peuple s'éloignait d'elle. Puis la loi du 11 prairial de la même année restitua aux prêtres les églises non aliénées, sans distinction de jureurs ou non jureurs, la Constitution civile n'existant plus ; mais sous condition d'une soumission publique aux lois et au gouvernement.

Usant de cette faculté, l'ancien cordelier, Guillaume Volle, fit une déclaration, copiée au registre à la date du 10 messidor (28 juin), et contresignée des officiers municipaux Bobier, Loyard, Rolland et du secrétaire, de réouverture de l'église de Saint-Menoux. « Comme tout sujet, y est-il dit, doit obéir aux lois du pays qu'il habite, il [Volle] nous a déclaré se soumettre aux lois temporelles de la République et à tout ce qui ne sera pas contraire à sa conscience et à la religion catholique qu'il professe, et dans laquelle il veut vivre et mourir moyennant la grâce de Dieu. » Mais les restrictions contenues en cette formule ayant motivé son rejet, Volle dut en présenter une différente (22 fruc-

---

(1) Voici la dernière strophe :

Mânes plaintifs de l'innocence,
Apaisez-vous dans vos tombeaux ;
Le jour tardif de la vengeance
Fait enfin pâlir vos bourreaux.

Ce chant sera plus tard (18 nivôse an IV) déclaré « homicide » par arrêté du Directoire. Autant que possible on exerça des poursuites contre ceux qui le chantaient.

tidor) et déclarer simplement, « pour se conformer à la loi du 11 prairial », qu'il « se soumettait et entendait se soumettre à l'avenir aux lois de la République ».

Et il ajoutait, sans doute parce qu'on lui en fit une obligation, que « son intention était de s'en tenir à la soumission qui précède, *consentant* que celle du 10 messidor soit regardée comme non avenue et rayée du registre », ce qui fut fait.

La renaissance de la religion se prononçait irrésistiblement quand, à la veille de sa séparation, la Convention vota la loi des 6 et 7 vendémiaire an IV sur la police générale des cultes. Le principe de la liberté et de la séparation y était confirmé et de nouveau proclamé, et la formule de soumission des prêtres dut être conçue en ces termes : « Je reconnais que l'universalité des citoyens est le souverain et je promets soumission et obéissance aux lois de la République. » Nulle addition, ni modification, ni rétractation, n'étaient permises sans encourir des peines sévères, et tout prêtre qui parlerait contre la vente des biens nationaux subirait deux ans de prison. Le 10 vendémiaire Volle déclarait qu'en exécution des articles 16 et 17 de cette loi il était « dans l'intention d'exercer son ministère dans l'église de Saint-Menoux », et le 19 il prêtait sans restriction le serment nouveau.

Les officiers municipaux paraissent ne lui avoir suscité aucune difficulté, mais il n'en fut pas de même de Fallier. Quoique sans mandat, il intervint pour affirmer son opposition, faisant suivre chaque déclaration de Volle de ces mots écrits de sa main et suivis de sa signature : « Arrêté le présent acte..., ce 8 germinal an IV... » Le dernier seul de ces *arrêtés*, dont on ne devine pas très bien le sens véritable, est daté du 19 vendémiaire.

Guillaume Volle, désormais curé de Saint-Menoux, était, avant la Révolution, cordelier à Champaigue et qualifié de *gardien* (1). Dans un

---

(1) V. *le Personnel concordataire*, p. 29. — Il y avait à Champaigue, au moment de la dissolution de leur ordre, quatre cordeliers, se consacrant au traitement et à la garde des aliénés. Mais le mot *gardien*, en ce qui concerne Volle, pouvait s'appliquer à un titre et non à une fonction. En effet, « on appelait dans les couvents de franciscains le *gardien*, celui qui est le supérieur. Le père *gardien* des capucins, des cordeliers ». (*Dictionnaire de Trévoux*.)

arrêté du directoire du département du 5 juin 1791, où se trouve le
compte rendu de l'administration des biens de cette maison, on lui
attribue 700 livres de traitement. Il était alors âgé de quarante-deux ans.

Après la dispersion de son ordre il s'était retiré à Souvigny avec un
sourd et muet de naissance, orphelin de père et de mère, frère et oncle
d'émigrés, dément par surcroît, François de Marcellange, à l'entretien
duquel il s'était chargé de pourvoir (1).

On allait inaugurer la forme d'administration municipale instituée par
la Constitution de l'an III, votée le 5 fructidor (22 août) et réglementée
le 19 vendémiaire an IV. Des agents et adjoints, élus dans les communes
inférieures à 5.000 habitants, pour deux ans et renouvelés chaque
année par moitié, groupés par canton et délibérant au chef-lieu devaient,
avec un *commissaire du directoire exécutif* nommé par le gouvernement,
composer la municipalité connue sous le nom de *municipalité de canton*.
Dans cette organisation, des agents et adjoints faisaient fonction
d'officiers d'état civil, l'assemblée avait un président tenu de se rendre
au moins deux fois par décade au chef-lieu s'il n'y résidait pas, et une
réunion par décade était obligatoire. Le commissaire devait assister à
toutes les délibérations, dont aucune n'était prise sans qu'il eût été
entendu. Il n'avait pas voix délibérative.

La Constitution de l'an III avait supprimé les districts, faisant des
communes la seule subdivision des départements. Elle avait aussi aboli
le suffrage universel, qui fonctionnait depuis le 10 août 1792. Pour être
électeur aux assemblées primaires il fallait payer une contribution
directe, foncière et personnelle ; et pour être admis aux assemblées
électorales du second degré, être propriétaire ou usufruitier d'un bien

(1) Il recevait annuellement dans ce but 1.200 livres, somme fixée par un arrêté
du département du 24 ventôse an II (14 mars 1794), et dont étaient grevés les
biens de l'émigré Edme-Philippe de Marcellange, son frère, ainsi que ceux de
Marc-Antoine, fils de ce dernier, saisis par la nation. Volle n'était payé qu'avec
beaucoup d'irrégularité, car on le voit (1er prairial et 8 messidor an II, et 18 thermidor an III) présenter des réclamations pour des termes arriérés de la pension.
Le 25 germinal an III (14 avril 1795) il pétitionne encore, mais cette fois parce
qu'il ne peut plus, au prix où se trouvent les denrées alimentaires, subvenir à
l'entretien de son pensionnaire. Le chiffre de la pension était alors porté à
2.000 livres. (Arch. de l'Allier, série L. 268.)

produisant un revenu minimum de 100, 150 ou 200 journées de travail, suivant le nombre d'habitants des localités.

Les électeurs de Saint-Menoux furent convoqués à son de cloche le 15 brumaire an IV (6 novembre 1795), à 9 heures du matin, afin de nommer un agent et un adjoint. Les citoyens ne montrèrent que peu d'empressement à se rendre au scrutin, car une lassitude complète de la politique, qui s'accentuera encore, existait parmi eux (1). Il ne s'en présenta que douze, y compris les municipaux. On renvoya la séance au 17 et alors, que l'assemblée eût été ou non plus nombreuse, ce que ne dit pas le procès-verbal, on passa outre : Jean Condámine fut élu agent et Antoine Loyard adjoint.

(1) Dans beaucoup de cantons les municipalités ne furent pas constituées faute d'électeurs ou d'acceptation par les agents et adjoints élus. Les assemblées communales étaient alors renvoyées au 20 nivôse.

CHAPITRE III

La Municipalité de Canton

Le 7 frimaire an iv (28 novembre 1795), un nonidi, la municipalité tint, sous la présidence du citoyen Claude-Etienne Bigot, de Marigny, élu par l'assemblée primaire, sa première séance. Jacques Saulnier, nommé commissaire provisoire par l'administration centrale (5 brumaire), s'y présenta en cette qualité, mais simplement pour se déclarer démissionnaire, étant déjà juge de paix du canton en vertu d'un arrêté du représentant en mission Guillerault (1), du 10 thermidor an iii, ce qui constituait une cause d'incompatibilité légale. Il fallut donc commencer par le remplacer en faisant un choix parmi les membres, ce qu'autorisait la loi. On désigna Condamine, auquel un arrêté du directoire (22 pluviôse) vint bientôt, du reste, donner pour successeur définitif François Fallier (2).

(1) Guillerault-Bacoin (Jean-Guillaume), né à Pouilly-sur-Loire en 1752, mort en la même ville en 1819. Il était avocat avant la Révolution et fut député pour la Nièvre à la Convention. On l'envoya en mission dans l'Allier après le 9 thermidor. Fit partie du conseil des Cinq-Cents.

(2) Il n'était plus salpêtrier. L'atelier qu'il avait installé dans la forêt de Bagnolet continuait néanmoins à fonctionner sous la direction de Gabriel Aucouturier, son associé ou son commis. Celui-ci cessa lui-même l'exploitation en fructidor an iv, l'atelier ayant été mis en liquidation par arrêté de l'administration centrale

Ce dernier fut installé le 7 ventôse, après avoir prêté le serment « d'être fidèle à la nation et de remplir sa place avec fermeté, justice et humanité » (1).

Restait à organiser le secrétariat, et dans des conditions différentes de celles qui existaient précédemment, car avec la centralisation de toutes les affaires au chef-lieu du canton, ce service devait nécessairement prendre une importance qu'il n'avait pas eue jusque là. Jean Huilier (2), ancien curé de Neuvy-les-Moulins, en eut la direction et un commis, Jacques Loyard, lui fut adjoint.

Il fallait fixer le traitement de ces deux fonctionnaires, et cela méritait réflexion, « les objets de première nécessité étant à un prix excessif... » Les agents, assez embarrassés, résolurent en fin de compte, provisoirement, de donner 3.000 francs annuellement à Loyard, et à Huilier 300 myriagrammes de froment, représentant environ 6.000 francs ; somme infime dans le moment, où les bonds fantastiques des prix·des denrées alimentaires jetaient l'affolement, où l'on était obligé de payer plus de 10.000 francs par an un cantonnier afin qu'il pût seulement se nourrir (3). Aussi les malheureux scribes, réduits à la famine, ne tardent-ils pas à implorer un peu d'amélioration à leur sort, ce qui n'avait pour résultat, après une année d'attente, que le sacrifice de l'un pour le soulagement de l'autre. L'administration, montrant en cela plus de sens pratique que de philanthropie, prenait en effet le parti de réduire les

du 28, sur avis du commissaire des salpêtres de Moulins. — Au sujet de cette liquidation, dont les incidents sont assez curieux, voir un autre arrêté du 5 frimaire an V.

(1) Son traitement était de 400 myriagrammes de froment, ou 400 boisseaux de 20 livres, valant alors à peu près 20 livres le boisseau.

(2) Originaire de Montluçon. Il était marié et résidait à Moulins avant d'obtenir cet emploi.

(3) Le 25 avril 1792 le directoire du département fixait le salaire des cantonniers à 25 livres par mois. Plus tard, au fur et à mesure que la situation empire ils pétitionnent pour obtenir davantage et il leur est successivement accordé : le 18 frimaire an III, 45 francs ; le 15 ventôse suivant, 60 ; le 15 germinal, 100 ; le 2 messidor, 120 ; le deuxième jour complémentaire, 150 ; le 25 frimaire an IV, 600 ; enfin le 18 nivôse, 900, ou 10.800 francs par an, qui est le chiffre le plus élevé. Il va de soi que les augmentations n'étaient qu'apparentes, et qu'en nivôse an IV les cantonniers ne recevaient pas plus, en réalité, qu'en avril 1792.

deux secrétaires à un seul devant percevoir la totalité des émoluments,
quitte à se faire aider à ses frais s'il en éprouvait le besoin. Huilier fut
naturellement conservé (1).

Les premiers travaux de cette municipalité eurent pour objet l'approvisionnement des marchés, des répartitions de réquisitions (7 et 29 frimaire), des mesures relatives à l'emprunt forcé décrété le 19 frimaire,
la recherche et l'envoi à Moulins des jeunes gens de la première réquisition et autres militaires absents de leurs corps ; et un peu plus tard
(nivôse), la répartition des impôts, la réorganisation de la garde nationale en application de la loi de prairial an III, etc.

La situation générale, en raison de la crise économique toujours plus
aiguë, devenait très critique, et la pénurie de toutes les choses indispensables était telle que les administrations elles-mêmes manquaient des
accessoires strictement nécessaires pour la tenue de leurs séances (2).
Et à la difficulté de vivre s'ajoutait encore l'insécurité des campagnes,
sillonnées de vagabonds et prisonniers de guerre en fuite, transformés
en détrousseurs de grandes routes (3). Le mécontentement augmentait
chaque jour.

Pour réagir, l'administration centrale essayait de raviver les sentiments
républicains. Elle ordonnait des replantations d'arbres de la liberté,
dont il n'y avait plus dans la presque totalité des communes, et des
solennités propres à frapper les esprits devaient être organisées en ces
circonstances. Elle appelait aussi la colère du peuple sur les ennemis
de la Révolution, les rendant responsables de l'agitation. « Depuis dix-

(1) L'emploi de secrétaire de la municipalité n'eût pas suffi à faire vivre Huilier
et sa famille, mais comme ci-devant curé assermenté il était pensionnaire ecclésiastique. — Le traitement fut modifié suivant les circonstances : l'année suivante
il était de 1.000 francs, en l'an VI de 600 et en l'an VIII de 700.

(2) La plupart des municipalités, dès qu'elles furent installées, assaillirent de
demandes à ce sujet l'administration centrale, laquelle s'avisa d'un expédient
assez curieux pour leur donner satisfaction. « Étant informée, est-il expliqué dans
une délibération du 28 nivôse, que dans les magasins de certains ci-devant districts
il existe des quantités de vieux drapeaux et de vieux linges appartenant à la
République..., ces chiffons seront délivrés aux citoyens Maine et Guinemant,
imprimeurs-libraires à Moulins, en échange de papiers-registres estimés à leur
valeur de 1790, pour subvenir aux besoins des municipalités. »

(3) Arrêtés de l'administration centrale : 9 nivôse et 22 pluviôse.

huit mois les royalistes et leurs émissaires disséminés sur tous les points, lit-on dans un arrêté du 3 ventôse, ont pris tous les masques pour étouffer jusqu'au sentiment du patriotisme pur dont étaient animés les bons et respectables habitants des campagnes... ; la funeste influence, de leur hideuse hypocrisie est parvenue dans plusieurs communes à corrompre l'esprit public et à faire partager aux bons citoyens, victimes de leur crédulité, leur haine pour la liberté et tous ses signes, et leur amour criminel pour les rois... » Exprimant leur indignation de la destruction des arbres de la liberté, les administrateurs ajoutent : « Des royalistes et des mauvais prêtres ont osé porter leurs mains criminelles sur cet arbre autour duquel on a si souvent chanté les nombreux triomphes de la liberté..., et tous ces attentats liberticides ont eu un succès bien funeste à la chose publique... »

La propagande contre-révolutionnaire, on le voit, était fort active et non sans résultats. Dans la Nièvre et dans le Cher, s'avançant dans la direction de Cérilly, une véritable petite armée insurrectionnelle s'était même formée (1) et des troubles graves avaient eu lieu également dans les cantons de Cusset et Gannat. Toutes les municipalités étaient en permanence (2), pendant que se replaçaient les croix, que plus que jamais se chantait le *Réveil du peuple*, que l'on exposait des reliques et que se faisaient entendre, après un long silence, les sonneries de cloches (3) ; car un courant favorable à une restauration des habitudes consacrées et prescrites par l'Eglise s'accentuait chaque jour, malgré tous les efforts contraires de l'administration et des commissaires, entre lesquels se distinguait particulièrement Fallier (4).

---

(1) Elle comprenait, d'après un rapport de l'administrateur municipal de Moulins envoyé sur les lieux, 1.500 hommes divisés en quatre colonnes. Ces quatre colonnes furent écrasées séparément et leurs débris se répandirent dans les forêts. (Arrêté de l'administration centrale des 22 et 23 germinal.)

(2) Arrêté du 16 germinal. Cet état de permanence subsista jusqu'au 6 floréal, jour où l'administration le fit cesser, « attendu que l'ordre troublé dans quelques cantons des ci-devant districts de Cérilly, Montmarault et Montluçon » est rétabli. Cela n'était probablement que relatif, puisque les agents municipaux se voyaient en même temps chargés de surveiller activement les « ennemis de l'ordre et du repos public ».

(3) Arrêtés de l'administration centrale : 8 pluviôse et 4 floréal.

(4) Un incident mentionné au registre municipal nous édifie à ce sujet. Le 19 flo-

En messidor, on fit l'estimation des églises du canton restant à vendre et soumissionnées, afin de les mettre en adjudication ainsi que l'avait résolu l'administration centrale. Devaient être conservées, néanmoins, « celles servant au culte et celles qui sont remarquables par la beauté de leur architecture, ou nécessaires à la tenue des assemblées primaires ». Une lettre du ministre de l'intérieur du 14 thermidor, citée dans un arrêté du 18, invitait l'administration à choisir, pour faire un rapport à ce sujet, « l'architecte le plus connu par ses talents », voulant que celles de ces églises « dont la beauté et l'importance offrent des avantages pour le progrès des arts, pour le culte ou pour quelque autre objet d'utilité publique » fussent réservées. L'administration centrale avait commencé par demander des renseignements aux municipalités, et celle de Saint-Menoux avait répondu que « l'église de la commune chef-lieu est un vaste édifice rendu à l'exercice du culte depuis plus d'un an, et nécessaire pour la tenue des assemblées primaires ». Le cas était le même pour Autry et Agonges (1). A Bagneux, Montilly et Marigny, au contraire, le culte n'avait pas été rétabli. Toutes les églises du canton, prétendait-on, étaient indispensables pour les assemblées primaires.

L'architecte désigné fut l'ingénieur Benoît. Dans un état dressé par lui le 16 brumaire an V (6 novembre 1796), où est faite la récapitulation des églises du département invendues (2), il mentionne que la dépense pour réparer celle de Saint-Menoux serait de 300 francs, et que dans l'Allier, sur 320 églises, 150 seulement, contre 170 restant inemployées, servent au culte. Il faudrait « plus de 200.000 francs pour les mettre en bon état, ajoute-t-il, et leur entretien coûterait annuelle-

réal an IV (8 mai 1796), Fallier vint tout ému signaler que « des exemplaires d'une lettre écrite, disait-il, en lettres d'or de la main de Dieu » et ordonnant la célébration des dimanches et fêtes, circulaient. Il ne produisait aucun de ces exemplaires, mais il avait pu s'en procurer une copie qu'il avait envoyée à Moulins. Ce fut pour lui l'occasion d'un discours contre « les brigands et les égorgeurs du Cher et de la Nièvre... »

(1) De même qu'à Saint-Menoux par Volle, des déclarations avaient été faites à Autry et à Agonges pour exercer le culte dans les églises de ces communes, par Michel et Picard. (Reg. municipal, 19 germinal an IV.)

(2) Arch. départementales, série Q. ; ventes après l'an IV.

ment 50.000 francs au moins. Sans de prompts travaux la plupart vont tomber en ruines et l'intérêt national commande leur vente, sans autre réserve que celle des chefs-lieux de canton ». C'est ce qui eut lieu.

Benoît ne s'était guère inspiré des intentions ministérielles en ce qui concerne « la beauté de l'architecture » et « le progrès des arts ». Son état n'y fait pas la moindre allusion, et cependant une colonne y était réservée pour les « observations sur la construction et ce qu'elles [les églises] contiennent de curieux ». Dans cette colonne, en face du nom de Saint-Menoux, on lit : « *assemblée primaire* ». L'architecte « le plus connu par ses talents » eût pu trouver autre chose.

Le presbytère de Saint-Menoux ne fut pas vendu, mais Faivre voulut en faire l'acquisition et écrivit le 19 messidor à la municipalité pour obtenir d'elle qu'elle donnât un avis favorable au maintien de la soumission qu'il avait déposée dans ce but. C'est tout le contraire qui se produisit, « le presbytère étant, explique la délibération prise à ce sujet, nécessaire pour les séances ordinaires et pour l'instruction *tant des garçons que des filles*, et le changement de local devant nécessiter des dépenses considérables à la charge des administrés, déjà trop grevés ». La commune conserva donc cet immeuble devenu en effet, ainsi qu'on le voit, momentanément un local scolaire pour garçons et filles.

En prairial an IV (mai-juin 1796), des colonnes mobiles, ou détachements de la garde nationale sédentaire, avaient été organisées dans la plupart des cantons (1), et un peu de calme avait paru s'en suivre. Mais dès les premiers mois de l'an V des désordres reparaissaient plus violents, donnant, à en juger par le ton d'une proclamation adressée aux habitants (19 brumaire) par l'administration centrale, l'idée d'une véritable dislocation sociale. A Saint-Menoux cependant, où peut-être on avait moins à souffrir des maux qui désolaient le pays, les colonnes mobiles n'étaient pas encore formées en ventôse, et les autres affaires communales y étaient généralement tenues en oubli, du moins à ce que

(1) Sur arrêté de l'administration centrale du 18 prairial (6 juin), d'après un autre du directoire exécutif du 17 floréal. Ces détachements étaient formés « pour surveiller et rechercher les émigrés, les prêtres réfractaires et les vagabonds déguisés chantant des airs proscrits »

prétend Fallier, que l'on voit adresser à ce propos des remontrances aux agents et adjoints, mêlant à dose égale la flatterie à la réprimande. « Citoyens, leur dit-il (19 ventôse), le zèle que la *presque totalité* d'entre vous font paraître pour l'exécution des lois est un sûr garant de votre dévouement à la chose publique ; mais plus vous avez fait jusqu'à présent, plus vous êtes obligés de faire par la suite. Il s'agit de reprendre cette activité énergique qui vous a distingués de ces municipalités insouciantes à qui les reproches du département et des ministres s'adressent directement. Vous êtes en retard de quantité d'articles intéressants : je vais vous les rappeler par ordre de date et au nom de la loi... » Il relève alors des négligences portant principalement sur la tenue des registres de l'état civil et l'organisation des colonnes mobiles, et il conclut à la nécessité de mettre de suite toutes choses en ordre, car, ajoute-t-il, « par la force de la Constitution il doit s'opérer un changement dans toutes les administrations de la République, et il est essentiel de ne rien laisser d'arriéré... » Il faisait allusion aux élections devant pourvoir au renouvellement par moitié des municipalités, avec élimination par tirage au sort.

Celle de Saint-Menoux ne s'était pas conservée entière jusque là, les agents et adjoints des communes d'Agonges, Autry, Bagneux et Montilly ayant été renouvelés dans les premiers jours de pluviôse an IV. On en est informé le 9 par une brève note du registre signalant le dépôt sur le bureau des procès-verbaux de *nomination,* sans aucune explication ni indication de noms d'anciens ou nouveaux membres (1).

Le 9 germinal an V (29 mars 1797), eut lieu la séance d'élimination. Sans attendre que le hasard en eût décidé, les citoyens Mauguin, Chalmin et Primot, agents d'Agonges, Marigny et Autry, annoncèrent spontanément qu'ils donnaient leur démission, de sorte que ceux de Saint-Menoux, Montilly et Bagneux restaient en fonction et qu'il y avait à élire des adjoints dans ces dernières communes et des agents

(1) Le 11 du même mois sont cités au registre municipal dans un procès-verbal de fête et prêtent serment : Claude Mangin, agent d'Agonges ; Chalmin, agent, et Allix, adjoint de Marigny ; Martinet, agent, et Belin, adjoint de Bagneux ; Devaux, agent, et Virlogeux, adjoint de Montilly ; enfin Primot, agent d'Autry.

dans les trois autres. Le 13 et les dimanches (1) suivants il y fut procédé.

Les agents élus à Agonges, Autry et Marigny furent Jean-Joseph Prat, Pierre Mathé et Gabriel Chalmin, et les adjoints de Bagneux et Montilly, Belin et Virlogeux.

Il faut croire que l'adjoint de Marigny avait aussi démissionné, car en cette commune un nouveau, François Deschamps, était élu en même temps que l'agent. Tous les deux vinrent d'ailleurs devant la municipalité décliner l'honneur d'en faire partie, disant qu'ils étaient « refusants » ; et sur la réquisition du commissaire on leur substituait de suite, à Chalmin Jean Chérion, et à Deschamps Claude Thévenin.

A Saint-Menoux l'adjoint n'avait pas été élu faute d'électeurs. « Malgré toutes diligences faites pour convoquer l'assemblée communale, pendant deux dimanches consécutifs..., explique Condamine, *aucun citoyen* ne s'est présenté (2)... »

D'un autre côté, Chérion, l'agent de Marigny nommé par la municipalité, vint dire qu'il ne fallait pas compter sur lui, sa situation ne lui permettant pas de vaquer à d'autres occupations que les siennes propres. On le remplaça par Louis Bernard. Mais ce dernier, informé par lettre de cette décision, déclara à son tour qu'il n'acceptait pas davantage : on désigna alors Jean Mangin, lequel voulut bien ne pas se récuser.

Seul manquait encore l'adjoint de Saint-Menoux. Fallier obtint, puisque les électeurs ne voulaient pas se déranger pour voter, que Mayeul Faivre, probablement pressenti à l'avance, fût choisi.

Ainsi fut reconstituée, laborieusement, la municipalité du canton. Cinq séances d'installalion (21 et 29 germinal ; 10, 19 et 29 floréal) avaient été nécessaires pour résoudre ce difficile problème.

On a remarqué l'abstention des citoyens de Saint-Menoux dont pas un seul, à deux reprises, ne vient voter. Cela indiquait chez eux, pour

(1) L'usage du dimanche était rétabli en fait et observé partout, même dans les administrations.

(2) Il en fut de même en une infinité de communes et beaucoup de municipalités ne purent se former.

l'exercice des droits et des devoirs civiques, une rare indifférence.
L'empressement ne dut pas être grand non plus dans les autres communes, où l'état d'esprit était le même. Quant à la difficulté de trouver
des candidats, on se l'explique aisément. L'obligation imposée aux
agents, et à leur défaut aux adjoints, de venir chaque décade au chef-
lieu tenir séance, souvent de très loin, n'était pas faite pour séduire, et
aucun de nos conseillers municipaux d'aujourd'hui ne consentirait à s'y
obliger. Quoi qu'il en soit, les municipalités de canton n'eussent été que
bien difficilement complétées si le moyen des remplacements directs
n'eût pu être employé.

A la séance d'installation du 29 germinal, Fallier renouvela son réquisitoire du 19 ventôse, et il demanda aux agents de justifier qu'ils s'étaient
conformés à la loi pour la plantation d'un nouvel arbre de la liberté
dans leurs communes, en cas de mort de l'ancien.

On ne s'en souciait plus guère, des arbres de la liberté, ni des autres
emblèmes de la Révolution, dont les usages et le langage étaient tenus
en oubli ou ridiculisés, ainsi que le constatait avec amertume, le 9 floréal
(28 avril 1797), le commissaire du directoire près l'administration centrale. La plupart des Français, disait-il, « paraissent avoir perdu jusqu'au
souvenir des formes et des couleurs de la cocarde tricolore, qui a vraiment opéré des prodiges dans les beaux jours de notre Révolution
glorieuse et à jamais mémorable » ; et il exprimait son indignation à la
pensée que « presque tous les individus autres que nos braves soldats
et quelques patriotes en petit nombre qui osent se dire encore républicains et même l'être effectivement, substituent dans leurs discours et
leurs écrits le mot orgueilleux, ridicule et vraiment dérisoire de *monsieur*
à celui de *citoyen* ». Le 3 prairial il rappelait que la loi du 7 vendémiaire an IV sur la liberté et la police des cultes était tombée totalement
en désuétude, signalant en même temps de nombreux cas rapportés
par les commissaires des cantons, partout où se trouvaient des prêtres
insermentés et réfractaires, « ces terribles fléaux de l'espèce humaine ».

Cependant, jusqu'à la fin de l'année un calme relatif régna dans le
canton, et la municipalité, à une demande de renseignements du département, par lettre du 21 thermidor, pouvait répondre que : « jusqu'à

présent la tranquillité publique n'a point été compromise, la sûreté des personnes et des propriétés n'a point souffert... » Et quant à l'opinion : « Il n'y a point de sociétés particulières dans le canton s'occupant de questions politiques, et *en général l'esprit des habitants est porté pour le maintien de la République* », — ce dont on serait tenté de douter, à la froideur des expressions.

Le 18 fructidor le Directoire exécuta son coup d'état contre les deux Conseils, et le lendemain était votée la loi révolutionnaire d'après laquelle toutes les personnes inscrites sur la liste des émigrés et non rayées définitivement devaient quitter la France sous peine de mort, et obligeant tous les ministres du culte à prêter le serment de « haine à la royauté et à l'anarchie, d'attachement et de fidélité à la République et à la Constitution de l'an III ».

Ce serment fut prêté le 1er vendémiaire an VI par Volle et par Mathonnet, curé d'Autry (1).

Le 18 fructidor eut aussi pour conséquence la révocation des administrateurs du département et leur remplacement par des hommes de 1793. Ceux-ci se hâtèrent de prendre un arrêté pour prescrire à tous les fonctionnaires l'emploi du mot « citoyen » au lieu de celui de « monsieur », qui ne convient « qu'à des âmes servilement dévouées aux institutions de la monarchie ». Le régime des passeports fut rendu plus sévère et on ne tarda pas à procéder à l' « épuration » des municipalités, signalée à Saint-Menoux par la destitution provisoire (19 vendémiaire an V) de Condamine et de Mathé (2), sur un rapport de Fallier tout particulièrement désobligeant pour le premier, dont la vie privée même n'était pas ménagée.

---

(1) Mathonnet n'est pas nommé dans le *Personnel concordataire*, à moins qu'il ne s'agisse d'*Etienne Mathonnat*, ancien curé du Breuil. Il succéda à Michel (lequel ne fit à Autry qu'une très courte apparition), et fut le prédécesseur du curé orthodoxe Nogier, qui mourut en l'an IX. — Dans un tableau des prêtres du canton de Saint-Menoux ayant prêté les serments exigés par les lois sont inscrits Volle, Michel et Picard, ce dernier ancien bénédictin de Souvigny, curé d'Agonges. (Délib. municipale, 19 germinal an IV). On ne mentionne pas sur le registre, dans le procès-verbal du 1er vendémiaire, la prestation de serment Picard.

(2) La destitution fut rendue définitive par arrêté du Directoire exécutif du 16 ventôse.

L'arrêté prescrivait aux membres restant en fonction de se compléter eux-mêmes dans les trois jours, conformément à la loi. Dans le délai voulu on donna pour successeur à Condamine, Guillaume Aucouturier, et à Mathé, Claude Adam, de la commune d'Autry. Tous les deux ayant accepté, prétèrent le serment et furent installés immédiatement.

La municipalité ainsi remaniée arriva sans encombre aux élections de germinal an VI, où furent élus agents de Saint-Menoux et d'Autry, Félix Pessant et Gilbert Mathé, et adjoint d'Agonges, le citoyen Mauguin.

A Marigny il y avait à élire un agent et un adjoint, mais personne ne s'étant présenté pour voter, malgré que les convocations légales eussent été régulièrement faites, l'administration eut à y suppléer directement. Elle nomma pour agent Jean Mangin, et pour adjoint François Thévenin, qui acceptèrent.

Mais au moment de l'installation de Pessant et de Mathé, Fallier avait fait remarquer que ce dernier étant frère de Pierre Mathé et la Constitution ne permettant l'éligibilité de citoyens parents entre eux, dans la même municipalité, qu'après deux années d'intervalle, on ne pouvait l'admettre. La raison était décisive et, néanmoins, le peu de scrupules que l'on mettait alors en politique à s'écarter des voies légales fut un engagement pour la municipalité, sans doute, à en référer au département, attendu, disait-elle, « que Gilbert Mathé n'a succédé à son frère qu'après plus de six mois d'intervalle », et qu'il s'agit d'un « citoyen probe et bien famé ». L'administration centrale se disposait à soumettre le cas au ministre, quand Mathé lui-même trancha la question en envoyant sa démission (17 floréal). On lui donna pour successeur le citoyen Camus (9 prairial).

Aucouturier avait été élu président par l'assemblée primaire le 1er germinal, en remplacement de Bigot, et c'était la troisième fois qu'il se trouvait investi de la première fonction municipale. Il prêta serment et fut installé le 19.

En thermidor on procéda méthodiquement, dans le canton, à des visites domiciliaires en exécution d'un arrêté du Directoire remettant en activité une loi du 25 brumaire an III, d'après laquelle « tout citoyen

qui aurait dénoncé, saisi et arrêté des émigrés recevrait, après l'exécution du jugement, la somme de cent livres par chaque émigré ». Le 10,
(28 juillet 1798), à la réquisition de Fallier, la municipalité, « considérant
qu'il importe à la tranquillité générale, à la sûreté, à la prospérité de la
République et au maintien des lois, de poursuivre jusque dans leurs
asiles les plus secrets tous les ennemis de la liberté..., » décidait de
mettre en état d'arrestation et de traduire devant le juge de paix tout
individu non muni de passeport. Le lendemain, à partir de 9 heures du
matin, on perquisitionne dans « toutes les maisons soit publiques soit
particulières où des émigrés rentrés ou des prêtres déportés rentrés ou
sujets à la déportation, ou égorgeurs, des brigands, des chefs de
chouans, des agents de l'Angleterre, sont soupçonnés de prendre
retraite ». On désignait en même temps les maisons suspectes : dans la
commune d'Agonges, chez la citoyenne Leborgne, à la Pommeraie, et
chez le citoyen Grand, aux Guillaudons ; dans la commune d'Autry,
chez la citoyenne Lagoutte, aux Milles ; à Bagneux, chez le citoyen
Montreveau, et à Marigny, chez la citoyenne veuve Beraud, aux Guille-
minots. Les agents étaient invités « à porter dans l'exécution de l'arrêté
la plus grande prudence, afin de ne pas inquiéter les citoyens paisibles
et incapables de nuire à la République ». On ne connaît pas les résultats de ces perquisitions (1).

A la fin de l'an VI on n'était donc pas dans la voie de l'apaisement,
loin de là ; et cependant à certains points de vue des signes d'amélioration apparaissaient : depuis le commencement de l'an V la famine
avait cessé et petit à petit un bien-être — très relatif assurément —
s'était fait sentir dans les conditions d'existence de la classe ouvrière.
Mais l'agitation et l'irritation des esprits ne faisaient qu'augmenter. On
criait de toutes parts à l'immoralité, à la concussion, à la corruption. Il
n'était question que des désordres et des abus de la « bureaucratie »,
de fortunes immenses amassées à la faveur des troubles, de vols de

(1) Il y eut (an VI et an VII) un nombre considérable de prêtres arrêtés en
France et dans les départements formés par la Belgique. On les envoya à Rochefort, à l'Ile de Ré, puis à l'Ile d'Oléron. Il y eut de germinal an VI à frimaire
an VII trois envois pour Cayenne. La plupart de ces prêtres périrent de souffrances et de maladies.

fournisseurs, des scandales de l'agiotage ; et l'on faisait remonter tout cela au gouvernement, à ce Directoire d'où émanait toute la honte, disait-on. On était convaincu que les dilapidations, l'abaissement des mœurs publiques étaient son œuvre.

Et avec l'an VII revinrent les désastres militaires, puis les formes d'une autre Terreur ; et les visites domiciliaires se renouvelèrent à Saint-Menoux en fructidor. Un arrêté du département du 13 (29 août 1799) en prescrivit qui furent exécutées le deuxième complémentaire, à huit heures du matin, dans chacune des communes du canton par l'agent ou l'adjoint, escorté de la garde nationale. Pas plus que précédemment on ne mentionne d'arrestations.

Dès le commencement de l'an VI le Directoire avait cherché à établir le *culte décadaire*, mais à la fin de la même année il n'avait pas obtenu encore de résultats sérieux. Des mesures plus énergiques furent prises alors. Les administrations centrales reçurent l'ordre de contraindre, par les moyens qu'elles jugeraient à propos, les ministres du culte à sanctifier le décadi au lieu du dimanche ; et cette liberté qui leur était laissée « décida les administrateurs de l'Allier, par exemple, à traiter en suspects, comme en pleine Terreur, les prêtres qui maintiendraient le dimanche » (1).

A Saint-Menoux aucun acte semblable n'est à signaler. Volle et Mathonnet, qui seuls dans le canton exerçaient le ministère religieux (2), ayant été mandés à la séance du 10 thermidor et « invités à transférer les cérémonies du culte aux décadis », avaient promis de tenir compte de l'avis.

Le gouvernement prétendait en même temps exiger de tous les citoyens la stricte observation du calendrier républicain, à peu près oublié, et il appliqua tous ses efforts à se faire obéir. En germinal les tribunaux sont, ainsi que l'étaient déjà les administrations, mis en demeure de vaquer le décadi, et interdiction est faite aux municipalités de tenir compte de l'ancien calendrier dans la fixation des jours de

---

(1) A. Aulard, *Hist. politique de la Révolution*, 666. — Les faits furent dénoncés par Grégoire à la tribune des Cinq-Cents.

(2) Le culte n'était plus exercé à Agonges.

foires et marchés, particulièrement pour les *marchés au poisson*, qui ne doivent plus coïncider avec les jours d'abstinence d'autrefois. Tout doit désormais se rapporter au calendrier républicain : les almanachs (qui prennent le nom d'*Annuaires de la République)*, les services de diligence, les actes des notaires, les procédures, les affiches, les journaux, etc. Aucune énonciation de date qui n'y soit conforme n'est plus permise. On s'était déshabitué de ce langage et la nécessité de recommencer à s'en servir cause dans les habitudes quelque perturbation, que vient compliquer encore une loi du 17 thermidor, rendue pour assurer le chômage complet du décadi. Désormais, les écoles publiques et particulières seront tenues de vaquer ce jour-là, et il ne pourra être fait ni significations, ni saisies, on ne pourra procéder à des contraintes par corps, ni à des ventes et exécutions judiciaires et criminelles. Les magasins et ateliers seront fermés, car tout commerce et tout travail devront cesser, sauf pour les ventes ordinaires de comestibles et objets de pharmacie, et les travaux de la campagne pendant le temps des semailles et des récoltes.

Un arrêté du département indiqua aux municipalités les mesures à prendre pour coordonner les jours de repos avec le calendrier, dont on remit un exemplaire à chaque agent pour être publié dans les communes « avec la solennité que les localités permettront ».

A Saint-Menoux (15 fructidor), un détachement « considérable » de la garde nationale se joignit aux agents et adjoints en la salle des séances et se rendit, « tambours en tête », à l'autel de la patrie « et autres lieux où se font actuellement les publications ». Le commissaire donna lecture des lois et arrêtés, puis prononça un discours où étaient « clairement énoncés » les avantages « qu'offrait pour les citoyens la manière recommandée de nommer et compter les jours et mois de l'année ». Le procès-verbal mentionne que ce discours, sans doute renouvelé à chaque halte, fut accueilli « aux cris répétés de : vive la République ! » Du bruit seulement, car les paysans tenaient au dimanche. Lois, arrêtés, discours et cortèges en faveur du décadi furent peines perdues.

Quant au culte décadaire ou *religion civile*, ainsi qu'on l'appelait, il fut institué par une autre loi du 13 fructidor (29 août 1798). Nous verrons plus loin comment on le célébra à Saint-Menoux.

Il n'est pas mentionné d'élections communales sur le registre des délibérations en l'an VII, mais on y voit qu'Aucouturier, Pessant et Faivre restèrent en fonction tant que subsista la municipalité de canton. Les questions d'impôts, de conscription, les fêtes décadaires sont principalement, pendant la dernière année, le sujet des procès-verbaux.

Survint le 18 brumaire (9 novembre 1799), qui va imprimer un caractère tout différent à la Révolution. C'est le 29 que l'administration municipale fut officiellement informée de cet événement et de ses conséquences immédiates : suppression du Directoire, institution du Consulat et réduction des deux Conseils à vingt-cinq membres chacun. Etaient envoyés en même temps des arrêtés des consuls, des lois, proclamations et adresses, dont lecture était donnée au peuple le lendemain ; puis le 12 frimaire (3 décembre), dans le temple décadaire, tous les fonctionnaires publics du canton prêtaient le serment nouveau : « Je jure d'être fidèle à la République une et indivisible fondée sur la légalité, la liberté et le système représentatif » (1). Et comme d'habitude le commissaire du gouvernement prononçait un discours « énergique ». Le procès-verbal est succinct, sans mention de particularités ni d'enthousiasme populaire.

La Constitution (dite de l'an VIII) fut promulguée le 22 frimaire (13 décembre 1799) et proclamée à Saint-Menoux le 30, toujours au temple décadaire, où s'était rendue la municipalité escortée de la garde nationale. Les citoyens y apprirent en même temps qu'une loi du 23 avait réglé la manière dont le pays serait consulté sur l'acte qui venait d'être accompli, et qu'un délai de trois jours était accordé pour exprimer un vote d'acceptation ou de non-acceptation ; en vue de quoi il avait été remis à chacun des agents communaux, ainsi qu'au juge de paix et au notaire, deux registres pour inscrire, l'un les votes favorables, l'autre les votes contraires.

---

(1) C'était la quatrième formule de serment civique imposée aux autorités constituées depuis l'an IV, sans compter la formule spéciale à laquelle furent astreints les électeurs dans les assemblées électorales.

Le 29 pluviôse (18 février 1800), on publiait le résultat du plébiscite.

Enfin le 9 ventôse (28 février), tous les fonctionnaires publics (président, agents, adjoints, commissaire, secrétaire, juge de paix, greffiers et commis, gardes forestiers et gardes champêtres) jurèrent promesse de fidélité à la Constitution.

On arrivait aux derniers moments du système municipal inauguré en 1795. L'assemblée du canton de Saint-Menoux termina ses travaux par un inventaire du mobilier municipal et des archives, dressé en exécution d'un arrêté des consuls du 7 ventôse (26 février 1800) et d'une circulaire de l'administration centrale du 28. Cet inventaire, daté du 9 germinal, est établi avec beaucoup d'ordre et un soin méticuleux.

Le mobilier y figure en treize articles dont le premier est relatif à « des chaises ayant appartenu à la Société populaire », et le deuxième à « une table ovale ». A remarquer encore : article cinq, vingt-deux piques de toute grandeur ; article six, « une mesure pour mesurer les tailles des conscrits ou réquisitionnaires » ; et dans le cabinet du commissaire : article onze, « le cachet de l'ancienne municipalité, sous le nom de Maillé-sur-Rose... » L'article douze, disons-le en passant, mentionne « un fauteuil à l'usage du président », distinction qui était alors de règle.

Ces objets rappelaient un passé agité, fiévreux ; il n'en reste que la table ovale autour de laquelle, depuis cent dix-huit ans, ont délibéré, sous huit régimes différents, les municipalités de Saint-Menoux.

Suit l'état sommaire des papiers et registres « tant civils qu'administratifs » comprenant : des bulletins des lois, trente-huit bulletins décadaires, des lettres ministérielles, le tableau des pensionnaires, des papiers et liasses concernant la garde nationale sédentaire, les écoles primaires, l'emprunt forcé, les contributions foncière, personnelle, mobilière et somptuaire, et encore des liasses de pétitions, des états de population, des arrêtés du Directoire exécutif et du département, des tableaux de grains ensemencés, d'enfants naturels, de défenseurs de la patrie ; des procès-verbaux d'assemblées primaires et communales, des paquets de proclamations et circulaires, la correspondance avec les particuliers et les administrations, des quittances de patentes des années v à viii, les rôles et matrices de rôles fonciers et personnels des années iii, iv, v et vii des six communes ; des tableaux de l'emprunt forcé de l'an iv, des mandements du département, des tableaux des patentes des années vii et viii, des arrêtés du département réglant les charges locales des années iii à viii, les registres des patentes pour les années v à viii et celui des contributions depuis le 9 pluviôse an vi jusqu'au 29 pluviôse an vii ; le registre des pétitions et celui des certificats de résidence, un autre des passeports, ceux de la municipalité et de l'état civil, ainsi que les minutes de la justice de paix de l'an vi, etc. Tout cela coté et paraphé, et soigneusement classé et trié.

Le registre porte, ajouté en marge, « une corde de cloche... » Cette mention au dernier moment d'un accessoire aussi insignifiant n'est pas, comme on le pourrait croire, pour réparer une omission et par désir d'être complet. La note se rapporte à un incident dont on a l'explication à la fin même de la délibération où on lit : « L'administration, d'après le réquisitoire du commissaire du gouvernement, considérant qu'il est de son devoir de prévenir l'infraction aux lois et qu'aucun signe extérieur ne doit annoncer l'exercice d'aucun culte, arrête que le citoyen qui est chargé du service de l'église sera appelé, et qu'au nom de la loi sommation lui sera faite d'apporter la corde de la cloche, ce qui a été exécuté ». Près de voir expirer ses pouvoirs de commissaire du Directoire exécutif, Fallier en usait donc encore pour imposer silence à cette cloche qui si souvent avait sonné pour lui.

De toutes ces archives abondantes, quatre registres de délibérations et une partie de ceux de l'état civil seulement subsistent. Comment expliquer l'insouciance de municipalités et de maires n'ayant pas su conserver ces documents, traces vivantes de faits et d'émotions si ignorés aujourd'hui et qu'il est si intéressant, pourtant, de rappeler? D'autres antérieurs ont nécessairement subi le même sort, et il ne s'agit malheureusement pas ici d'un fait isolé. N'est-ce pas la preuve indiscutable que les mairies n'offrent pas, comme dépôts publics, une sûreté suffisante (1)?

(1) De bonne heure on constate à Saint-Menoux la disparition des documents des archives communales. On lit en effet dans une lettre du maire Bouchand, du

La suppression de la corde de la cloche de l'église ne fut pas l'acte final de la municipalité. Le 18 floréal elle tint encore une séance où Aucouturier communiqua une lettre du préfet Huguet — installé depuis le 17 germinal, — disant : « Aussitôt que la présente vous sera parvenue, la séance que vous tiendrez sera la dernière, et il faut que le commissaire se conforme à ce qui est prescrit, pour l'apposition des scellés, par l'article 7 de l'arrêté des consuls du 17 ventôse... Il faut qu'il ne manque pas, lorsque l'opération sera faite, de m'en donner avis. » Le préfet terminait, sur le ton des banales amabilités administratives, par des éloges aux agents et adjoints pour la manière dont ils s'étaient acquittés de leurs devoirs. Fallier n'avait aucune part de ces félicitations, et cette minute dut être douloureuse à son amour-propre.

Avant de clore, un acte de justice sommaire fut accompli : on révoqua les six gardes champêtres des six communes, d'un seul trait de plume, en bloc. C'est que, au dire de l'assemblée, « depuis bien longtemps ils ne remplissaient leurs fonctions qu'avec beaucoup de négligence ». Bien mieux, à cette négligence « ils ajoutaient la partialité ». Il y eut unanimité à prononcer la condamnation ; et à lire les considérants on est forcé de convenir que cette rigueur était amplement justifiée, quoique l'on doive faire observer que le traitement annuel de ces fonctionnaires (100 francs) ne permettait pas d'en exiger des services exemplaires.

Enfin le commissaire ferma à clé le local et apposa les scellés.

Faisons maintenant, en finissant ce chapitre, connaître un budget de municipalité de canton, d'après un arrêté du département du 22 ventôse an VIII (13 mars 1800), fixant les dépenses administratives et communales de l'année.

Ces dépenses comprenaient : entretien de l'horloge, de la fontaine et des puits publics, 60 francs ; traitement du juge de paix, 800 ; de son

28 septembre 1829, en réponse à une demande de renseignements que lui avait adressée le préfet sur l'état ancien des lieux, en vue d'introduire une instance contre un particulier : « J'ai visité les archives de la mairie et je n'ai trouvé aucun renseignement concernant l'église... Il paraît que les renseignements qu'on aurait pu trouver ont disparu. » (Arch. de l'Allier, série O, commune de Saint-Menoux ; procès Condamine).

greffier, 266,66 ; du secrétaire de l'administration, 700 ; loyer du local des séances, 80 ; frais de bureau, 120 ; port de lettres et paquets, 30 ; piéton, 120 ; concierge, 15 ; garde nationale sédentaire, 80 ; champ des morts, 60 ; six gardes champêtres, 600 ; écoles primaires, 200 ; frais du bureau de conciliation, 40 ; tambour préconiseur, 40. Soit, au total, 3.433 fr. 66.

De cet état il résulte qu'on payait à l'instituteur la location du local des séances et que les deux écoles coûtaient 200 francs, plus l'usufruit de deux maisons. Les frais des six communes, déduction faite de 1.186 fr. 66 pour traitement du juge de paix et de son greffier, les frais de conciliation et ceux d'une garde nationale sédentaire ne s'élevaient qu'à 2.247 francs ou 347 francs par commune.

CHAPITRE IV

Les Subsistances

Au moment de la convocation des Etats généraux la disette était déjà partout en France. La récolte avait été mauvaise en 1788 (1) et pour en compliquer les effets un hiver d'une rigueur extrême avait suivi. De la fin de novembre jusqu'au 13 janvier le froid avait été d'une intensité telle qu'on n'en avait pas supporté de pire depuis 1709 (2), et faute de travaux aussi bien dans les villes que dans les campagnes il y eut une grande misère. Le pain valut jusqu'à quatre sous la livre, environ huit sous d'aujourd'hui, plus de moitié de ce que gagnaient certains journaliers (3).

(1) H. Taine, *la Révolution*, 1, 4. — Les disettes étaient fréquentes en France avant la Révolution, mais généralement locales et occasionnées tant par des récoltes insuffisantes que par le défaut de facilité des transports, augmenté d'entraves apportées à la libre circulation des grains.

(2) « Le 1er janvier, le thermomètre de Réaumur était à 19° degrés au-dessous de glace.» (*Hist. de la Révolution dans le Louhannais*, par Lucien Guillemaut, 1, 95.)

(3) V. ci-dessus, p. 33.

Le printemps de 1789 s'écoula dans ces conditions, mais en juillet la moisson apparaissait fort belle (1) et on pouvait compter que la situation allait s'améliorer. En des temps paisibles elle se serait améliorée, en effet, mais sous l'influence des troubles qui éclatèrent alors et d'obstacles de toute nature apportés à la libre circulation des grains, c'est le contraire qui se produisit : les transactions se trouvèrent presque paralysées, les marchés restèrent vides et le prix du blé, en décembre, fut décuple de son prix normal. La foule, déjà portée à la défiance et ne pouvant concevoir de causes licites à cette extraordinaire cherté, ne douta pas qu'un complot n'eût été tramé pour l'affamer. On fit la guerre aux boulangers, aux *monopoleurs,* ainsi qu'on désignait les gens vivant du négoce des grains et farines ; et dans tous les marchés il y eut du bruit, des conflits, des insurrections. On mit à sac des greniers, et dans nombre de localités on alla jusqu'aux mauvais traitements envers les personnes (2). Cet état de choses devait durer pendant toute l'année 1790 et se continuer, avec plus ou moins d'intensité, jusqu'en 1797.

Cependant le gouvernement avait espéré que l'établissement (en février) des municipalités régulières, mettant heureusement fin à la période « d'anarchie spontanée », ferait aussi cesser une crise qui, pensait-on, devait en grande partie son développement à l'absence de pouvoirs locaux rattachés au pouvoir central. Il n'en fut rien. Tout ce que l'on pouvait d'ailleurs attendre de ces premières assemblées en matière de subsistances, c'était qu'elles contribuassent à maintenir l'ordre dans les marchés et à en assurer l'approvisionnement. Plus tard, quand viendront des temps encore plus difficiles, elles auront à faire des recensements, à prévenir et réprimer les fraudes, appliquer les réquisitions, juger les contestations, etc., et on verra par ce qui se passa à Saint-Menoux que c'était une tâche suffisamment ardue.

Les registres de Saint-Menoux ne mentionnent pas de faits relatifs

(1) Grâce à la réussite des emblavures de mars, substituées aux blés détruits par le froid. Ceci ne doit s'entendre que d'une manière générale, car dans plusieurs paroisses voisines de Bourbon la récolte fut mauvaise. (V. *l'Ancien Canton de Bourbon*, par M. C. Grégoire, p. 44.) Il est possible qu'il en ait été de même à Saint-Menoux.

(2) J. Cornillon, *le Bourbonnais sous la Révolution*, I, 172.

aux subsistances avant le 30 mai 1790, mais à cette date un procès-verbal signale une situation depuis longtemps tendue. Déjà le 24, explique-t-il, les habitants ameutés ont, de leur propre autorité, sonné la cloche de convocation d'assemblée de la paroisse, « signe de révolte et du parti violent qu'ils voulaient prendre ». Les manifestants ne tendaient à rien moins qu'à « taxer eux-mêmes le blé et autres denrées à leur volonté, et faire perquisition dans les maisons et greniers du bourg et des environs, où ils soupçonnaient du blé en dépôt ».

Pour cette fois l'échauffourée n'avait pas eu de suites, mais la tentative était renouvelée le 30, et avec plus d'énergie. Du reste, en différents bourgs et villes, à Bourbon-l'Archambault notamment, le 27 mai, les officiers municipaux s'étaient vus contraints de taxer le pain et le blé à un prix très inférieur à celui de la vente libre et on ne pouvait manquer, à Saint-Menoux, d'imiter cet exemple. Il fallut donc céder. Le pain blanc de froment fut taxé à 2 sols 6 deniers la livre, le pain bis ou recrû (1) à 15 deniers, le froment à 40 sols et le seigle à 30, mesure de Bourbon.

Il faut dire que cette concession n'avait pas été faite sans que tous les moyens dilatoires eussent été épuisés. Les officiers municipaux avaient invoqué pour s'y refuser les décrets, les principes de liberté et leur propre impuissance ; mais craignant autant d'outrepasser leurs pouvoirs que de braver la colère de gens hors d'état de les écouter, ils n'avaient en fin de compte eu d'autre parti à prendre que de capituler en protestant de l'impossibilité de faire autrement.

· Mais le peuple ne considérait pourtant pas sa victoire comme complète. La taxe forcée sans la visite des greniers n'était pour lui qu'une demi-satisfaction ; aussi le mardi suivant, 1er juin, sans plus tarder, un groupe d'individus faisaient-ils dans la nuit, vers dix heures, irruption dans une ferme (les Vincenons), située à l'une des entrées du bourg, à la recherche des grains que le métayer pouvait avoir chez lui (2). Y eut-il

______

(1) Expression usitée alors pour désigner le pain de seigle ou contenant une forte proportion de seigle, et depuis longtemps tombée en désuétude.

(2) Ces scènes sont la reproduction plutôt atténuée d'une infinité d'autres ayant eu lieu en mai et juin 1790 en Bourbonnais, Nivernais, Berry, Touraine, princi-

des sévices et pillages ainsi que cela était si fréquent en pareil cas ? Assurément non, car le procès-verbal n'y fait aucune allusion.

Les habitants de Saint-Menoux n'étaient du reste pas, on le remarque constamment, portés à la violence, et dans les soulèvements l'initiative ne vient jamais d'eux ; ils suivent l'impulsion venue d'ailleurs, rien de plus. Et si l'on considère que dès le mois d'avril, à Meillers, on se livre aux pires excès, mettant le séquestre sur les blés, arrêtant les voitures et pillant des chargements ; qu'en mai à Bourbon les municipalités de Bourbon-Ville et de Bourbon-Paroisse se voient obligées d'acheter des grains qui sont « chaque semaine livrés gratuitement aux indigents et à des prix réduits aux gens aisés » (1), ce dont il n'est pas question ici, on conviendra que cette population était, en résumé, relativement pacifique.

Mais les perquisitions allaient continuer dans les autres lieux de la paroisse, et il fallait l'empêcher. Ayant vainement parlementé dans ce but, les officiers municipaux se décidèrent à achever eux-mêmes la besogne commencée, et c'était une sage détermination. Toutefois, ils ne s'y résignent pas de bonne grâce. « Nous avons cru, disent-ils, pouvoir faire cette visite dans la paroisse afin de détourner cet orage naissant, jusqu'à ce que nous soyons en pouvoir de réprimer ces abus et de faire observer les décrets de l'assemblée nationale touchant le repos et la tranquillité publique et la circulation libre des grains dans l'intérieur du

palement. Le mot d'ordre est le pain à deux sous, et en maints endroits on le taxe à un tiers ou moitié au-dessous de ce cours. Les officiers municipaux sont malmenés là où ils refusent.

(1) C. Grégoire, *Ancien canton de Bourbon*, 44 et 45. — Dans beaucoup de paroisses on dut recourir à ce moyen et créer des « greniers d'abondance ». Les municipalités décidaient les propriétaires, fermiers et métayers, sous l'influence du danger qu'ils couraient eux-mêmes, à céder leur blé à 50 sols, et on le livrait à la consommation à 40, parfois au-dessous. Le grain transporté au grenier public, un officier municipal recevait l'argent des particuliers et deux autres vaquaient au mesurage. Ces opérations étaient souvent troublées par des violences, et les officiers municipaux, menacés ou maltraités, se voyaient obligés de fuir, abandonnant le blé à la discrétion des perturbateurs. Les directoires de district ordonnaient le remboursement de tout ou partie des pertes sur les revenus des fabriques ou autres fonds disponibles. (Journal de Vernoy de Saint-Georges, dans *la Terreur en Bourbonnais*, de Louis Audiat, 1, 85 et 86.)

royaume ; et de fait nous avons, avec le procureur de la commune, *fait pour la forme seulement une espèce de visite* dans les différents endroits, sans prétendre par là gêner le commerce des grains autorisé par l'Assemblée nationale, lequel nous voulons au contraire favoriser autant qu'il est en nous (1). » Puis, séance tenante, ils prennent une mesure de liberté, comme pour réagir contre la pression qui vient de s'exercer sur eux : ils permettent le départ de blés vendus à Saint-Pierre-le-Moûtier par les boulangers Mayeul Faivre (1.000 boisseaux) et Drux (400), et à Moulins par le laboureur Pâques Parent (160 boisseaux).

Le procès-verbal qui expose ces faits est intéressant, non en ce qu'il a trait à un mouvement populaire devenu trop fréquent pour surprendre ou émouvoir, mais en ce qu'il nous montre d'une manière précise que la municipalité de Saint-Menoux était loin de partager en matière économique l'ignorance et l'aveuglement de son milieu, et il faut dire de son temps. Elle avait, au contraire, ainsi que nous l'avons fait observer ailleurs, sur la liberté politique et la liberté des échanges, des idées droites et saines alliées à des principes très fermes d'ordre et de respect des lois, que la nécessité de se plier aux circonstances ne lui faisait pas perdre de vue.

Au mois de juin, la fermentation était partout fort active dans la classe ouvrière, que la faim et la peur de la faim — la pire de toutes — rendaient intraitable. C'était chaque jour des conciliabules où couvait l'émeute, et des conflits dans les paroisses entre administrateurs et administrés. Heureusement qu'à Saint-Menoux les métayers apportèrent sans trop se faire prier, à ce qu'il semble, du grain au marché, sans quoi la municipalité, malgré ses habiles temporisations, n'eût pas évité de graves désordres, dénuée qu'elle était de moyens de répression ou empêchée d'en faire usage, et d'un autre côté manquant de pouvoirs légaux pour imposer aux possesseurs de grains l'obligation de s'en dessaisir au prix de la taxe.

On n'évita cependant pas des incidents. Ainsi le samedi 6 juin, le maire Jarsaillon était publiquement interpellé par un nommé Jean

(1) Il est évident que la municipalité ne disposait d'aucune force publique, d'où il faut conclure que la garde nationale refusait d'intervenir.

Deschamps qui, l'injure et la menace à la bouche, lui réclamait du blé, quoique deux jours avant, au marché du jeudi, cent trente boisseaux, mesure de Bourbon et quantité plus que suffisante pour la nourriture des habitants pendant la semaine, déduction faite des familles vivant dans les fermes, eussent été mis en distribution. Cet homme avait bien reçu sa part, mais ce qu'il voulait c'était un approvisionnement supplémentaire afin de bénéficier de la différence de prix existant entre celui de la taxe et celui de la vente libre. D'autres individus, rendus comme lui exigeants par l'obtention de la taxe et la docilité des métayers, émettaient les mêmes prétentions.

Il ne pouvait donc être question de la supprimer, cette taxe déclarée provisoire ; cependant, au deuxième marché de juin le prix du pain blanc de froment était relevé d'un sol la livre, et le pain bis porté à 1 sol 9 deniers. On la maintint également après la récolte (1), qui fut en général abondante (2), sans néanmoins que le grain cessât de rester caché (3).

Vers la fin de l'année il y eut une accalmie. La saison d'hiver paraît avoir été moins pénible que la précédente et la crise conserva, jusqu'au mois d'août 1791, une forme atténuée.

Elle eût dû disparaître avec la moisson nouvelle, mais alors on voit

(1) Le 10 août 1790 on taxait le pain bis à 2 sols la livre et on maintenait le pain blanc de froment à 3 s. 6 d., avec défense aux boulangers de vendre à plus haut prix, et injonction de fabriquer la livre de pain blanc exactement de 16 onces, sous peine d'amende de 12 livres pour la première contravention, et d'une plus forte en cas de récidive ; « et pareillement injonction de tenir leurs boutiques bien garnies ». Jusqu'au 8 octobre cette taxe reste en vigueur et alors le prix du pain blanc de froment est abaissé à 3 s. 3 d., et du pain bis à 3 s. 3 d. les deux livres. Pour la première fois la viande est taxée et le prix établi à 4 s. 6 d. la livre de bœuf, veau et mouton. Le 30 décembre la livre de viande est à 5 s., avec obligation pour le boucher de tenir son « banc » bien garni de bonne viande sous peine d'amende. Le 4 janvier 1791, le pain blanc de froment est à 3 s. 6 d., et le pain de seigle à 2 s. la livre. Le 18 novembre, le prix du pain de froment est ramené à 3 s. 3 d., et celui du pain bis fixé à 3 s. 3 d. les deux livres. Le 23 mars 1792, la viande est à 5 s. 3 d., et le 1er avril 1793, à 6 s. 6 d. Depuis le 18 novembre 1791 on ne trouve plus aucune taxe de pain et de grains.

(2) Une grêle désastreuse l'avait en partie détruite à Saint-Menoux. Le fait est mentionné dans une délibération municipale du 12 décembre 1792.

(3) H. Taine, *la Révolution*, 1, 332.

au contraire se renouveler et s'accentuer le phénomène anormal déjà constaté. Les troubles provoqués par l'incertitude des subsistances renaissent accompagnés de plus graves symptômes. De jour en jour la situation empire·pour devenir à la fin de l'année et au commencement de 1792 réellement critique. L'argumentation populaire se fait véhémente et agressive. La cherté des denrées est attribuée à des complots d'aristocrates, à la cupidité, à l'égoïsme : c'est le vocabulaire du moment. Maintenant on exige absolument que les grains restent séquestrés dans les lieux de production, et alors la liberté des ventes et achats, qui à tout prendre n'avait été qu'entravée, cesse tout à fait. On recommence à imposer des taxes forcées, et tout maire qui n'obéit pas est suspecté de connivence avec les accapareurs. D'un autre côté les métayers et fermiers, que les taxes exaspèrent, regimbent : le paysan met sous terre son blé, qui devient toujours plus rare, plus cher. Le prix dépasse 30 francs le boisseau (1). En février 1792 l'inquiétude a gagné tous les esprits et dans chaque marché ce sont des scènes tumultueuses où s'affolent les malheureux officiers municipaux. La faim est pressante, et comme toujours on attend la récolte, qui ne modifie rien. Le 14 août, le district cherche une solution au problème, envisageant divers moyens. Malheureusement on ne manque pas seulement de grains, mais aussi d'argent. Le 18 on propose d'ouvrir une souscription pour s'en procurer, ou d'envoyer dans les cantons des émissaires ; le lendemain on s'adresse à l'Assemblée nationale, qu'on invoque en termes pathétiques. « La grêle, la gelée, les inondations, gémissent les administrateurs, ont successivement exercé leurs ravages sur nos champs, nos prés, nos vignes... Tous les moyens que la prudence et l'amour·de l'humanité ont pu suggérer ne nous ont point mis à l'abri de l'indigence dont les cinquante-cinq municipalités qui composent le district sont menacées... (2) » Tout le monde croit à l'existence de

(1) H. Taine, *la Révolution*, 1, 346

(2) Une délibération du Conseil du district du 10 octobre 1792, prise non pour les besoins de la cause, constate qu'en effet « les récoltes ont été insuffisantes ».— Une grêle terrible avait encore sévi sur Saint-Menoux, abattant même les vitraux et endommageant la couverture de l'église, ainsi que le mentionne une lettre des officiers municipaux, du 25 octobre, adressée au directoire du district.

magasins d'accaparement. Il semble en tout cas que l'infériorité du prix du blé dans les marchés de Moulins, très au-dessous de celui des villes voisines, donnait lieu à des spéculations, ce dont on s'apercevait par la quantité de grains qui s'y débitaient, « le double de ce qui s'en vendait dans les années les plus calamiteuses ».

Une loi du 16 septembre avait prescrit un recensement général, non seulement chez les fermiers et marchands, mais chez tous les particuliers, et le district en ordonnait l'application à Moulins ainsi que dans toutes les communes, rigoureusement, sans néanmoins molester les personnes ni nuire aux propriétés, et quatorze commissaires étaient désignés pour mener à bien cette opération. Les citoyens Descombes et Moreau devaient recenser le canton de Saint-Menoux, se transporter chez les propriétaires, fermiers, colons, marchands « ou autres dépositaires » et envoyer au Directoire, au fur et à mesure du travail, le tableau de recensement de chaque commune. Les maires et officiers municipaux devaient « sous leur responsabilité », expression qui n'était pas un vain mot, leur donner sûreté et protection.

Des secours vinrent en décembre. Dans une délibération du district du 22, il est question de la distribution « des 9.000 boisseaux de grains qui doivent arriver, et on établit un état de répartition par canton où Saint-Menoux ne figure pas, ce qui est à noter, puisqu'il en résulte que ce canton n'était que peu ou pas disetteux (1).

A la même séance on décidait que les municipalités des communes où se tenaient des marchés devraient envoyer chaque semaine au Directoire un état contenant, entre autres renseignements, la quantité de grains vendus.

En 1792 il y avait eu des gelées printanières, beaucoup de grêle, et à l'automne des pluies sans fin qui avaient rendu extrêmement difficiles les ensemencements de blé, de sorte que la récolte suivante s'annonçait comme devant être fort médiocre ; aussi la disette redouble-t-elle d'in-

(1) Dans cette délibération, le district attribuait aussi aux indigents de Souvigny 300 francs, et de Saint-Menoux 100 francs, « par rapport à la privation de secours journaliers distribués aux malheureux de ces deux endroits par les bénédictins et bénédictines supprimés... ».

tensité. Dans l'Allier les districts de Montluçon, Cusset, Cérilly, Moulins, sont les plus éprouvés, ceux du Donjon et de Gannat beaucoup moins.

Sous la pression de l'opinion publique, ou plutôt de l'émeute, le décret du 4 mai 1793 est rendu : c'est la fameuse loi du *maximum* (1). Aussitôt le directoire du district nomme (9 mai) des commissaires pour faire, assistés d'un officier municipal, le recensement des blés et farines dans chaque commune (2) ; on établit des marchés nouveaux dans les bourgs. Le 29 mai, un arrêté du conseil général du département fixe le maximum du prix de la livre de chaque espèce de grains pour tous les districts de l'Allier, et dans celui de Moulins le froment est taxé à 3 sols 6 deniers 1/8e ; le seigle à 3 s. 4 d. ; l'orge à 2 s. 10 d. Le maximum devait décroître dans des proportions et à des époques déterminées ; un tableau de ces décroissements était joint à l'arrêté et portait que le prix du boisseau, par une dégradation de mois en mois, devait tomber au 1er septembre, savoir : le froment à 2 l. 16 s. 4 d. ; le seigle à 2 l. 9 s. 5 d. 8/10es ; l'orge à 1 l. 14 s. 1 d. 5/10es.

Cette loi obligeait les cultivateurs à faire devant les municipalités la déclaration de ce que contenaient en grains leurs greniers et leur interdisait d'en disposer autrement que sur des réquisitions (3). Elle consistait, en somme, à interdire tout commerce des grains, à les fixer dans les greniers pour pouvoir employer les excédents, prélèvements faits des quantités nécessaires à la nourriture des familles de métayers, de façon que les départements, districts et communes possédant des excédents pussent secourir ceux n'ayant que des insuffisances jusqu'à

(1) Réminiscence des temps anciens. En 301 le maximum avait été imposé par l'administration tétrarchique sur tous les objets de consommation et sur tous les salaires dans toute l'étendue de l'empire romain. « Le maximum de Dioclétien avait pour but de remédier à la disette ; il ne fit que la rendre plus certaine ; les denrées se retirèrent, les marchés restèrent vides, le travail cessa et le gouvernement, instruit par l'expérience, se hâta de réformer sa mesure. » (*Hist. de la Gaule sous l'administration romaine*, par Amédée Thierry, II, 91.)

(2) Commissaires désignés pour le canton de Saint-Menoux : Jacques Saulnier, maire d'Agonges, et Pompone Mérite.

(3) Du 12 au 16 mai sont inscrites au registre municipal de Saint-Menoux les déclarations de différents propriétaires, fermiers et métayers.

la récolte, c'est-à-dire pendant environ trois mois. Et comme depuis le mois de décembre de l'année précédente les municipalités étaient astreintes à envoyer chaque semaine au district un état des grains vendus dans les marchés, l'administration se trouvait en mesure de connaître jour par jour les conditions d'approvisionnement dans l'ensemble de sa circonscription, dans chaque canton, dans chaque commune, chez chaque particulier. Toute liberté d'échange était anéantie. A ce régime l'individu se trouvait absorbé par la collectivité, il ne comptait plus, il ne possédait plus ; ses intérêts particuliers, sa volonté étaient tenus pour inexistants (1).

Alors commencent ces allées et venues entre municipalités pour se prêter assistance ; ces envois de commissaires, ces discussions où on défend âprement son blé, son pain, sa vie.

Le 16 juin des délégués de Saint-Hilaire viennent implorer qu'on leur permette de se faire délivrer au prix de la taxe 300 boisseaux de froment, car ils ont appris qu'il y avait un excédent à Saint-Menoux. On leur répond que cet excédent existe en effet : il est de 2.000 boisseaux de froment, seigle et orge, mais il n'en sera fait emploi que sur une réquisition régulière qui fait défaut. Cependant, ajoutent les officiers municipaux, comme Saint-Hilaire manque totalement de grains et ne pourrait attendre le jour du marché qui est le dimanche, il en sera tenu un autre plus rapproché afin que les délégués en puissent profiter :

(1) Jean Garnier dans ses rapports (20 juin 93) condamne, avec une indépendance d'idées peu commune dans le moment, le système du maximum, « ... qui entrave le commerce..., excite les réclamations et des pays qui ont du superflu et de ceux qui manquent de l'absolu nécessaire : des uns parce qu'ils ne peuvent se défaire de la denrée, des autres parce que, à quelque prix que ce soit, ils ne peuvent s'en procurer ». Le grand inconvénient, suivant lui, venait de l'absence de sincérité des déclarations. « Le particulier à qui on demande quelle quantité de blé il peut avoir ne manque pas d'en dissimuler la moitié, et d'un autre côté d'exagérer autant qu'il peut ses besoins... » « Ce sera toujours une mauvaise opération, ajoutait-il philosophiquement, de mettre le devoir aux prises avec l'intérêt. » Il se montrait partisan de la liberté du commerce « qui, disait-il encore, eût sans inquisition découvert l'excédent où il y en a..., et transporté la denrée repoussée par l'abondance là où le besoin, qui se fait connaître par la cherté, l'eût appelée » ; car « le commerce est le régulateur par excellence pour établir le niveau dans la distribution et le prix des subsistances ».

« Par là, concluent-ils, nous nous conformerons à la loi et nous ne porterons pas atteinte à un décret qui assurera l'existence de ceux que l'avarice, l'aristocratie ou l'égoïsme voulaient réduire au désespoir. » Le lendemain une réquisition de 100 boisseaux de froment ou seigle sur Guetton, fermier de Lépaud, était présentée et remplie par ce dernier.

Le même jour un boulanger d'Ygrande faisait aussi une tentative pour se procurer, afin de satisfaire aux besoins de son métier, des grains dans la commune. Il était naturellement éconduit.

L'abondance relative des greniers de Saint-Menoux ne pouvait, en effet, manquer de faire fondre sur la localité les convoitises, témoin cet autre fait : Granger, boulanger à Moulins, vient dire à Fallier, notable, qu'il a échangé 200 boisseaux de seigle contre 200 de froment avec Jacques Saulnier, et il voudrait procéder au mesurage. Fallier objecte qu'il ne doit pas donner d'autorisation pour une opération de ce genre, qui est une vente déguisée et une infraction à la loi du 4 mai, malgré que le prétexte invoqué soit l'approvisionnement de Moulins. Granger pétitionne et voit sa demande renvoyée à la municipalité. Celle-ci déclare ne pouvoir permettre aucun transport de grains sans y être autorisée, par la raison que « le directoire du département doit avoir une pleine connaissance de l'excédent et du déficit de chaque commune et par conséquent fait l'emploi des excédents pour couvrir les déficits ». Au cas où l'échange en question serait permis, ajoute le procès-verbal, la livraison ne pourrait se faire légalement qu'au marché public, « en présence du peuple, qui a un droit incontestable à l'application de la loi et qui verrait avec peine l'infraction d'icelle » ; au surplus ce soi-disant échange est une vente réelle et « ayant fait le serment [la municipalité] de maintenir les décrets de la Convention, elle ne souffrira jamais qu'atteinte y soit portée dans son enceinte ». Cette délibération était homologuée (15 juin) avec éloges par le directoire du district.

La commune de Meillers sollicite également. Pour attendre la moisson 60 boisseaux lui seraient nécessaires. Les délégués sont renvoyés à qui de droit.

Mais on apprend que Jacques Saulnier a délivré à la commune de

Souvigny, sur arrêté, 104 boisseaux et qu'il doit en ajouter 300. Les officiers municipaux s'émeuvent. Si tous les grains sortent, disent-ils, nous ne pourrons plus satisfaire aux besoins de nos concitoyens. Saulnier, appelé, promet que, malgré que la quantité de 300 boisseaux soit fixée par l'arrêté, il n'en laissera partir que 200, et on l'engage à persister. On décide en même temps qu'un nouveau recensement aura lieu de suite pour s'assurer que les excédents ne disparaissent pas, et s'il se trouve des citoyens en contravention ils seront dénoncés.

Pour l'approvisionnement des marchés on établissait à l'avance le tableau des grains devant y être apportés chaque semaine et vendus au cours de la taxe, cours indiqué par le *Bullelin du déparlement*. Les détenteurs recevaient en temps utile avis des quantités à fournir. Cela n'allait pas, on peut le penser, sans discussions ; il y eut souvent des résistances, mais on s'arrangeait d'ordinaire entre soi pour les vaincre. Les fraudes, notamment, se réglaient par le corps municipal, armé de pouvoirs de police suffisants. La municipalité devait pourtant se montrer énergique sous peine d'encourir elle-même de graves responsabilités et d'accroître ses embarras déjà trop grands. Citons un exemple :

Le 7 juillet une veuve Tridon-Lacaille refuse de conduire au marché (1) les 40 boisseaux de sa réquisition ; aussitôt le maire, assisté du procureur de la commune, d'officiers municipaux et d'un détachement de la garde nationale, se rend à son domicile, s'introduit par effraction dans son grenier et opère en son absence le prélèvement nécessaire. Le lendemain on lui présentait un compte qu'elle était bien obligée d'accepter (2).

---

(1) On a vu que le marché se tenait le dimanche, après s'être tenu en 1790 le jeudi. Il commençait à 10 heures pour se terminer d'ordinaire à midi (procès-verbal du 8 juin 1793).

(2) Voici ce compte : On vendit 50 boisseaux, — les 40 compris en la réquisition ayant été arbitrairement majorés de 14, — à 3 l. 6 d. le boisseau de 20 livres, ce qui produisit 163 l. 7 s. A retrancher les frais, savoir : 5 s. donnés à un menuisier pour « enfoncer » la porte du grenier, 10 s. pour mesurage et 7 l. pour les gardes nationaux ayant assisté le maire et monté la garde devant la maison depuis le moment de l'opération jusqu'au lendemain 11 heures du matin, où la veuve Tridon, qui s'était pour la circonstance absentée de la commune, revint chez elle. Quelques jours auparavant la même veuve Tridon avait livré à un boulanger de Souvigny 100 boisseaux qu'elle lui avait indûment vendus.

La municipalité craignait les infractions à la loi du 4 mai, qui eussent pu substituer le déficit aux excédents. Pour éviter cet inconvénient elle mit, le 9 mai, tous les grains des fermiers Guetton, Bernard frères, Jacques Saulnier, Tortel, ainsi que ceux des domaines de François Lomet (1), en état de réquisition permanente ; autrement dit elle formait un dépôt, une réserve qui ne risquait pas de disparaître à son insu et où elle n'aurait qu'à puiser. Cela était inspiré d'une sage prudence, mais de nature à créer des embarras avec le district, qui pouvait de son côté disposer des mêmes grains. C'est ce qui eut lieu le 20, où Guetton vient dire que trois citoyens de Souvigny, porteurs d'un arrêté, avaient voulu le contraindre à leur livrer 250 boisseaux de froment ; qu'il leur avait bien expliqué que son froment n'était plus en sa possession et qu'ils devaient s'adresser à l'autorité légale, mais qu'ils n'en avaient pas moins dressé procès-verbal contre lui. Il requérait acte de sa soumission à la loi comme s'étant dessaisi de son grain, déposé à la « grenette » locale, et trouvé par suite dans l'impossibilité d'en disposer lui-même.

La situation de Guetton était celle-ci : lors du recensement il s'était trouvé chez lui 350 boisseaux. Il en avait fourni 100 à Saint-Hilaire et 50 à l'hôpital de Burges-les-Bains (Bourbon-l'Archambault). De plus il n'avait cessé d'entretenir le marché, de sorte qu'il ne lui était resté que les 100 boisseaux conduits à la grenette, lesquels, décide-t-on, n'en sortiront pas jusqu'à ce que les pouvoirs des délégués de Souvigny soient vérifiés. Ces délégués ne tardent pas à reparaître, exhibant leur arrêté, qui les autorise à opérer sur Saint-Menoux des prélèvements beaucoup plus importants qu'on ne l'avait cru tout d'abord. La réquisition portait sur : Guetton (200 boisseaux), les frères Bernard (150), et Tortel (300). Or, il n'en reste que 100 à Guetton, 120 à Tortel et 160 aux Bernard, le surplus de ces derniers ayant été réquisitionné depuis le recensement par la municipalité pour les besoins du marché. On voit que, malgré tout, les états d'excédents du district comportaient des erreurs rendues inévitables par les nécessités de la consommation locale. Il fallut modifier l'arrêté.

(1) Pour sa propriété de la Forêt, qu'il avait achetée à l'adjudication des biens de l'abbaye.

La moisson faite, on se dispose à procéder à un recensement général. On se heurte alors à l'inertie des cultivateurs, qui mettent à battre leurs grains autant de mauvais vouloir que possible, prétextant le manque d'ouvriers. Il faut donc tourner la difficulté, et cela a lieu d'une manière très simple : on recensera les gerbiers (1), et si les paysans s'obstinent on leur enverra, à leurs frais, des batteurs en grange ; la garde nationale est là pour remplir cet office. Ce recensement fut fait le 11 août par les officiers municipaux groupés deux par deux.

La contrainte semble extrême ; cependant chaque jour elle devient plus dure. Le 11 septembre un nouveau décret de la Convention étend à toute la France l'application du maximum aux objets de première nécessité : viandes, huiles, boissons, etc. Mais avant que le district eût envoyé la taxe générale aux municipalités, celles-ci en avaient publié une sur les objets les plus indispensables, car le peuple réclamait à grands cris cette mesure considérée comme propre à empêcher l'accaparement et à soutenir le cours des assignats (2) ; de sorte que, quelque draconiennes que fussent les décisions du Comité de salut public, elles se trouvaient n'être que dictées par les volontés populaires. Toutefois, la municipalité de Saint-Menoux, toujours tardive à adopter les nouveautés révolutionnaires, comme si elle se fût bercée de l'espoir d'en être dispensée par l'effet du temps, qui souvent est un grand maître pour résoudre les difficultés, ne publia sa taxe que le 7 octobre, le jour même où le conseil général du district établissait la sienne. Cette taxe municipale devenait donc inutile ou ne devait être appliquée que pendant quelques jours. Elle est publiée, disent les officiers municipaux, « pour satisfaire le peuple qui se plaint de ce qu'à Maille-sur-Rose seulement elle n'est point en activité ». Le « pain de l'égalité » est à 3 sols la livre et à 4 dans les auberges, « pourvu qu'il soit de bonne qualité » ; le vin de première qualité, dans les auberges, est à 6 sols la pinte (1 litre 071) de blanc, le rouge à 8, sans distinction de nouveau et de vieux ; le sel est à 2 sols la livre, et le savon à 25.

(1) Arrêté du directoire du district, 16 juillet.

(2) Le 5, pour combattre la baisse, la Convention avait interdit l'usage du numéraire, sous peine de mort.

Quant aux prix établis par le district, ils figurent en livres, sous et deniers dans un tableau en 484 articles énumérant toutes les denrées connues, et c'est à cette taxe générale, sans doute, que fait allusion une délibération du 18 octobre, dans laquelle le procureur de la commune se plaint que, parmi les substances taxées le 16 courant (?), il existe chez les débitants une carence alarmante de sucre et de savon, « qui pourrait avoir des suites dangereuses ». Pour y obvier on procédera à des visites domiciliaires chez tous les marchands, on dressera inventaire de leurs marchandises, dont la vente sera rigoureusement surveillée.

On fixe aussi, dans une délibération du 2 novembre et d'après un décret du 23 septembre, un maximum des salaires, en prenant pour base ceux de 1790 majorés de moitié (1).

Pour accentuer le caractère despotique des lois révolutionnaires en notre pays, Fouché était à Moulins, où son passage se signalait par des arrêtés communistes ultra-fantaisistes et surtout malfaisants. Son système d'abolir la mendicité revient à peu près à ruiner les riches, et de par sa volonté toute-puissante les propriétaires ou fermiers sont personnellement responsables de l'approvisionnement des marchés ; tout délinquant est exposé sur un échafaud, avec sur la poitrine l'écriteau : *Affameur du peuple, traître à la patrie*, pour une première fois ; tout propriétaire qui n'aura pas emblavé sa terre est déclaré suspect (2), et la terre ensemencée à ses dépens par les indigents, qui feront la récolte à leur profit, etc. L'épouvante était partout.

Pour ne pas nuire aux approvisionnements des armées et du marché de Moulins, on ne réquisitionnait plus pour nourrir les habitants de Saint-Menoux que la moitié du blé nécessaire et on suppléait à l'autre

---

(1) Nous avons donné précédemment (V. ci-dessus, p. 33) les chiffres des salaires de 1790, ce qui nous dispense de les reproduire ici et d'indiquer ceux de la taxe. Ajoutons seulement que d'après la délibération les charrons travaillant « à leurs pièces » devaient être payés « à prix défendu », et qu'en cas de désaccord une estimation par experts devait avoir lieu en présence de la municipalité.

(2) « En 1794 la marquise de Marbeuf fut guillotinée pour avoir semé de la luzerne au lieu de blé. » (*Hist. générale*, de Lavisse et Rambaud, VIII, 621.)

moitié par de l'orge (1), dont il fallait se contenter. En cette extrémité, qui empirera encore, la peur toujours présente de manquer de grains ne pouvait que s'accroître, et comme le peuple voyait son salut dans la stricte observation du maximum, il y veillait lui-même, secondant activement de sa défiance l'action publique. Ainsi avait été portée le 11 frimaire an II (1er décembre 1793), une dénonciation grave contre un métayer de Bigut, Pézery, surpris en flagrant délit de transport illicite de grains par deux citoyens. A huit heures du soir, viennent raconter ces derniers, trois hommes dont un à cheval, armés de gros bâtons et éclairés de « brandes de paille », escortaient sur le chemin d'Autry à Bigut, près de la limite des deux communes d'Autry et de Saint-Menoux, une charrette attelée de six bœufs, chargée de sacs d'avoine. Les hommes n'avaient pas fait de réponse satisfaisante aux demandes d'explication qui leur avaient été adressées. Un des témoins assura que toute l'orge de Bigut avait pris en plein jour le même chemin à dos de chevaux et qu'on l'avait conduite à Issard (2). Le fait élucidé et reconnu exact, les officiers municipaux virent là des pratiques dangereuses d'accaparement et ils en informèrent le comité de surveillance de Moulins. Nous ignorons si l'affaire fut instruite et jugée, ainsi que tant d'autres du même genre, n'en ayant pas trouvé trace parmi les dossiers criminels de l'époque que contiennent les Archives départementales (3).

Les infractions au maximum n'étaient donc pas seulement réputées crimes devant la loi, mais aussi devant l'opinion. On se dénonçait sans pitié, même pour mauvaise qualité de la marchandise, ainsi qu'il arriva (12 janvier 1794) à un métayer qui, ayant vendu au marché du blé contenant des « grenats », se vit condamner à ne recevoir que 40 sols par boisseau au lieu du prix de la taxe.

Un autre jour Jacques Loyard, aubergiste, qui avait été délégué à Paris pour l'acceptation de la Constitution, est signalé comme ayant,

(1) L'addition de moitié d'orge au blé est constatée dans le procès-verbal du 12 frimaire an II, visé ci-après.
(2) Château situé dans la commune d'Autry-Issard.
(3) La plainte n'est pas mentionnée non plus dans le registre du comité de surveillance.

« par cupidité », exigé pour son vin un prix supérieur à la taxe. Par contre il avait aussi à répondre de l'inculpation moins grave d'avoir donné à boire gratuitement, pour capter les suffrages des électeurs. Le 2 pluviôse (21 janvier), il se présentait devant la municipalité pour s'expliquer à ce sujet et se voyait forcé d'avouer son tort sur le premier point, invoquant pour excuse qu'il croyait le maximum levé « pour les denrées de son commerce ». Le reste semble n'avoir été que propos de concurrents malheureux.

Voici une affaire plus importante et dont les conséquences auraient pu être fatales : quoique un peu ultérieure, elle trouvera naturellement ici sa place. Deux métayers du domaine de la Forêt, les frères Gilbert et Pâques Parent, ce dernier l'ancien notable de 1790 et 1792, avaient été dénoncés le 22 germinal an II (11 avril 1794), au directoire du district, par l'agent national, pour avoir caché dans une haie un « poinçon » contenant dix-neuf boisseaux de froment, un sac dans leur grange contenant sept boisseaux, et dans un bûcher un autre « poinçon » de quinze boisseaux (1). Arrêtés aussitôt et déférés au tribunal criminel, ils se montrèrent, devant le danger, fort repentants, invoquant pour excuse qu' « ayant entendu dire qu'on allait s'emparer de la totalité des grains, ils avaient pris le parti de cacher le froment et l'orge qu'ils possédaient, parce que, ayant beaucoup de monde à nourrir (2), ils craignaient d'en manquer (3)... » Ils bénéficièrent d'un acquittement et ils en furent redevables, on doit le faire observer, beaucoup moins à leurs explications qu'à leur dénonciateur même. Celui-ci, en effet, s'il n'avait pu se dispenser d'adresser sur l'affaire un rapport accusateur à son collègue du district, s'était hâté, aussitôt après l'arrestation, de rédiger une pétition au tribunal, très louangeuse pour les inculpés et certifiant qu'ils avaient constamment rempli leurs réquisitions, qu'ils jouissaient de la meilleure réputation civique et étaient estimés de tout le canton.

(1) V. un arrêté du district du 24 germinal suivant. — Les chiffres et dates ci-dessus rectifient ceux inexactement portés dans notre article sur le même sujet paru dans le *Bull. de la Soc. d'ém.*, année 1906, p. 227 et 262.

(2) La famille de Gilbert et de Pâques Parent comprenait, d'après le recensement du 15 décembre 1790, quinze personnes.

(3) J. Cornillon, *le Bourbonnais sous la Révolution*, III, 171-174.

Cette pétition, Fallier l'avait signée le premier et fait signer de tout le corps municipal ainsi que par d'autres citoyens notables.

Fallier ne fut d'ailleurs pas un révolutionnaire farouche, encore moins sanguinaire, et le pouvoir qu'il exerça ne fit pas une seule victime. En la circonstance il est évident qu'il avait reçu lui-même une dénonciation contre les frères Parent et qu'il eût couru les plus grands risques s'il n'y avait pas donné la suite qu'elle comportait nécessairement.

Ce procès est un exemple frappant de la contrainte qu'exerçait sur les cultivateurs la loi du *maximum* et des moyens employés par eux pour se soustraire à ses obligations (1).

Ces moyens ne portaient pas seulement sur les grains, mais aussi sur les animaux de boucherie, ainsi que le fait connaître une affiche du comité de surveillance (2) où on lit que les « propriétaires, fermiers, régisseurs, bouchers et autres individus se sont permis d'enfreindre la loi du 27 septembre dernier relative au maximum du prix des bestiaux sous le prétexte astucieux, faux et frivole que la Convention avait décrété, le 2 brumaire, que les ventes et achats de bétail sur pied continueraient à se faire de gré à gré... » Mais comme le décret du 2 brumaire ne concernait que le poids des animaux, non leur valeur, des mesures de répression étaient prises : « les personnes convaincues d'avoir acheté sur pied ou à la livre des viandes et bestiaux à un prix supérieur au maximum... devaient être condamnées à l'amende fixée par la loi [le double du prix de l'objet négocié], déclarées suspectes et mises en état d'arrestation... »

Pendant ce temps, les officiers municipaux avaient fort à faire pour se défendre de réquisitions importantes dont était de nouveau frappée leur commune au profit de Souvigny, ce dont ils avaient été informés le 20 pluviôse (8 février). S'ils ne parviennent pas à fléchir l'administration, leur excédent va être absorbé ; aussi discutent-ils pied à pied.

Le dernier recensement, disent-ils, a révélé la quantité de 6.600 bois-

---

(1) Les faits relatifs à la dissimulation des grains sont, avec la « grande peur », ceux dont le souvenir s'est le plus longtemps conservé dans les familles de cultivateurs.

(2) V. au registre du comité, séance du 14 nivôse an II.

seaux de froment ou seigle, 996 d'orge et 7.978 d'avoine disponibles. Depuis, il a été consommé 2.096 boisseaux de blé ou seigle, ce qui en a réduit la masse à 4.504 boisseaux ; « et il en faut une pareille quantité tous les mois (1) ». Or, un tiers des laboureurs viennent s'approvisionner au marché et 500 journaliers, hommes, femmes et enfants, ne récoltant rien, « sont dans l'impossibilité d'acheter l'avoine, qui ne rend que 7 livres de fleur à 30 sols le boisseau, pour en faire la base de leur nourriture ». Donc, si on remplit la réquisition dans son entier, « dans trois décades on sera obligé de manger l'avoine seule ». En définitive ils offrent 200 boisseaux de froment, 200 d'orge et 800 d'avoine : à quoi les délégués de Souvigny répondent que leur commune possède plus d'avoine que Saint-Menoux et qu'ils n'en accepteront pas plus de 100 boisseaux. Alors, s'adressant à l'agent national du district : « Nous sommes enfants de la loi, protestent-ils, et disposés par conséquent à l'exécuter absolument en cas de possibilité. Tu verras par notre exposé, qui est exact, et dont tu peux vérifier le contenu, que non seulement nous n'avons pas de blé jusqu'à la récolte, mais que nous n'en avons pas pour plus d'un mois si nous remplissons la réquisition... » Ils risquent en même temps des insinuations propres à faire suspecter la sincérité de « leurs frères de Souvigny ». « Il paraît, disent-ils, que les citoyens de Souvigny veulent s'approvisionner pour longtemps et qu'ils s'embarrassent peu si leurs voisins manquent de grains... Leur conduite nous rappelle le propos que nous tint à la Chambre commune l'un de leurs commissaires qui, en enlevant la veille de la moisson (2) le dernier cent de blé que nous avions en dépôt à la grenette pour le marché du lendemain, répondit aux observations que nous lui fîmes, que nous pouvions bien manger de l'orge si nous n'avions pas autre chose... » On espérait bien influencer le district par ce moyen, d'au-

____

(1) Rappelons qu'en juin 1790, d'après un procès-verbal du 6, cité plus haut, le débit du marché de Saint-Menoux n'était que de 130 boisseaux par semaine. La consommation à laquelle on avait à pourvoir était donc devenue au commencement de 1794, au dire de la municipalité, plus de huit fois plus considérable. L'exagération est trop évidente. Les délibérations municipales ont du reste, en général, une tendance marquée à atténuer ou à grossir les faits suivant l'intérêt du moment.

(2) Il est question de la réquisition présentée le 20 juillet 1793 à Guetton.

tant plus que l'on terminait par cet argument propre à faire réfléchir des citoyens soucieux de l'ordre public : « Si le directoire persiste néanmoins, nous le prions d'envoyer la force pour enlever de chez nos cultivateurs le peu de grains qui leur reste... ; il n'y aurait pas de sûreté pour nous à leur prendre ce qu'à peine ils pourront partager avec leurs frères de Maille-sur-Rose... »

Le directoire demeura insensible à cette éloquence, ajoutant même à ses exigences une réquisition supplémentaire de 500 boisseaux d'avoine au profit d'une autre commune, et les officiers municipaux écrivent le 5 germinal (25 mars), après s'être enfin exécutés : « Nous avons rempli toutes les réquisitions que vous avez faites sur nous au profit des communes de Souvigny, montant à 2.100 boisseaux, et Neuilly-sur-Sanne (1), montant à 500 boisseaux d'avoine ; et nous n'avons pu le faire qu'en nous mettant dans la nécessité de recourir à vous pour nous approvisionner sous quinzaine. Vous voudrez bien prendre en considération notre position et ne pas souffrir que des frères qui se sont dépouillés pour alimenter des frères éprouvent les horreurs du besoin. » Ils affirment que « si les habitants de Maille-sur-Rose n'ont point encore souffert de la faim, ils sont à la veille de manquer de pain... Nos frères de Souvigny, ajoutent-ils, viennent de nous dire qu'il était question de leur donner une autre réquisition sur nous ; le bruit court cependant qu'ils sont plus approvisionnés en proportion que nous. Nous vous demandons donc de nommer des commissaires qui vérifieront les faits et étoufferont par là les germes de divisions toujours dangereuses entre voisins, surtout dans les circonstances. » Cette fois on devait en être quitte pour la peur.

Au commencement de mars, un autre recensement avait été fait « chez tous les domiciliés indifféremment », très minutieux et avec mesurage des grains et des pommes de terre, mises en réquisition pour conserver la semence. Dans ce but douze commissaires qui, à partir du 16, se répandaient chez tous les habitants, avaient été nommés.

L'alimentation changeait de nature au fur et à mesure de la rareté des grains. On a mangé du blé, puis du blé mélangé d'orge, et enfin

(1) Neuilly-le-Réal.

on en est à l'avoine. Le 19 ventôse (9 mars), le citoyen Resmond, propriétaire de la Jarrie, réclame.l'avoine de son domaine pour sa nourriture, et l'orge pour semer. On lève le séquestre de l'orge, et on lui permet de prendre provisoirement, pour son usage, 10 boisseaux d'avoine, « jusqu'à ce que le tableau fait par les commissaires nommés le 13 ventôse (3 mars) soit fourni », et que l'on puisse se rendre compte des « facultés » de la commune. C'est le propriétaire d'une ferme très vaste qui demande, comme une faveur, de manger sa propre avoine ; et il s'agit d'une commune à excédents, des plus fertiles du département !

A cette disette de grains sans précédent s'était ajoutée celle d'une infinité d'objets de première nécessité, dont la rareté devient extraordinaire (1) ; aussi le moindre bruit d'enlèvement de denrées quelconques a-t-il pour conséquence de surexciter singulièrement la population. C'est ce qui a lieu le 20 ventôse (10 mars), quand on apprend qu'une voiture pleine, dit-on, de comestibles divers, dindes, poules, oies, beurre et œufs, va quitter le bourg pour transporter à Moulins son contenu. En un instant les gens affluent ; l'agent national est là qui perquisitionne dans le véhicule, aidé de deux officiers municipaux. On ne trouve qu'une oie, une dinde, deux poules, six douzaines et demie d'œufs et trois livres et demie de beurre en boule. C'était beaucoup de bruit pour peu de chose. Interrogée, la femme Jeanne Bonnefond, épouse de Granger, boulanger à Moulins. à qui appartient la voiture, dit qu'elle vient de traverser la commune d'Agonges, où les volailles et provisions lui ont été, soit données, soit vendues au prix de la taxe. La municipalité néanmoins décide qu'elle ne permettra pas ces achats ; on ne laisse emporter que deux douzaines et demie d'œufs, une livre de beurre, une poule et l'oie ; le surplus sera vendu au prix du maximum aux coquetiers de Saint-Menoux pour être revendu au mar-

---

(1) On l'attribuait à ce que ces objets étaient taxés dans les départements voisins à des prix bien inférieurs à ceux usités dans l'Allier. L'administration de district avait cru devoir, pour ce motif, réviser la taxe du 7 octobre et la relever, « attendu qu'il y a avantage, sous tous les rapports, à payer les denrées un peu plus cher que d'en manquer », ce dont on déclare avoir fait la triste expérience depuis plusieurs décades. (Arrêté du 4 pluviôse an II.)

ché de Moulins, et le prix payé, par les acquéreurs, à la femme Granger (1).

Malgré le zèle des municipalités et le concours individuel que leur apportaient les habitants, les infractions au *maximum* étaient fréquentes et les soupçons qu'on en avait dépassaient encore la réalité. Le 25 germinal (14 avril), Fallier requiert le maire et les officiers municipaux de « chercher dans toute l'étendue de la commune les grains qui pourraient y être cachés ». Quatre citoyens assistés d'un officier municipal et d'un détachement de la garde nationale vaquent à cette occupation. Rien n'est plus caractéristique que ces perquisitions.

A son tour la commune dut être secourue. Le 21 floréal (10 mai) elle recevait 221 boisseaux de froment « octroyés » par le district (2). C'était peu, mais le district était lui-même dans la plus grande pénurie et réclamait des secours. Le 22 prairial le département était avisé de l'attribution qui lui était faite de 500 quintaux de riz à prendre à Paris et il hâtait la prompte exécution de réquisitions de grains portant sur 24.000 quintaux, délivrées par la commission des approvisionnements au profit des districts de Moulins, Cérilly et Montmarault, sur Bourg et Pont-de-Vaux (3). D'un autre côté le directoire du département

(1) Les coquetiers se procuraient comme ils pouvaient, en dehors des marchés et en violation par conséquent de la loi du *maximum*, des comestibles qu'ils revendaient à Moulins directement aux particuliers, en réalisant de gros bénéfices. Ce trafic faisait courir des dangers sérieux à ceux qui s'y livraient et c'est probablement pour en éviter les conséquences à la femme Granger que Fallier donna une solution amiable à cette affaire. — A remarquer que le 20 nivôse le comité de surveillance avait pris la délibération suivante : « Sur l'observation d'un membre le comité arrête que demain il sera fait des patrouilles pour empêcher la fraude des coquetiers ; et des visites domiciliaires dans les auberges pour s'assurer que lesdits coquetiers ne soustraient pas à notre marché les beurres et autres denrées ». (Arch. de l'Allier, série L.; registre du comité de surveillance.)

(2) Une loi du 14 mars 1792 portait que « les municipalités qui auront obtenu des grains et farines, en feront la vente en détail au prix courant, et en verseront le produit net, tous les huit jours, dans la caisse du receveur du district ».

(3) Le commissaire du district, Laporte, envoyé à Pont-de-Vaux pour lever cette réquisition et accélérer le transport, éprouvait les plus grandes difficultés, se trouvant en concurrence avec d'autres commissaires de la Drôme. Dans le district de Bourg les commissaires Gibal et Chaput rencontraient les mêmes obstacles.

« alarmé de tant d'obstacles et des maux qui en peuvent résulter..., le pays étant aux abois et les cultivateurs n'ayant qu'une livré de pain mélangé d'orge et d'avoine » pour se nourrir, s'adresse aux représentants de l'Allier à la Convention pour obtenir aussi de la même commission une nouvelle réquisition de 16.000 quintaux sur le district de Melun qui, dit-on, « offre des ressources consolantes ». On mentionne dans l'adresse que « l'intempérie inattendue de la saison recule l'époque d'une moisson qui n'a jamais promis tant d'abondance, mais pour la récolte de laquelle il faut encore des subsistances ».

Pendant ce temps la loi du *maximum* atteignait son plus haut degré de compression. Au mois de juillet 1793 l'application en avait été très rigoureuse ; la voilà devenue impitoyable. Le 1er thermidor (19 juillet) l'agent national du district requiert en termes des plus menaçants ses collègues des municipalités d'y veiller avec la dernière énergie ou bien, dit-il, « je serai obligé de te dénoncer au comité de Salut public », parole terrible qui stimulait de merveilleuse façon les plus apathiques. Il leur était ordonné de signaler aux tribunaux « sans relâche le malveillant, l'accapareur, l'égoïste qui voudrait spéculer sur la subsistance du peuple ». Les officiers municipaux doivent aussi redoubler d'efforts et d'activité, et les gardes nationaux et gendarmes exercer la plus sévère surveillance sur les marchés. Les lettres du comité de Salut public à la commission du commerce et des approvisionnements à ce sujet sont lues en séance par les présidents des sociétés populaires et par les maires dans les assemblées décadaires. Et c'est au milieu de telles tribulations qu'on atteignit la récolte (1).

En l'an III les mêmes causes produisent les mêmes effets. La municipalité, sur requête de l'agent national Jean Bernard, successeur de

---

(1) D'après un décret du 11 prairial, l'assemblée de Saint-Menoux avait, le 17 messidor, établi « la taxe de tous citoyens et citoyennes qui sont dans l'usage de s'employer aux travaux de la récolte, tant pour eux que pour leurs bestiaux..., à partir de ce jour jusqu'au 28 thermidor, vulgairement dit 15 août ». Les ouvriers étaient taxés à 30 sous par jour et la nourriture, et les femmes aux deux tiers, non nourries ; les voitures à bœufs à 30 sous par charroi et 17 livres par jour pour l'engrangement. Le 15 fructidor, était arrêtée une nouvelle taxe des journaliers applicable jusqu'au 21 brumaire suivant (an III), à raison de 22 sous et demi, « moitié en sus de ce qu'ils étaient payés en 1790 ».

Fallier, est invitée (4 brumaire) à procéder à un nouveau recensement des grains, fourrages, légumes et pommes de terre. Mais il y avait du relâchement ; on sent déjà, à l'obéissance plus molle des municipalités, que la période aiguë est passée, sinon comme disette, du moins comme terrorisme. Sur les 47 communes du district chargées de se recenser et auxquelles le délai d'une décade a été imparti, sept seulement sont en règle le 12 brumaire (2 novembre 1794), et le district adopte des moyens d'action sérieux contre les retardataires. C'est qu'on avait constaté qu'il n'existait plus au magasin de grains de Moulins que pour une journée de subsistance, et il était urgent d'aviser ; pour réapprovisionner la ville on assurera l'exécution des réquisitions par contingents, et des délégués sont expédiés dans les cantons.

Le citoyen Cartier, nommé commissaire pour celui de Saint-Menoux, arrive le 14 brumaire (4 novembre), et le lendemain on procède avec lui à la vérification des réquisitions du blé à transporter à Moulins. Il réclame le nouveau recensement, l'état des réquisitions fournies et à fournir, et la liste des domaines. Or, le nouveau recensement n'était pas achevé et on constate que les réquisitions faites sur les 39 domaines de la commune laissent un déficit important attribuable, est-il expliqué, à des circonstances particulières : un de ces domaines a été grêlé et deux propriétaires ont montré du mauvais vouloir. « Si ces trois propriétaires avaient obéi, disent les officiers municipaux, nous n'aurions pas le désagrément de nous entendre traiter de négligents, d'insouciants, notre contingent ayant été par là rempli (1). »

Pas plus que celui de Moulins, le marché de Saint-Menoux n'était

____

(1) L'arrêté nommant le citoyen Cartier portait que le commissaire recevrait 10 livres par jour « des deniers des officiers municipaux », attendu que leur insouciance avait rendu sa mission nécessaire. Ils étaient de plus « invités » à lui procurer des chevaux de domaine pour son transport, « tant dans l'étendue desdites communes que dans celles voisines où il serait appelé ». Le même jour, 15 brumaire, la municipalité charge le citoyen Pompone Mérite de payer au citoyen Cartier la somme de 20 livres pour deux journées employées à s'acquitter de son mandat ; « laquelle somme lui sera rendue par les citoyens Crosse et Pierre Mathé, propriétaires des Ramées et de Bigut, comme étant seuls cause que le contingent de blé à fournir par notre commune à celle de Moulins n'ait été complet ». Les administrés obtempéraient alors sans résistance à ces décisions.

régulièrement approvisionné en brumaire, car de même également qu'à Moulins, le 21 une émeute dont la cause et les circonstances ne sont pas rappelées dans le registre, s'y produisit. Cette émeute dut présenter une réelle gravité, puisque le marché suivant, du 23, sans doute un marché exceptionnel, était surveillé par la gendarmerie, laquelle semble avoir eu quelque peine à maîtriser la foule. Des arrestations eurent lieu : Jean Deschamps, la femme Claude Steuf, Charles Dubost et quatre autres inculpés, un homme et trois femmes, furent transférés sous bonne garde à Moulins.

La participation des femmes montre que cette effervescence n'était due qu'à l'absence de grains au marché. La crise disetteuse, qui s'était quelque peu atténuée depuis thermidor de l'année précédente, c'est-à-dire depuis la dernière récolte, avait en effet reparu de plus belle, et il fallait approvisionner Moulins et d'autres villes. Le 1ᵉʳ nivôse (21 décembre), on reçoit une réquisition de 300 quintaux de blé seigle au profit des districts d'Aubusson et Boussac, et encore pour Moulins de 1.480 boisseaux. On s'exécute pour Moulins ; quant au surplus, on répond purement et simplement qu'il n'y a point de seigle dans la commune, et que si on est obligé de fournir 300 quintaux de froment un délai est nécessaire.

Le 8, c'est bien une autre complication : voilà Souvigny qui obtient une troisième réquisition sur la commune, celle-là de 1.000 boisseaux. On montre des velléités de résistance, mais le directoire du district annonce qu'il va recourir aux moyens de coercition et porter une dénonciation à l'accusateur public. Boiron fils, administrateur, est envoyé à Saint-Menoux. Les citoyens de Souvigny ont sûrement fait, disent à ce dernier les officiers municipaux, un faux exposé de leur situation, car « il est constant que leur commune possède plus de blé que celle de Maille-sur-Rose, eu égard même à la différence de population, et qu'ils peuvent alimenter leur marché sans sortir de chez eux ».

Ils demandent à en faire la preuve par un recensement dans les deux communes. « Nous posons en fait, affirment-ils, que la commune de Souvigny a chez elle de quoi approvisionner son marché pour bien plus de deux mois. Saint-Menoux a aussi un marché à fournir où viennent tous les habitants du bourg, environ le tiers des laboureurs et tous les locataires de la campagne…, » et qui cessera aussitôt de recevoir des grains si l'ordre de sortie des 1.000 boisseaux est maintenu. « C'est pourquoi, concluent-ils, comptant sur la justice toujours attentive des administrateurs, nous nous permettons de les inviter à prendre en considération la position où nous nous trouvons ; de voir qu'il nous manquera plus de 8.000 boisseaux de blé jusqu'à la moisson, déficit provenant du défaut de production des terres à seigle et de la grêle… » Boirot, à qui des justifications sont sans doute .fournies, reste perplexe et prend sur lui d'en référer au Directoire. Bienveillance inutile : les arrêtés antérieurs sont confirmés et il revient présenter une mise en demeure définitive.

Il paraît cependant d'une évidence absolue que la résistance de Saint-Menoux était motivée ; mais il faut croire que le district n'était pas de cet avis, car malgré une pétition du 15 pluviôse (3 février 1795), présentée par les délégués Jean Condamine et Etienne Aucouturier, et une deuxième du 22 par Guelin et Faivre, afin d'obtenir le blé nécessaire à l'approvisionnement du marché, la commune était encore frappée le 23 d'une réquisition complémentaire de 250 boisseaux, toujours au profit de Souvigny. Là-dessus, faute d'obtempérer, survient un autre commissaire, chargé aussi d'enjoindre à toutes les communes du canton, en retard de livrer le blé requis sur elles, de s'exécuter. Aux sommations de ce commissaire, les officiers municipaux répondent que les propriétaires font la sourde oreille, et qu'ils n'y peuvent rien. Eux paraissent à bout de patience devant tant d'arbitraire et ils refusent de payer les frais de transport de l'administrateur, ordinairement mis à leur charge.

Ces réquisitions au profit de Souvigny n'étaient pas entièrement remplies en prairial, et, pour en terminer avec elles, ajoutons que la municipalité était alors prévenue de la ferme intention de Guillerault de faire exécuter strictement un arrêté pris par lui à cet égard. Et comme on faisait en même temps connaître les peines encourues, il est probable que les retardataires finirent par s'imposer les sacrifices exigés d'eux.

La Convention avait restitué la liberté des échanges en abolissant, le 24 décembre 1794 (4 nivôse an III), le *maximum*. Mais les marchés continuaient à être approvisionnés comme précédemment et la municipalité ne permettait pas que l'on fît négoce des grains qui s'y vendaient, ce qui s'explique par les prix réduits des deux tiers payés aux métayers. Cette interdiction fit naître un incident.

Le 27 ventôse (17 mars), on prévenait le maire Auroux que, d'après les rumeurs de la foule, trois boisseaux de blé achetés au marché avaient été revendus avec bénéfice, à 15 livres le boisseau. On nommait l'acquéreur, un nommé Madet, de Meillers. Celui-ci, interrogé, avoua ; le vendeur était un citoyen du bourg, Jean Chapon. Cet homme fut appelé et d'abord fortement réprimandé. On lui rappela que, le jour même où il avait fait cette opération, il avait insulté les officiers municipaux sous prétexte qu'il n'avait pas de blé et qu'il en voulait pour sa nourriture ; puis procès-verbal fut dressé de « sa conduite irrégulière..., attendu l'humanité des propriétaires, qui ne vendent le blé que cinq livres le boisseau tandis que lui, acquéreur, le vend quinze livres » ; et ce procès-verbal fut envoyé au district pour « poursuivre un individu coupable d'un crime aussi atroce, ayant *mésusé* de la fraternité de ses concitoyens, pour que par la suite aucun homme de cette trempe ne soit tenté d'un pareil délit ».

L'an III s'achevait tristement. Il semblait que l'on ne pût se relever des ravages causés par la loi du *maximum*. La privation d'objets de première nécessité, à cause des prix fantastiques et de leur pénurie, s'était cruellement fait sentir depuis de longs mois : le sel, la chandelle, le savon (1), si essentiels dans les plus humbles ménages, faisaient défaut. A un moment donné l'agriculture avait manqué de son outil-

---

(1) La municipalité de Moulins avait délivré le 28 germinal an II (17 avril 1794) à celle de Saint-Menoux, un bon de 600 livres de sel. On l'adjugea au rabais sur le prix de vente. (Reg. de la municipalité, à cette date.) — La chandelle manquait au point que, le 28 vendémiaire an III (19 octobre 1794), l'administration de département était obligée de changer les heures de travail de ses bureaux à cause de l'impossibilité de pourvoir à l'éclairage. — Quant au savon, il fit surtout défaut à partir de germinal an III. A cette époque la commission du commerce et des approvisionnements avait fait au département des envois mis en distribution entre les districts, puis entre les commnnes.

lage le plus indispensable (1) et on avait envisagé avec angoisse le cas
·où la continuation des travaux agricoles deviendrait impossible. Pour
augmenter le désarroi, on assistait à la chute des assignats, papier de
jour en jour plus surabondant. Les gens et les bestiaux sont assaillis
par les loups, qui sortent des forêts ; on est obligé d'organiser des
battues pour s'en préserver (2). Il semblait que le pays éprouvât les
effets d'une longue maladie où s'étaient usés tous ses rouages vitaux.

La rareté des grains frisait l'absence totale, les cultivateurs ne répon-
daient presque plus aux réquisitions et les acheteurs seuls paraissaient
dans les marchés ; c'est ce qui a lieu le 3 fructidor (20 août), où le
maire Aucouturier, assisté des municipaux Faivre, Bobier et Mérite, ne
vit arriver après quatre heures d'attente que deux métayers seulement,
Pierre Parent et Jean Thomas, présentant chacun cinq boisseaux.
Pourtant les exhortations, les menaces n'étaient pas ménagées ; Guillerault surtout en était prodigue (3). Pour comble de malheur, la grêle
s'était abattue en juin sur la commune, supprimant plus d'un tiers des
récoltes.

Une loi du 4 thermidor, rectifiée par une autre du 7 vendémiaire an IV,
avait substitué une nouvelle réglementation au régime des réquisitions.
Les grains et farines ne pouvaient être vendus ailleurs que dans les

(1) Le district, après de vives instances auprès du comité du Salut public,
obtint 50 milliers de fers à distraire de la réquisition faite par le représentant
du peuple Marie sur les forges de la Nièvre. (Reg. du district, 28 nivôse, an III.)
Malgré des obstacles très grands, ces fers purent arriver à Moulins.

(2) Extrait d'un procès-verbal de la municipalité du 12 vendémiaire an IV
(4 octobre 1795) : « Nous, maire et officiers municipaux..., avons en exécution
des arrêtés des administrateurs du département et du district des 25 fructidor et
deuxième jour complémentaire dernier, relatifs à la chasse aux loups, y prescrite,
nommé pour commissaires pris dans notre sein, les citoyens Pompone Mérite,
officier municipal, et Jean Bernard, agent national, à l'effet d'y assister, y maintenir le bon ordre, et au surplus se conformer auxdits arrêtés. » Ce fléau sévissait dans tout le département depuis plusieurs années, principalement dans le
district de Cusset en l'an II. (V. arrêté du département du 29 thermidor.) En
fructidor an III on organisait aussi des chasses. (V. arrêté du 25.) Pendant toute
la Révolution les registres de l'état-civil enregistrent des décès de gens dévorés
par les loups.

(3) Il prit le 15 thermidor un arrêté des plus comminatoires dont il avait attendu
un grand effet, et qui ne produisit rien.

foires et marchés, sauf pour l'approvisionnement des armées et pour les services publics, et les particuliers ne devaient acheter que sur des permis réguliers et pour leur seul besoin. Quant aux approvisionnements des marchés, les municipalités étaient autorisées à requérir des fermiers, cultivateurs et propriétaires de grains les quantités nécessaires. Les exportations continuaient à être interdites. En fait, cela revenait à peu près au même.

Au début de l'an IV les marchés de Moulins n'étaient pas approvisionnés non plus. Le 3 frimaire (24 novembre 1795), sur 3.000 boisseaux réquisitionnés par l'administration centrale le 18 brumaire, il n'en était parvenu que 600. On invoqua les lois, on parla des tribunaux, dont naguère le fantôme semait l'épouvante ; on stigmatisa l'égoïsme, la cupidité « qui ont jeté des racines si profondes dans le cœur de la plupart des propriétaires, fermiers et cultivateurs... » Rien n'y fit. Le 16 frimaire (6 décembre), pas un seul boisseau ne fut apporté. La foule désespérée se rua aux portes et le marché était renvoyé au 19, tandis qu'une multitude de femmes en armes se présentaient au siège de l'administration, envahissant l'avant-cour et poussant des cris.

Dans cette extrémité des courriers furent envoyés partout d'urgence pour se répandre dans les communes, harceler les cultivateurs, annoncer comme suprême moyen d'intimidation la distribution chez eux de batteurs en grange, expédient dont on avait expérimenté jadis l'efficacité.

Le 18 on fit de nouvelles réquisitions où Saint-Menoux figurait pour 1.000 boisseaux à fournir au marché de Moulins du 13 nivôse (3 janvier 1796) et 500 à celui du 19.

De toute nécessité Moulins devait être approvisionné, mais il fallait aussi penser à soi. On y pensait bien et la municipalité dut avoir de terribles démêlés avec les cultivateurs pour en obtenir le blé quotidien. Que d'incidents dont le récit fait défaut, — car les procès-verbaux deviennent plus rares à cette époque, — ne durent pas se produire pendant cette triste phase de nivôse à thermidor (de janvier à juillet 1796), six longs mois disetteux ! En voici un que nous donnons pour terminer.

Le citoyen Giraudon, laboureur à la Font-Glaterie, était dénoncé en

germinal (mars-avril) à l'administration de département pour refus
d'obéir à une réquisition, ou plutôt à un ordre d'approvisionnement, car
les réquisitions étaient supprimées, du moins en apparence, depuis le
7 vendémiaire an IV. Beauchamp, commissaire près les tribunaux civil
et criminel, avait renvoyé l'affaire à la municipalité comme étant de sa
compétence. Transformée en tribunal, celle-ci rendait séance tenante
le jugement ci-après, portant la date du 19 prairial an IV (7 juin 1796) :
« L'administration, considérant qu'il est de la dernière urgence que les
marchés soient suffisamment approvisionnés ; que la réquisition de
cinq boisseaux de grains pour le marché de Saint-Menoux du 12 germinal dernier sur le citoyen Giraudon est légale ; que le refus fait par
lui d'y satisfaire, et ce sans raison légitime, a été cause que le marché
a été différé de trois jours ; qu'il a nécessité le transport de la force
armée pour le contraindre ; qu'une pareille conduite est subversive de
l'ordre ; le commissaire du pouvoir exécutif consulté et entendu :
arrête que le citoyen Giraudon subira la peine de 24 heures de détention dans la maison d'arrêt de Saint-Menoux ; qu'en outre il paiera
sans délai la somme de 125 livres pour le déplacement de la force
armée ; que le présent sera exécuté dans sa forme et teneur sous
24 heures et que copie en sera notifiée par le premier officier public
requis. » En marge de ce singulier jugement on lit : « Bâtonné le
23 messidor de l'an IV », et en effet l'écriture est rayée en différents
sens. C'est que Giraudon avait notifié l'arrêté le condamnant au département par exploit de Philibert Blondin, huissier à Saint-Menoux
(3 messidor). L'accusateur public près le tribunal criminel de l'Allier
avait écrit au ministre de l'Intérieur ; celui-ci avait répondu le 17 et
l'administration centrale avait pris le 20 (8 juillet) un arrêté annulant la
condamnation à 24 heures de prison, attendu « que le code des délits
et des peines avait décidé que tout exercice du pouvoir judiciaire
ci-devant attribué aux municipalités pour la punition des délits de
police municipale et de police rurale leur est interdit pour l'avenir ».
L'arrêté de l'administration centrale ordonnait en outre que des renseignements seraient envoyés dans le plus bref délai au ministère de la
Justice et de l'Intérieur sur cette affaire, et que copie en serait adressée

à l'accusateur public « avec invitation à ce fonctionnaire de mieux caractériser et préciser les abus d'autorité *dont il se plaint,* afin que l'administration centrale puisse les réformer si elle en a le droit, ou les dénoncer aux tribunaux compétents s'il y a lieu ».

La récolte de 1796 fut le point de départ d'un état de choses moins anormal dont il ne convient pas de s'occuper, faute de renseignements, d'abord, ou parce que ces renseignements n'offriraient plus l'intérêt qui s'attache aux crises aiguës. Si les deux années restant à courir pour arriver à l'an VIII, où commence une prospérité si admirable, sont des années pénibles encore, elles ne furent pas calamiteuses au degré dont les pages qui précèdent ont pu donner une idée.

CHAPITRE V

Levées d'Hommes
et Réquisitions pour les Armées
La Conscription

I

Les volontaires — La levée de trois cent mille hommes ; la levée en masse — Opérations de recrutement — Secours aux familles de défenseurs de la patrie — Réquisitions de chevaux, etc. — Le salpêtre — Autres réquisitions — Désertion.

Craignant une coalition de l'étranger et voulant organiser des troupes, l'Assemblée nationale décréta (2 septembre 1791) la formation de bataillons de volontaires composés de gardes nationaux sédentaires passant au service actif. Dans l'Allier fut aussitôt constitué un premier bataillon qui, dès le mois suivant, se trouvait réuni à Moulins.

La guerre fut déclarée le 20 avril 1792, et on sait qu'au début ce ne furent que paniques et déroutes, laissant le pays ouvert à l'invasion. Dans l'imminence du péril on prit des mesures extraordinaires : le 5 juillet tous les hommes valides sont « mis en état de réquisition permanente », puis le décret fameux du 11, proclamant que « la Patrie est en danger » est rendu, et il s'en suit en août une grande levée de volontaires : les « volontaires de 92 » (1).

(1) Les volontaires ne s'engageaient que pour un temps ; ils avaient, en vertu de la loi votée antérieurement sur la garde nationale, la faculté de quitter le service chaque année, le 1ᵉʳ décembre.

Les enrôlements eurent lieu dans les chefs-lieux de canton, mais le registre municipal de Saint-Menoux n'y fait malheureusement aucune allusion, et il n'y est pas davantage question des levées partielles antérieures et postérieures à celle de juillet.

La retraite des Prussiens, en septembre, vint momentanément tranquilliser la population ; mais avec l'année 1793, après une série de succès et de conquêtes, reparurent les revers, et il fallut encore créer des armées. Le 24 février une levée de trois cent mille hommes était décrétée (1), et quatre-vingt-deux commissaires de la Convention allaient par toute la France « instruire leurs concitoyens des nouveaux dangers qui menacent la patrie ».

Le recrutement qui suivit, réglementé pour l'Allier par un arrêté du directoire du département des 2 et 3 mars, fixant à deux cent trente-six hommes le contingent du district de Moulins, — à peu près deux hommes par cent quatre-ving-huit (2), — ne fut pas sans provoquer en nombre de localités voisines de Saint-Menoux des résistances, entre autres à Souvigny, Franchesse (3), Agonges (4), Marigny (5), Gipcy et Autry (6). En cette dernière commune le commissaire fut « insulté et vit sa sûreté compromise ». A Saint-Menoux le calme ne cessa pas un instant, en deux longues séances que nécessita l'opération, d'être complet.

(1) Tous les Français de dix-huit à quarante ans, non mariés ou veufs sans enfants, étaient mis en état de réquisition. Le remplacement était autorisé. Les municipalités ou, à leur défaut, les directoires de district et le département étaient tenus de pourvoir à l'entier habillement des hommes appelés.

(2) En outre des sacrifices d'hommes on demandait des sacrifices d'argent. Dans chaque municipalité un registre était ouvert pour des souscriptions volontaires. (Arrêté du directoire du département du 10 mars.)

(3) Délibération du directoire du district, 11 mars.

(4) Le 10 mars. « Les garçons et hommes veufs sans enfants s'écrièrent : On a décrété la liberté ; en conséquence nous ne voulons ni nous trouver au jour indiqué, ni partir. De quoi sert que nous ayons planté l'arbre de la liberté ?... » (Arch. de l'Allier, série L. 92 *bis*. Justice de paix.)

(5) Le recrutement dut être ajourné et ne put s'effectuer qu'au moyen de mesures exceptionnelles. (Arch. de l'Allier, série L. 92, où il est également question de Gipcy.)

(6) Correspondance du procureur syndic.

La première de ces séances eut lieu le 10 mars, à 3 heures, après « assavoirs » et « un dernier avertissement du citoyen curé en termes pathétiques au prône de la messe paroissiale ». Les officiers municipaux et notables étaient assistés du citoyen Legros, sous-adjudant de la garde nationale de Moulins, commissaire du district. Le contingent de la commune se trouvait être de cinq hommes et le nombre des jeunes gens soumis au recrutement de soixante-seize. La présence de tous vérifiée par un appel, lecture fut donnée d'une adresse de la Convention, du décret du 24 février, d'un arrêté du département, etc. ; et comme ces préliminaires avaient été fort longs, on s'ajourna au mercredi suivant pour terminer. La demande en avait été faite par les jeunes gens eux-mêmes, et on consentait d'autant plus volontiers à leur donner satisfaction que l'on n'était pas sans inquiétudes sur leurs dispositions, ce que laisse clairement deviner le procès-verbal, en mentionnant très justement d'ailleurs « que les assemblées les plus pacifiques peuvent devenir tumultueuses lorsqu'elles se tiennent la nuit ».

Le jour indiqué, 13 mars, à huit heures du matin, le conseil général, assisté comme précédemment de Legros, se rendit dans l'église. On fit sonner la cloche et « passer la caisse dans les lieux accoutumés » pour inviter les « candidats » dispersés dans le bourg à se réunir. Quand on eut constaté qu'il n'y avait pas d'absents, on voulut s'entendre sur un mode de procéder ; mais alors s'avancèrent les citoyens Gilbert Dubost, Jean Cheffaud, Gilbert Cheviaud, Claude Sylvain et Jean Mangin, lesquels déclarèrent vouloir « s'offrir pour servir la patrie en qualité de volontaires, promettant de défendre la République, la liberté et l'égalité au péril de leur vie ». On inscrivit leurs noms, on les proclama « volontaires nationaux », et la séance fut levée, non toutefois sans que le commissaire eût demandé « si quelqu'un de la commune avait des habits uniformes, ainsi que des armes de calibre, à offrir en pur don ou sous l'offre de l'indemnité » ; à quoi personne ne répondit.

Mentionnons, quoique aucun procès-verbal n'en soit resté, une autre réunion en août, où furent appelés les jeunes gens du canton tout entier. Il s'agissait de fournir un homme sur onze à la charge du district, pour la formation d'une compagnie de canonniers (loi du 3 juin 1793).

On avait d'abord cherché à provoquer des engagements de volontaires, mais dans tout le département il ne s'en était pas présenté un seul.

La levée de trois cent mille hommes ne semblant pas suffisante, la Convention, par décret du 16 août, dont un autre du 23 vint régler l'effet, adopta le principe de la levée en masse. Les Français de dix-huit à vingt-cinq ans devaient être seuls appelés au début et former la « première réquisition ». Chaque district dut constituer un bataillon auquel un drapeau, où étaient écrits les mots : « Le peuple français debout contre les tyrans », fut remis. L'armement reposait en entier sur la réquisition : « On recruta les armées avec des réquisitions d'hommes ; on les nourrit avec des réquisitions de vivres (1). »

Dès les premiers jours de septembre la loi était portée à la connaissance des municipalités et des habitants dans les moindres communes, et les opérations de recrutement commençaient.

Ces opérations ne rencontrèrent sans doute aucun obstacle à Saint-Menoux, mais nous ne pouvons que le conjecturer, car les renseignements nous manquent à ce sujet.

En nivôse la commune eut encore à fournir un contingent de cinq hommes « pris dans la première réquisition, des plus robustes, de la plus haute taille et des moins utiles à l'agriculture ». Dans une séance tenue le 7 (27 décembre), dont il n'est fait qu'indirectement mention dans une délibération ultérieure, ces hommes, les nommés Claude Bouillet, Gilbert Mandet, Pierre Basseville, Antoine Gazet et Jean Décharnes, tous « servant dans des domaines à prix d'argent », avaient été désignés, puis mesurés, examinés et reçus par l'agent militaire national. Le 24 (13 janvier 1794), sur arrêté du district du 21, ordre leur était donné de se trouver le 27, à Moulins, « aux ci-devants Augustins ».

______

(1) Mignet. — Un grand nombre de réquisitionnés parvinrent à éviter le service. On voit, en effet, dans un arrêté du département du 2 ventôse an III (20 février 1795), que beaucoup « de jeunes Français de dix-huit à vingt-cinq ans, appelés à servir, fils de gros propriétaires, riches fermiers, négociants, etc., ont cherché leur salut dans des emplois pour se cacher... » Chaque municipalité dut alors établir la liste des jeunes gens qui, ayant de dix-huit à vingt-cinq ans à l'époque de la promulgation de la loi du 23 août, « ne sont pas partis pour les armées ».

On comprend aisément que par ces mots : les *moins utiles à l'agriculture*, une certaine latitude était laissée aux officiers municipaux pour l'établissement des contingents. L'incident ci-après montre du reste comment se passaient les choses à Saint-Menoux.

Un citoyen Morizot, de la commune d'Autry, qui avait été, en vertu d'une réquisition sur le canton, recruté pour la cavalerie, ne s'était pas présenté au corps et le 7 pluviôse (26 janvier), les municipalités étaient convoquées pour le remplacer. On avait réuni dans l'église tous les célibataires ou veufs sans enfants, de dix-huit à quarante ans, de la taille minimum de cinq pieds deux pouces, forts, vigoureux et sans infirmités. Il ne s'en était trouvé que neuf dans ces conditions, mais il n'était pas très certain que ce fussent les seuls, car on se contentait, comme moyens d'information, par exemple d'une lettre de l'agent national de Montilly disant tout simplement qu'il n'avait « aucun homme de sa commune à présenter ». Quoi qu'il en soit, les officiers municipaux prévinrent les neuf jeunes gens « trouvés bons pour concourir » *(sic)*, qu'ils étaient libres de choisir un mode de désignation à leur convenance, sur quoi ils se rallièrent à la voie du scrutin (1) par lequel fut désigné Jacques Chérion, citoyen de la commune d'Autry, âgé de vingt-quatre ans, de la taille de cinq pieds deux pouces et demi... » Chérion avait bien aussitôt prétendu avoir mal à la jambe, mais à l'instigation de ses camarades l'officier de santé Rolland le soumettait à un examen attentif et le reconnaissait « propre au service ».

Cependant, malgré l'avis de ce praticien, Chérion était refusé à Moulins ; l'agent national du district se plaignit même que l'on eût envoyé un « sujet taré ». Il fallait recommencer, ce qui eut lieu le 13 pluviôse. On procéda de la même façon et Pierre Quignard, d'Agonges, domestique, lequel avait « réuni la pluralité des suffrages », fut choisi. On enjoignit à « l'élu » de se rendre de suite à Moulins « pour prendre sa route », et il promit d'y être le lendemain « du matin », ayant besoin, ajouta-t-il, « du reste de la journée pour arranger

---

(1) On serait tenté de croire que « scrutin » est mis pour « tirage au sort », mais ce qui suit indique bien qu'il s'agit d'une opération ayant consisté à recueillir les voix, celle des officiers municipaux, sans aucun doute.

des affaires et faire ses comptes avec son ci-devant maître ». On lui accorda jusqu'à neuf heures. En se retirant, il se contenta de « requérir acte de ce que Grelet, aux gages de Giraud, de Saint-Menoux, quoique convoqué, ne s'était pas présenté ».

Néanmoins le résultat ne fut pas définitif encore, car Quignard lui-même était renvoyé à son tour. Réunis pour la troisième fois le 16 pluviôse (4 février), les jeunes gens se rallièrent au mode plus équitable du tirage au sort, et alors les officiers municipaux éliminèrent de leur seule autorité pour cause de « court d'haleine, saignement de nez ou mauvaise tournure des jambes », deux « candidats » qui se trouvèrent être des fils de notables ; de sorte qu'il ne resta plus que cinq hommes pour subir l'épreuve, et le sort tomba sur Gilbert Roussel.

« Et de suite, écrivent les officiers municipaux, pour éviter de nouveaux reproches, quoique non mérités, ledit Gilbert Roussel ayant été requis, au nom de la loi, de déclarer s'il avait quelques vices ou tares qui le rendissent incapable, même momentanément, de servir, il a répondu qu'il était très sain et de la meilleure constitution possible. » Puis, pour terminer : « Nous l'avons également invité à se nommer un *adjoint (sic)* dans les cinq seuls qui ont dans le canton les dispositions requises, et il a nommé le citoyen Jean Chaumas, de la commune de Marigny, auquel nous avons ordonné d'accompagner ledit Roussel, pour qu'en cas de refus de ce dernier il pût le remplacer. »

Ces trois séances sont caractéristiques en ce qu'elles mettent en évidence la docilité de nos jeunes paysans de cette époque. L'abstention pure et simple de la commune de Montilly, l'absence non motivée d'un individu convoqué, peut-être la partialité mal déguisée des officiers municipaux ne provoquent chez eux ni résistance ni récriminations, pas même des observations. Ils ne discutent pas et n'en ont nullement la pensée. Le trait de Chaumas, inopinément investi de la redoutable qualité « d'adjoint » et à qui ne vient aucune idée de protestation, pas plus contre le danger que contre l'arbitraire, n'est-il pas curieux et touchant ?

La République en prenant les hommes laissait sans soutien d'innombrables familles qu'elle ne pouvait se dispenser de secourir. Des lois avaient été votées dans ce but (26 novembre 1792 ; 4 mai, 18 juillet et 15 septembre 1793), et le registre municipal de Saint-Menoux mentionne plusieurs distributions (1). En outre, les travaux nécessaires à la culture et à la récolte des terres des défenseurs de la patrie étaient exécutés sur réquisitions par les soins des municipalités (2).

Les réquisitions pour l'armement, l'équipement et l'entretien des hommes enrégimentés mirent en mouvement toutes les administrations, toute la population. Tous les produits du sol, tous les produits de l'industrie furent réservés pour les armées. Les étoffes, toiles « et autres marchandises nécessaires qui existent chez tous les marchands et fournisseurs dans le département » étaient en réquisition (3) « pour l'habillement et l'équipement des soldats de la première réquisition ». Et afin que personne n'en pût disposer autrement qu'au profit de l'Etat, partout on dressa l'inventaire « des marchandises généralement quel-

(1) En voici une, entre autres, du 1er fructidor an II (18 août 1794), qui fera connaître les noms des jeunes gens alors aux armées, mais en partie seulement, car tous les parents ne recevaient pas de secours : Jean Béguet, pour deux fils, reçoit 75 livres ; Elisabeth Néry, vᵉ Dalodière, un fils, 15 l. ; Anne Parodat, deux fils, 50 l. ; Jeanne Chaumas, deux fils, 55 l. ; Jacques Travailloux, un fils, 25 l. ; Antoine Bernadat et Marguerite Lalue, sa femme, pour un fils, reçoivent séparément, l'un 15 l., l'autre 84 ; Anne Petitjean, femme Blondin, deux fils, 70 l. ; Marie Bonnejournée, un frère, 25 l. ; Madeleine Tuchevin, un fils, 30 l. 11 s. ; Marie Courtot, un fils, 18 l. 6 s. 8 d. ; Marie Mangin, un fils, 30 l. ; Gilberte Busserolle, un fils, 18 l. 6 s. 8 d. ; Marie Boursat, deux fils, 61 l. 2 s. ; Mayeule Thomas, pour son mari, 30 l. 11 s. ; Pâques Parent, un fils, 18 l. 6 s. 8 d. ; Claude Giraudon, un fils, 18 l. 6 s. 8 d. ; Marie Chaumeroux, femme dudit Giraudon, 18 l. 6 s. 8 d. ; Gilberte Touzet, pour son mari, 30 l. 11 s. 8 d. ; Claude Steuf, un fils, 18 l. 6 s. 8 d. ; Marguerite Signoret, un fils, 18 l. 6 s. 8 d. ; Marie Depierre, un fils, 50 l. ; Marie Simonneau, un fils, 30 l. 11 s. ; Eliza Léger, un fils, 30 l. 11 s. ; Elisabeth Néry, un beau-fils, 18 l. 6 s. 8 d. ; Anne Barichard, un fils, 30 l. 11 s. ; Marie Breillière, son mari, 30 l. 11 s. ; Jean Gabet, un frère, 50 l. ; Françoise Gaume, femme Travailloux, un beau-fils, 84 l. ; Marie Renaud, un frère, 30 l. 11 s. ; Madeleine Bourdier, un fils, 30 l. 11 s. ; Louise Guipon, un fils, 30 l. 11 s. Soit en totalité : 1,102 l. 8 s. de distribués pour 35 hommes sous les drapeaux.

(2) Les réquisitionnés opposaient parfois des refus catégoriques. Des récalcitrants de Coulandon et de Marigny se virent condamner pour ce fait par mesure de police municipale à vingt-quatre heures de prison « pour commencer ». (Reg. municipal, ventôse an II.)

(3) Arrêté du département du 5 octobre 1793.

conques ». On réquisitionna non seulement les marchandises, mais les ouvriers et artisans de toutes sortes, les tailleurs, les cordonniers, etc. (1).

Les cultivateurs, déjà harcelés pour les subsistances, eurent à supporter le plus lourdement le fardeau des réquisitions militaires. Chevaux, bœufs et autres animaux domestiques ; fourrages, grains..., ils durent tout fournir.

A partir d'octobre 1793 nous trouvons sur le registre municipal de Saint-Menoux quelques procès-verbaux concernant des réquisitions sur la commune ou le canton. Nous y avons puisé une grande partie des renseignements ci-après.

C'est d'abord une réquisition de chevaux. Pompone Mérite, nommé commissaire, fit conduire à Saint-Menoux devant le vétérinaire Kaindler, délégué par le représentant en mission Goupilleau (2), ceux qu'il avait pu trouver dans les communes de Marigny, Bagneux et Autry, et Kaindler ayant parmi ceux-là choisi les meilleurs, les fit envoyer ensuite à Moulins pour être soumis, cours Doujat (3), à une inspection définitive (4).

Deux autres commissaires envoyés par le département vinrent encore en frimaire à la recherche de chevaux. Le 23 (13 décembre) ils faisaient présenter devant eux toute la cavalerie des six communes, parmi

(1) Chaque cordonnier devait livrer au magasin d'habillement de Moulins deux paires de souliers par décade.

(2) Il a existé deux conventionnels de ce nom : l'un, Jean-François, dit de Fontenay ; l'autre, Philippe-Charles-Aimé, dit de Montaigu. Nous ignorons quel est celui qui eut à remplir une mission dans l'Allier.

(3) Actuellement de la Préfecture.

(4) Ces levées de chevaux ne donnaient dans l'Allier qu'un médiocre résultat. Goupilleau, qui avait espéré mieux, crut à du mauvais vouloir et, résolu, suivant son expression, « à tromper les calculs de l'égoïsme », il s'avisa d'un moyen singulier. Un jour de foire à Moulins, le 22 brumaire (12 novembre), il transforma la ville en ce que nous appellerions aujourd'hui une « souricière » pour chevaux. A dix heures du matin, — moment propice, les gens de campagne étant occupés à leurs affaires, — il fit, aidé des délégués du comité de surveillance, opérer par la garde révolutionnaire, une saisie complète, dans toutes les écuries des auberges et « bouchons » de la ville, de tous les chevaux qui y furent trouvés renfermés. Huit seulement parurent mériter d'être conservés. Toute la journée avait été employée à cette besogne.

laquelle il ne se rencontra que deux juments, « présumées pleines », répondant aux conditions exigées.

En même temps que des chevaux, on réquisitionnait des fourrages et avoines pour les nourrir. Un seul procès-verbal de cette époque, relatif à une réquision de 1.100 boisseaux d'avoine, est transcrit au registre (13 brumaire).

On réquisitionnait aussi des effets d'équipement, et Goupilleau avait établi par canton la quantité à livrer. Celui de Saint-Menoux était compris dans la liste pour cinq selles, cinq brides, cinq filets, six bridons d'abreuvoir, six têtières de licol en cuir, six brosses, six étrilles, six paires d'éperons, deux grands sacs, quatre petits, six sabres de trente pouces de lame et quatre paires de pistolets. Tout cela devait être de qualité irréprochable, et c'était le côté le plus embarrassant de la question. Les officiers municipaux ne parvenant pas à satisfaire l'autorité militaire à cet égard, prirent de guerre lasse la résolution (3 mars), « puisque, disent-ils, nous n'avons aucun des objets requis dans tout le canton, que tout ce que nous avions de mieux a été refusé et que nous n'avons pas assez de connaissances dans ce genre pour fournir notre contingent, de prier unanimement le citoyen Lefort (commissaire nommé par Goupilleau) de faire à notre lieu et place lesdites emplettes dans le temps prescrit, promettant de remplir tous les engagements qu'il prendra pour nous..., à quoi nous nous obligeons solidairement avec nos communes... »

Les particuliers apportaient également leur concours au moyen de dons en nature. A citer à ce propos une délibération du 28 ventôse an II (18 mars) : « Nous avons, écrivent les officiers municipaux au citoyen Sallebrune, commissaire pour l'équipement des volontaires, fait une collecte de chemises qui se monte à quarante-deux. Nous nous empressons de te les faire passer. Tu en trouveras deux qui ont des pièces ; cela doit te prouver que les pauvres comme les riches de notre commune sont jaloux de présenter leur offrande à la patrie. Si ces deux ne sont pas bonnes pour chemises, elles pourront servir à faire des doublures. Nous n'avons pas voulu mortifier nos frères en les refusant. »

Mais le gouvernement ne refusait rien. D'ailleurs si on ne lui offre pas les vieux linges, même les chiffons, il les réclame, il les prend. Le peuple, rassemblé dans le « temple de la Raison », le 9 floréal (28 avril), est informé que le comité de Salut public en a ainsi décidé, et les vieux linges et chiffons sont apportés et déposés dans la ci-devant sacristie.

On mit aussi en réquisition (9 floréal) « tous les cochons tant mâles que femelles, âgés de trois mois et au-delà, tant gras que maigres, qui sont dans la commune », avec injonction aux propriétaires d'en faire la déclaration sous peine de confiscation.

Antérieurement avaient été réquisitionnés également les peaux et cuirs, ce qui avait occasionné une vérification chez le boucher Hospitalier par un commissaire du district (1).

Il fallait aux armées des munitions, dont la consommation allait devenir extraordinaire. C'est surtout aux populations des campagnes qu'on s'adresse encore pour les improviser. Toutes les herbes des champs et des bois ne servant pas à la nourriture des animaux ni aux usages domestiques ou ruraux sont converties en cendres, et ces cendres transportées à l'atelier de salpêtre le plus voisin. On ramassait aussi partout le bois de bourdaine (2), le sanguin (?) rouge et blanc, le coudrier, des tiges d'osier, de verne (3), de saule : et comme l'agent

(1) En prairial, Hospitalier et ses collègues de Neuilly, Mont-Libre (Saint-Gerand-de-Vaux), Beaulon, Besson, Villeneuve, Souvigny, Chevagnes et Moulins, opposèrent une vive résistance, à la suite de laquelle une réglementation rigoureuse leur était imposée. L'agent national du district écrivait à ce sujet le 16 prairial à celui de Saint-Menoux : « Je t'adresse ci-jointe une lettre de la commission du commerce et des approvisionnements, du 4 de ce mois, relative aux bouchers qui refusent de vendre leurs cuirs. Je t'invite de la manière la plus expresse à te conformer aux dispositions qu'elle renferme : 1° en poursuivant sévèrement ; 2° en prenant les mesures les plus promptes pour obliger les bouchers à fournir chaque décade un état exact et vérifié des cuirs provenant de leurs boucheries... »

(2) Ou aune noir. Nom vulgaire d'une espèce de *nerprun*, le nerprun bourgène *(rhamnus frungala)*. Commun dans toute l'Europe, au bord des eaux et dans les bois humides, cet arbrisseau atteint de cinq à six mètres de hauteur. L'écorce du tronc et des branches est d'un brun noirâtre. Le bois de la bourgène est celui qui fournit le charbon le plus estimé pour la fabrication de la poudre à canon. Son écorce sert à teindre les laines en vert, en jaune et en brun ; la même propriété se retrouve dans les fruits, avec quoi l'on prépare aussi du *vert de vessie.*

(3) Ou vergne, espèce d'aune,

national du canton prescrivait de vaquer méthodiquement à cette besogne, la municipalité avait désigné, le 24 germinal (14 avril 1794), sept
citoyens pour parcourir la commune, indiquer les lieux où se trouvaient
les espèces nécessaires, requérir les propriétaires d'avoir à couper les
tiges dans certaines dimensions (18 lignes au plus de diamètre) et les
faire transporter (en bottes de cinq pieds de long sur trente pouces de
diamètre, les branches écorcées et fendues) au lieu de réunion, qui
était l'église.

Les bottes préparées par différentes communes devaient être réunies
au lieu fixé par l'agent national du chef-lieu de canton, jusqu'à concurrence de huit à dix milliers de livres ; dans chaque lieu de réunion le
bois était carbonisé sous la surveillance des agents nationaux du district
et de la municipalité, et le charbon envoyé à la fabrique de salpêtre (1).

A Saint-Menoux la quantité exigée fut largement dépassée. On avait
employé pour la fabrication deux charbonniers de Moulins travaillant
sous la surveillance de Mayeul Faivre et d'Antoine Loyard, et réquisitionné des ouvriers pour les aider. On mit à leur disposition, toujours
par le moyen des réquisitions, des balais, de la paille, des « poinçons (2)
de transport », des voitures, etc., et le charbon avait été expédié à
Moulins (3).

Fallier, on l'a vu, voulut fabriquer du salpêtre. Sur sa demande la
commission des armes et poudres lui conféra le 12 prairial (30 mai 1794)
le titre et les pouvoirs de « salpêtrier ». Il était autorisé à établir des
ateliers dans le district (4) et à pratiquer dans les caves, celliers, granges,
écuries, bergeries, hangars, remises, boulangeries, colombiers, etc.,

(1) La recherche du bois de bourdaine fut, de la part des citoyens des villes, un prétexte pour commettre des déprédations. L'agent national du district, répondant à
l'agent de Coulandon, écrit : « Je t'observe que les citoyens de Moulins n'ont pas
droit d'aller dans vos bois sans votre permission..., en sorte que tu peux faire
punir ceux qui, sous prétexte de ramasser du bois de bourdaine, dévastent les
taillis des particuliers ; mais en même temps je te préviens que tu dois mettre
tout en usage pour couper la plus grande quantité possible de ces bois. »

(2) Des tonneaux.

(3) Reg. municipal, 26 floréal an II (15 mai 1794).

(4) Son atelier de « salin » (mélange brut de divers sels qu'on obtient en faisant évaporer la lessive des cendres végétales) avait été installé dans la forêt de
Bagnolet, commune de Marigny.

toutes les fouilles, recherches et enlèvements de matériaux nécessaires. C'est alors qu'il donna sa démission d'agent national, se mettant à la besogne aussitôt. « Fais-moi connaître, lui écrit l'agent du district,… la quantité de salpêtre que tu as fabriquée, le nombre de futailles que tu as reçues par l'effet de la réquisition, la quantité de bois de bourdaine qui est à ta disposition, le nombre de tonneaux de charbon qui en est provenu et la quantité de cendres déposées en ta commune. » Toutes les décades il doit fournir les mêmes renseignements et « faire tous ses efforts pour augmenter la *récolte* de-salpêtre ».

Son zèle, d'ailleurs non gratuit (1), pouvait se passer de stimulant, mais il n'en était pas de même de ses anciens paroissiens, probablement fort étonnés de voir cet homme qui leur avait dit la messe, se livrer dans la forêt à des occupations si différentes de celles auxquelles il avait été destiné. Loin de mettre de l'empressement à seconder son entreprise, ils refusaient de travailler sous ses ordres, ainsi qu'il arriva, d'après un procès-verbal du 5 vendémiaire an III (25 septembre 1794), à trois d'entre eux : Vaquelin dit Pailleret, Gilbert Thévenin et Gilbert Portejoie. Les deux premiers ne craignirent même pas de déchirer devant lui les réquisitions qu'il leur présentait, et il en était réduit à réclamer à la municipalité, au nom de la loi, « de lui faire avoir des ouvriers pour empêcher la cessation des travaux de son atelier ».

On ne lui apportait pas de cendres non plus, et pour vaincre l'apathie des habitants à cet égard, il faisait prendre, quelques jours plus tard (8 vendémiaire), par les officiers municipaux un arrêté prescrivant que jusqu'au 1er brumaire suivant « tous les habitants de cette commune seront tenus de livrer au *saligné* (2) de ce canton le plus de cendres qu'ils pourront ». La quantité à fournir devait être d'un boisseau pour les propriétaires, fermiers et laboureurs, et d'un demi pour les *locataires* (3).

A mentionner que le 7 brumaire le citoyen Chometon, préposé des

---

(1) Le salpêtre était payé par la régie vingt-quatre sous la livre.

(2) Les officiers municipaux appelaient ainsi le fabricant de « salin », ou salpêtrier.

(3) Nom que l'on donnait communément aux journaliers.

poudres et salpêtres, décida, conformément à un arrêté du comité de Salut public, où il était dit que les communes seraient tenues de lessiver les terres des bâtiments nationaux, spécialement celles des églises, d'autoriser le citoyen Fallier à procéder à ces travaux à Saint-Menoux, sans être obligé aux frais de recarrelage. Cependant Fallier restait responsable des matériaux ; aussi, avant de commencer l'extraction des terres, prenait-il soin de faire compter et mettre à part les carreaux en grand nombre qu'il avait déplacés (12 frimaire).

En floréal an II on avait fait, sur décret du 18 germinal, une levée extraordinaire de chevaux dans le canton pour le service des transports militaires. Pas un seul de tirage ni de luxe, ni de selle ne s'y était trouvé, mais une grande quantité de juments poulinières et quelques bêtes qui avaient déjà subi plusieurs réformes, les précédentes réquisitions ayant tout absorbé.

Le décret portait aussi que chaque canton fournirait une voiture solide, propre au transport des fourrages, avec un attelage complet de quatre chevaux. La municipalité déclare à ce sujet que « la culture des terres se faisant dans le canton par le moyen de bœufs et les chevaux n'y étant nullement employés..., il n'existait dans toute son étendue que quelques harnais et quelques voitures défectueuses ». Et elle ajoutait : « Si pour remplir cette partie de la réquisition il n'y a point obligation de le faire en nature, nous sommes trop amis du succès de la République pour ne pas offrir de bon cœur notre contingent en argent, tel qu'il sera déterminé. » Le même décret prescrivait que pour chaque voiture il serait levé un charretier en état de la conduire ; d'où cette observation : « Comme nous n'avons dans notre canton que des conducteurs de bœufs, il nous est impossible de fournir un seul charretier, à moins de prendre des gens mariés qui, dans leur jeunesse, ont fait ce métier, dont il y en a deux à Maille-sur-Rose. » Les maires du canton, réunis au chef-lieu, prirent les mesures nécessaires pour acquitter la réquisition, sauf probablement la dernière partie.

Le mois suivant avait lieu un recensement général de chevaux et juments ; puis survenait (21 brumaire) un vétérinaire de Gannat, Jervien, fondé de pouvoirs du commissaire-inspecteur des travaux militaires à la 20ᵉ division, pour vérifier si dans le canton on avait satisfait à toutes les réquisitions antérieures. Il constata que trois chevaux seulement sur douze avaient été fournis, — mais faute d'en avoir pu trouver davantage dans les formes exigées, alléguaient les municipalités. Jervien, pour contrôler cette déclaration, fit rassembler à Saint-Menoux tous ceux que contenaient les six communes, et il ne s'y trouva, en effet, aucune bête convenable.

·Ces réquisitions de chevaux avaient été accompagnées, on doit le penser, de réquisitions de fourrages et avoines, mais les registres municipaux n'en relatent que deux ou trois, levées dans les conditions ordinaires.

A la fin de l'an III, en juillet 1795, les représentants du peuple présents aux armées se plaignaient que la désertion y faisait des progrès « effrayants », et on l'imputait à « l'insouciance » des municipalités, qui toléraient des soldats dans les communes. On leur intima l'ordre, sous la responsabilité collective des officiers municipaux, de renvoyer ceux qui se trouveraient dans leurs foyers sans congés réguliers ; puis on prit le parti, espérant sans doute arriver à un meilleur résultat par ce moyen, de comprendre tous ces militaires « absents » dans une amnistie générale. Ils devaient seulement se rendre à Moulins le 20 frimaire an IV, dernier délai, pour, de là, être dirigés sur leurs corps.

Ces mesures, ainsi qu'on pouvait le prévoir, restèrent absolument inefficaces. Aucun des fuyards ne se présenta aux casernes de Moulins, et il fallut lancer la gendarmerie à leur poursuite (1). Défense fut faite aux propriétaires, fermiers et cultivateurs de les employer à leurs travaux (2).

C'est à cette époque, à la nouvelle « qu'une armée royale et catholique s'est emparée de Sancerre », y a imposé la cocarde blanche, hissé le drapeau à fleurs de lys, brûlé registres et écharpes, etc., que toutes les municipalités sont mises (16 germinal) en permanence et

______

(1) En certains cantons, notamment à Cusset, il y eut non seulement des refus, mais des rébellions, des troubles. (Procès-verbaux de l'administration centrale, 2 et 8 nivôse an IV.)

(2) Administration centrale, 7 germinal.

que l'administration centrale constitue (21 germinal) une force armée en dehors des jeunes gens de la première réquisition, pour faire obstacle à l'insurrection. Sur le tableau indiquant le nombre d'hommes à fournir par chaque canton, celui de Saint-Menoux est inscrit pour douze (1).

La dispersion de cette « armée » ne mit pas fin aux difficultés. Ainsi qu'on le voit par une délibération de l'administration centrale du 8 pluviôse (28 janvier 1796), les municipalités étaient astreintes à former le tableau de tous les jeunes gens de la première réquisition ayant abandonné leurs drapeaux et présents dans leurs communes, ou absents sans congés ; puis dans une autre du 13 il est question de véritables insurrections, notamment dans la région de Meaulne, pour s'opposer aux arrestations des réfractaires (2). Les habitants étaient partout, en effet, « plutôt disposés à favoriser la révolte qu'à seconder le zèle de l'administration (3) », et dans les cantons où l'on ne va pas jusqu'à opposer la force à la force, on se sert de la ruse. Un nommé Georget, par exemple, volontaire de la première réquisition, en état de désertion, ayant été arrêté à Saint-Menoux, les gardes nationaux Pierre Laconche, Gilbert Gabet et Claude Durand, chargés de le conduire à Moulins (4 pluviôse), avaient eu, en cours de route, la maladresse évidemment intentionnelle de le laisser échapper, après quoi ils rentraient tranquillement chez eux, se contentant de faire leur déclaration devant le commissaire. Ils en étaient quittes pour quelques jours d'emprisonnement.

(1) Aucun laboureur ou fils et domestique de laboureur ne devait y être porté. Des cantonnements étaient établis à Lurcy-Lévy, Ainay-le-Château et Meaulne.
(2) On dut y envoyer, pour rétablir l'ordre, un détachement important de cavalerie.
(3) Arrêté de l'administration centrale du 23 germinal an IV.

II

LA CONSCRIPTION — RECRUTEMENT A SAINT-MENOUX — RÉFRACTAIRES ET GARNISAIRES
APPEL DE TOUTES LES CLASSES — ENCORE LES RÉFRACTAIRES

IL nous faut maintenant aller jusqu'à l'an VII pour trouver des renseignements locaux sur le recrutement des armées, et alors il ne s'agit plus du moyen énergique mais anormal employé en 1793. Jusqu'à la fin de l'an VI la grande réquisition avait satisfait aux besoins de la République ; pour l'avenir, voulant régulariser le principe du service obligatoire permanent, en même temps que réunir des forces suffisantes à opposer à la deuxième coalition (1798-1799), qui venait de se former, les deux Conseils avaient établi (19 fructidor an VI) une *conscription* qui mettait tous les Français de vingt à vingt-cinq ans, divisés en cinq classes d'âge, à la disposition du gouvernement. On devait appeler ces classes suivant les besoins, en commençant par la première et en fixant chaque année le nombre des *conscrits*.

Une loi du 3 vendémiaire an VII (24 septembre 1798), faisant application pour la première fois du nouveau mode de recrutement, mettait 200.000 « défenseurs conscrits » en état de service. Tous les Français de la première classe, c'est-à-dire ceux ayant terminé leur vingtième année au 1er vendémiaire, étaient appelés à l'armée active ; et dans le cas où cette première classe ne fournirait pas les 200.000 hommes, le nombre en serait complété par les plus jeunes conscrits de la seconde.

A Saint-Menoux, la municipalité du canton se réunit le 19 pour former les tableaux des cinq classes. Il y avait à vérifier sur les registres paroissiaux l'âge des jeunes gens et à procéder aux inscriptions, tirage au sort, etc., opérations difficiles pour des agents et adjoints en général peu lettrés. Afin d'éviter de se trouver dans la nécessité d'en charger des commissaires spéciaux, on pensa qu'il « serait plus simple que les agents amenassent à certains jours les jeunes gens de leurs communes à l'administration, pour y être conscrits dans les cinq classes, suivant

leur âge ». Les jours fixés furent : pour Marigny, le 22 vendémiaire ;
pour Saint-Menoux, le 23 ; pour Agonges, le 25 ; pour Bagneux, le 26 ;
pour Montilly, le 27, et pour Autry, le 28. Nous n'avons pas de procès-
verbaux de ces réunions.

Le 29, la municipalité forma le jury chargé de procéder à la révision
et devant, suivant la loi, être composé de cinq membres pris parmi les
pères de défenseurs de la patrie en activité de service, ou leurs proches
parents (1). Marien Nivelon, officier de santé à Souvigny, leur fut
adjoint « pour éclairer leur religion sur l'état d'invalidité des conscrits »,
et le mois suivant (9 brumaire), le tableau spécial de ceux de première
classe, avec celui des exemptés pour cause d'infirmités ou maladies (2),
fut envoyé à l'administration centrale. Puis on désigna « le citoyen qui
serait chargé de conduire le contingent [treize hommes] au chef-lieu du
département, quand l'ordre en serait donné (3) ».

On n'était plus aux jours d'enthousiasme de 1791, et malgré une
proclamation au peuple français pour raviver les sentiments belliqueux,
affichée partout et lue dans les bourgs en grande solennité, le recrutement fut difficile. Nous manquons de détails sur les opérations à Saint-
Menoux, et on ignore si les jeunes gens des cinq classes s'y présentèrent tous exactement, avec leurs agents, aux jours indiqués ; mais ce
qui est certain, c'est que la majorité de ceux qui furent désignés par
le sort et non exemptés, se mirent en état d'insoumission au moment du
départ. Un discours prononcé par Fallier lors de la célébration de la
fête décadaire du 30 brumaire le dit très explicitement. Il y fit, en
effet, en termes énergiques, « un reproche général au canton qui, sur
treize conscrits, n'en a fourni que cinq », ajoutant que « la responsabilité des pères, mères et *maîtres* des défenseurs de la patrie pèserait
bientôt sur les administrations elles-mêmes », et engageant « par tous
les moyens les dits pères, mères et maîtres des réquisitionnaires, déser-

(1) Furent désignés : Pompone Mérite, Gilbert Chalmin, Claude Mangin, Jean
Prunet et Julien Devillers, tous de communes différentes.

(2) Figuraient sur ce tableau cinq jeunes gens, dont un de Saint-Menoux, Gabriel
Aucouturier.

(3) La mission échut à Adam, de la commune d'Autry, un ancien soldat, ainsi
que cela était obligatoire.

teurs et conscrits, à n'en souffrir aucun chez eux, et les agents et adjoints à lui dénoncer sans miséricorde ceux qui, au mépris de la loi, leur donneraient asile (1) ». Le 20 frimaire Fallier renouvelle ces plaintes et remontrances, et le 30 il fait l'éloge « des conscrits qui ont rejoint leurs drapeaux et qui déjà ont commencé à se signaler », exprimant au contraire la plus vive indignation contre « les lâches qui, bien loin d'écouter la voix du devoir, restent dans leurs foyers, ne prévoyant pas jusqu'où peut aller et ira immanquablement la sévérité des lois à leur égard ». Une autre fois, (20 pluviôse), employant le langage de la persuasion, il « invite de nouveau les réquisitionnaires et conscrits qui, au mépris de la loi, se trouvent encore dans leurs foyers, à venir prendre leurs feuilles de route, leur représentant les peines qu'ils auraient à encourir, s'ils se refusaient davantage à se rendre à ses *pressantes sollicitations* ».

Mais déjà, pour briser les résistances, on avait recours à d'autres moyens qu'était chargé d'appliquer le citoyen Bourgeois, lieutenant de la 180e compagnie de vétérans stationnée à Moulins, officier d'une très grande activité (2). Placé à la tête d'un détachement de vingt-quatre hommes, rompus comme lui à toutes les fatigues, il avait commencé à parcourir les divers centres d'insoumission (3), opérant nombre d'arrestations. Toutefois, la chasse à l'homme à laquelle il se livrait aventureusement ne pouvait nulle part donner des résultats complets, surtout dans les régions du Sud et du Sud-Est du département, montagneuses, couvertes de forêts et sillonnées de gorges profondes, quand un arrêté de l'administration centrale, du 19 pluviôse, vint, tout en

(1) Il en fut de même dans nombre de cantons, notamment dans ceux du Montet et de Villefranche, où il semble, d'après le procès-verbal mentionnant le discours de Fallier, qu'aucun conscrit ne voulut obéir. — Les auteurs admettent généralement que la conscription fut acceptée en France sans difficultés, sauf dans les provinces nouvellement réunies et dans les départements de l'Ouest. Il y aurait lieu, pensons-nous, de faire quelques réserves pour notre canton, et même pour le département.

(2) Ainsi qu'en témoigne un arrêté du département du 15 germinal.

(3) Les principaux étaient les cantons d'Arfeuilles, le Mayet-de-Montagne, Busset, Saint-Germain-des-Fossés, Vichy, Brugheas, Escurolles, Biozat, Bellenaves, Charroux, Chantelle, Gannat. (Arrêté du département, du 25.)

simplifiant considérablement sa tâche, mettre presqu'à sa discrétion les réfractaires. Il lui était enjoint de transformer ses hommes en « garnisaires » chez les parents de ces derniers. Au lieu de courir le pays à la manière des batteurs d'estrade, le repos était obligatoire, un repos agréable sans doute à ces militaires, mais lourdement onéreux pour de pauvres paysans dont souvent les jeunes gens pourchassés étaient l'unique soutien. Ce système n'était pas nouveau et de tout temps, dans tous les pays, les agents du fisc l'avaient mis en usage contre les contribuables en retard, pour les obliger à payer. Il était analogue à celui des batteurs en grange, qui avait fait ses preuves et avait été pratiqué, ainsi qu'on l'a vu, pour les réquisitions de grains. Voici comment procédait Bourgeois :

A son arrivée dans un canton, il se présentait devant la municipalité, requérait l'inscription sur le registre des délibérations de l'arrêté dont il était porteur, se faisait remettre l'état nominatif des réquisitionnaires présents dans leurs foyers, et tous les renseignements concernant les conscrits de la première classe, puis distribuait ses hommes, deux par deux, chez les père, mère ou *maîtres* — car on avait rendu ceux-ci responsables de leurs domestiques — de ces réquisitionnaires et conscrits. Et chaque soldat devait recevoir, « du chef de la maison où il se trouvait placé, un franc par jour avec la nourriture et le logement, feu, lumière et lit ». Il était dû en outre « par les parents et autres chez lesquels garnison était mise, vingt-cinq centimes par tête de garnisaire *(sic)* pour servir d'indemnité à l'officier commandant le détachement ». L'administration municipale, sous la responsabilité du commandant et du commissaire, était tenue, pour sa part, de fournir un logement chauffé et éclairé au même officier. Celui-ci, au fur et à mesure des captures, formait de petits groupes qu'il expédiait, sous bonne garde, à la brigade de gendarmerie la plus voisine.

C'est en germinal, après une décade passée à Moulins pour se reposer de ses fatigues, et surtout pour réparer l'équipement de son détachement, que Bourgeois vint à Saint-Menoux, où son passage est signalé par la transcription, à la date du 18, sur le registre des délibérations, de l'arrêté du 19 pluviôse. Il n'est pas question ensuite de ses opérations, ni des résultats obtenus, mais il est certain qu'après son départ il ne restait plus, dans le canton, que des conscrits et réquisitionnaires malades ou infirmes, que Nivelon fut d'ailleurs appelé à examiner (6 floréal) (1).

Par une loi du 28 germinal (17 avril 1799), le complément de la levée de 200.000 hommes avait été appelé, et un arrêté de l'administration centrale du 4 floréal avait fixé à seize hommes le contingent à fournir par le canton. La municipalité eut à établir les tableaux des deuxième et troisième classes devant concourir à le former et une réunion générale fut fixée à Saint-Menoux au 13 floréal (2 mai 1799), pour le tirage au sort, etc. (2).

Philibert Blondin et Léonard Gabet avaient été désignés pour conduire les conscrits à Moulins, mais le moment venu (8 prairial), tous ne se présentèrent pas, puisqu'à cette date on délivrait à Blondin, au dépôt, un certificat constatant l'arrivée de *douze* conscrits seulement « conduits pour le compte *(sic)* du canton de Saint-Menoux ». Il y avait donc quatre réfractaires.

C'était d'ailleurs, plus ou moins, le cas général dans le département, ainsi qu'il résulte d'une proclamation (5 messidor) (3) de l'adjudant général Tristan Brision, commandant de la force armée dans l'Allier, où on lit « qu'on n'a pas obéi..., qu'on est en état de rébellion..., » et qui énumère, pour les en féliciter, les rares cantons ayant donné le bon exemple.

Il fallait au plus tôt combler ce déficit de quatre hommes, car un

(1) Furent présentés à cet examen médical : les cinq conscrits provisoirement exemptés le 9 brumaire ; un autre venu depuis peu habiter à Autry ; un volontaire à la demi-brigade de l'Allier, et quatre réquisitionnaires, un de Montilly — dont le cas parut suspect — et trois de Saint-Menoux, Jean Auroux, Pierre Condamine et Gilbert Gabet. — Le volontaire, Charles Gouyon, de la commune d'Autry, était dans un état de claudication prononcé à la suite d'une chute faite en Vendée. Il avait servi pendant cinq années et on lui accorda une dispense définitive.

(2) A mentionner la délivrance au percepteur d'un mandement sur le montant des contributions de l'année de 560 francs, somme nécessaire pour subvenir aux frais d'équipement des seize conscrits, à raison de 35 francs pour chacun.

(3) Arrêté de l'administration centrale du 5 messidor.

arrêté du 19 prairial n'accordait qu'un délai de cinq jours, sous peine d'être mis dans l'obligation de procéder à un nouveau tirage. Il est probable qu'on n'eut pas de peine à se saisir des récalcitrants et à les livrer à l'autorité militaire. La gendarmerie venait du reste en aide aux municipalités et c'était même devenu, à cette époque, sa besogne principale (1).

La guerre n'était plus heureuse et le danger d'invasion reparaissant, les deux Conseils, par une loi du 10 messidor (28 juin 1799) (2), complétée par une autre du 14, en même temps qu'ils amnistiaient les déserteurs à l'intérieur, mettaient en activité de service toutes les classes de conscrits, que l'on devait organiser en bataillons armés et équipés dans les départements.

Une délibération de la municipalité, du 22 frimaire an VIII (13 décembre 1799), donne à croire que ce recrutement ne se fit pas à Saint-Menoux dans des conditions satisfaisantes, car on y voit que ce jour-là se présentait devant elle le citoyen Jean-Baptiste Decamp, lieutenant de la 8e compagnie du 1er bataillon auxiliaire de l'Allier, commandant un détachement de douze hommes, pour mettre à exécution un arrêté du département du 12 frimaire relatif au « rassemblement » de tous les conscrits « en retard de rejoindre les drapeaux de la République » ; rassemblement fait en vue de passer une revue de rigueur le 27. Les noms des conscrits « en retard », ainsi que l'arrêté du département, furent « annoncés avec pompe dans tous les lieux de la commune où se font les publications, par l'agent et le commissaire, précédés d'un piquet de garde nationale et du citoyen Decamp à la tête de son détache-ment » ; ensuite on distribua des conscrits chez les parents « des retar-dataires ou fuyards ». Les femmes de deux d'entre eux ayant « fermé leur porte », les quatre hommes qui leur étaient destinés furent placés à l'auberge à leurs frais.

Deux jours après, Decamp est encore là. Les agents viennent faire

<hr>

(1) En quelques cantons, entre autres à Saint-Désiré et à Saint-Sauvier, la gendarmerie se livra à de déplorables exactions sur les habitants.

(2) La loi du 10 messidor prescrivait un emprunt forcé de 100 millions pour faire face aux dépenses.

devant lui la déclaration des conscrits « qu'ils présument, sur le bruit public », être dans leurs communes respectives, « sans cependant en avoir de connaissances acquises ». On en dresse la liste et on peut constater que les réfractaires et déserteurs sont nombreux. Il y en avait : à Saint-Menoux six, à Autry quatre, à Montilly trois, et autant à Bagneux, soit en totalité seize dans le canton (1). Puis, pour obéir à l'arrêté du 12 frimaire, on forme un cortège composé du détachement de Decamp, d'un piquet « considérable » de garde nationale, du président de l'administration municipale, du commissaire, des agents des communes, et l'on se met en marche. Sur quatre points différents Fallier donne lecture de l'arrêté et fait « la proclamation des noms des conscrits déserteurs et fuyards en retard de rejoindre ». Il engage en outre les parents des conscrits à ne pas donner asile « aux lâches qui en se déshonorant par leur désobéissance les déshonorent eux-mêmes ». De retour, des garnisaires sont placés comme le 22. Le résultat fut probablement le même qu'en germinal de l'année précédente.

(1) Des déserteurs, arrivés chez eux tout équipés et montés, ne craignaient pas de faire argent de leur monture. Tel fut le cas d'un nommé Jean-Baptiste Fudet, ci-devant garde forestier, déserteur de la 12e demi-brigade de chasseurs à cheval en garnison à Compiègne, dénoncé par Fallier. Il avait sans plus de scrupules vendu son cheval à Jean Tridon, lequel, interrogé à ce sujet et le prenant de haut, répondait « qu'un garde pouvait bien acheter un cheval d'un autre garde » ; à quoi Fallier répliquait que Fudet n'était plus garde, mais déserteur. (Registre municipal, 20 frimaire.)

CHAPITRE VI

Ventes de Biens nationaux et Séquestres [1]

I

Ventes de biens ecclésiastiques — Le domaine de la « cour du couvent » — Le jardin de Fallier — La Charbonnière — Grille et stalles de l'église — La « rue du couvent » — La maison d'arrêt — L'abbaye en démolition — Ventes de meubles — Le clavecin des Bénédictines — Le mobilier de Maurice Deschamps de Pravier.

Dès que l'Assemblée nationale eut voté (2 novembre 1789) la grande expropriation des bénéfices séculiers et réguliers, elle voulut, sans aucun retard, en préparer l'aliénation. Différents décrets (2), résumés en celui du 25 juillet 1790, furent rendus dans cette intention, puis, à Moulins, les administrateurs du département et du district se mirent à l'œuvre.

(1) Les renseignements utilisés dans ce chapitre proviennent presque entièrement de la série Q, des Archives de l'Allier. A défaut de numérotation définitive dans cette série et pour éviter la répétition trop fréquente de références incomplètes, nous croyons préférable de nous borner à prévenir le lecteur que les documents que nous avons consultés pourront toujours, au besoin, être retrouvés au dépôt départemental. Les dossiers concernant la vente et l'administration des biens nationaux y ont été, en effet, classés dans un ordre devant simplifier les recherches et qui comprend, pour les immeubles : *ventes de biens ; procès-verbaux d'estimation ; soumissions d'acquérir. — Actes de ventes et pièces à l'appui, antérieurs au 28 ventôse an IV. — Répertoires. — Actes de ventes et pièces à l'appui postérieurs au 28 ventôse an IV. — Répertoires.* Et pour les meubles : *Procès-verbaux d'estimation et de ventes et pièces à l'appui.*

(2) Particulièrement ceux du 19 décembre 1789, et des 17 mars et 14 mai 1790.

On commença par établir la valeur des biens en s'aidant des baux existants ou en procédant par voie d'arbitrage en l'absence de baux. Le revenu net, effectif ou arbitré, fut pris pour base, mais à des deniers différents suivant la nature des immeubles, à cet effet divisés en quatre classes. Pour les biens ruraux, formant la première classe, l'estimation était taxée à vingt-deux fois le revenu, et on ne pouvait offrir moins. Le 15 de chaque mois la liste des propriétés estimées pendant le mois précédent devait être affichée, et dès que survenait une soumission les mesures nécessaires pour la mise en vente étaient prises.

Les adjudications avaient lieu devant le directoire du district, en deux séances et après double publication. Il devait y avoir quinze jours d'intervalle entre la première et la seconde de ces publications, et ce n'est qu'un mois après la seconde que l'on adjugeait définitivement.

Les acquéreurs avaient termes et délais pour se libérer. Le premier paiement, à acquitter aussitôt après l'adjudication, était de 12 % du prix, et le surplus se fractionnait en douze annuités, payables en douze années, avec intérêts à 5 %.

Ces conditions, par les grandes facilités laissées aux acquéreurs, étaient de nature à favoriser beaucoup les opérations; mais des décrets du 28 septembre et du 16 octobre 1791, d'autres ensuite, vinrent les modifier successivement. D'après celui du 16 octobre 1791, le prix des ventes de biens de la première classe se partageait en dix dixièmes, dont deux étaient exigibles dans le mois de l'adjudication, et dont les huit autres devaient être payés savoir : un dans l'année, un deuxième dans les six premiers mois de la seconde année, et ainsi de suite de six en six mois, de manière à ce que l'acquittement complet ait lieu en quatre années et demie.

Le 16 septembre 1790 le directoire du district de Moulins, se mettant en devoir d'appliquer le décret du 25 juillet, nommait des experts et désignait deux de ses membres, Dalphonse et Goyard, pour réunir et vérifier les soumissions déjà reçues, et faire un rapport.

Ce rapport, qui fut aussi l'occasion d'un véritable réquisitoire contre les établissements monastiques, concluait — « certaines notions indispensables faisant défaut » — à la nécessité de « suspendre encore, quelque pressé que l'on soit de donner le premier mouvement à cette salutaire entreprise ». Il fallait, en effet, s'assurer de la fidélité des baux, alors fréquemment accompagnés de *pots-de-vin* (1) et de *contre-lettres*, et connaître exactement la consistance des propriétés à adjuger, car toutes les fois que ces propriétés devaient comprendre des bois, il paraissait utile d'en faire une évaluation distincte (2). Ces difficultés éliminées, on vendit.

Nous avons résumé dans le tableau que l'on trouvera ci-après, p. 180-181, toutes les ventes immobilières de biens ecclésiastiques, — dits de première origine, — de la commune de Saint-Menoux. Nous ajouterons, au sujet de plusieurs, quelques explications pouvant intéresser au point de vue local.

L'acquisition la plus importante avait été faite par Pierre Torterat. Les bâtiments du domaine dit de la « Cour du couvent », dont il était devenu propriétaire, comprenaient tous ceux dont est formé aujourd'hui le « grand domaine du Couvent », ainsi que d'autres situés dans l'ancienne basse-cour et consistant, d'après le procès-verbal, en : « la grange de la dîme, située près le parc » (3). Le tout se trouvait « dans le meilleur état de construction ». Le cahier des charges portait 700 boisselées de terres à froment, un bois servant de « pâturau », de 9 à 10 arpents, le pré du « grand étang », ceux du Goutet, du Colombier, etc. L'étendue était relativement restreinte pour le prix.

Dans la vente avait été comprise une chenevière dite le « Paradis ». Peut-être était-ce par erreur, car quelques jours avant l'adjudication, le 10 mai, le district en avait fait l'attribution au curé « pour remplir l'étendue légale de son jardin ». Quoi qu'il en soit, Fallier, dépossédé par Torterat, n'avait pas manqué, cela va sans dire, de protester aussitôt.

---

(1) Sommes payées comptant, en supplément du fermage, soit pour en diminuer l'importance vis-à-vis du fisc, soit pour satisfaire aux besoins des propriétaires.

(2) Parce que les bois, dont les fermiers ne tiraient parti que par la *glandée*, ne représentaient, dans le fermage, qu'une part infime très inférieure, proportionnellement, à la valeur du capital.

(3) La ferme du « grand pré de réserve de l'abbaye » et de la « grange de la dîme de la basse-cour » avait été mise aux enchères le 29 avril 1791, et adjugée à Gilbert Tortel, alors juge de paix du second canton de Moulins, au prix annuel de 1.300 livres.

BIENS ECCLÉSIASTIQUES (IMMEUBLES)

I. — BIENS PROVENANT DE L'ABBAYE

DATES des ADJUDICATIONS	NATURE DES BIENS	LIEUXDITS	NOMS DES ACQUÉREURS	ESTIMATIONS	PRIX des ADJUDICATIONS
9 avril 1791........	Pré........	De la Cure	François Fallier, curé de Saint-Menoux	1.980 l.	2.700 l.
Id......... ..	Domaine......	Les Epignaux.....	Jacques Boirot, avoué, ancien procureur en la sénéchaussée de Moulins	16 000 l.	30.600 l.
Id............	Id..........	La Forêt	François Lomet, avocat à Moulins, député..	16.000 l.	32.100 l.
Id............	Id....	La Font-Glaterie.	Nicolas Ripoud de la Salle, ci-devant conseiller au présidial de Moulins...........	9.880 l.	16.700 l.
Id............	Id..........	Les Ramées......	Michel L'Hermite, maire de Marigny, ancien gérant des mines de Fins.....	14.000 l.	30.300 l.
31 mai 1791......	Id..........	De la Cour du Couvent	Pierre Torterat, marchand de bois à Moulins	67.620 l.	126 100 l.
Id............	Pré............	Le Juge (1).......	Id. Id.............	13.200 l.	18.400 l.
18 juin 1791	Id	La queue de l'étang du Goutet..	Antoine Faivre, boulanger à Saint-Menoux.	3 696 l.	6.000 l.
19 mai 1792.......	Terre	Derrière la Grange	F.-Gaspard Taboureau, maréchal à Autry..	30 l.	105 l.
Id............	Chenevière....	Id......	Id. Id.........	12 l	30 l.
14 janvier 1793...	Bâtiments, parc	L'Abbaye	François Fallier....................	....	38.000 l.
24 juillet 1793.....	Lavoir..	(2)	Joseph Chérion, de Souvigny...............	....	445 l.
12 messidor an iv (30 juin 1796)...	Bois	La Garenne	Joseph Franque, receveur de la régie nat^{le}.	4.000 l.	9.680 l.
15 fructidor an iv (1er sept^{re} 1796).	Terre, tourelle et réservoir .	Dans le Parc	François Fallier.............	... .	330 l.

II. — BIENS PROVENANT DE LA CURE

DATES des ADJUDICATIONS	NATURE DES BIENS	LIEUXDITS	NOMS DES ACQUÉREURS	ESTIMATIONS	PRIX des ADJUDICATIONS
14 mai 1791......	Terre.........	Dans les Vignes.	Antoine Trémont, de Saint-Menoux	396 l.	645 l.
Id............	Id..........	Aux Tilles (Telies?)	Id. Id............	860 l.	905 l.
Id............	Pré..........	Dans le pré du Goutet.........	Ripoud de la Salle.............	200 l.	465 l.
Id......	Id	Dans la prairie de Saint-Menoux ..	Pierre Tridon, de Saint-Menoux...........	26 l	91 l.
19 mai 1793	Maison, étable et terre......	... .	Félix Pessaut, boulanger à Saint-Menoux ..	100 l.	365 l
Id............	Terre........	Aux Bruyères	Gilbert Mathé, d'Autry....................	220 l.	970 l.
Id..........	Id	Le Bois Chaudron.	Jacques Boirot................	200 l.	550 l.
7 germinal an v (27 mars 1797)..	Chenevière....	Saint-Germain	(Pas de nom d'acquéreur)....	........;	33 l.
14 fructidor an v (30 août 1797)...	Jardin.........	Les Rateliers	Ant. Faivre....................	....	220 l.

III. — BIEN PROVENANT DES CORDELIERS DE CHAMPAIGUE

(vendu avec d'autres, de la paroisse de Marigny, dont le prix total s'est élevé à 32.100 l.)

DATES des ADJUDICATIONS	NATURE DES BIENS	LIEUXDITS	NOMS DES ACQUÉREURS	ESTIMATIONS	PRIX des ADJUDICATIONS
12 mars 1791	Terre.........	Le Champ Gadot..	Armand Orry, négociant à Paris	....	mémoire
			TOTAL, SAUF MÉMOIRE.........	....	315.734 l.

(1) Remis par erreur en adjudication le 22 décembre 1791. On s'aperçut à temps qu'il avait été déjà vendu.

(2) Près de la fontaine de saint Menoux et attenant aux bâtiments du grand domaine.

On lui devait une compensation, il la réclama, et en la réclamant il prit soin de désigner lui-même ce qui pouvait le mieux lui convenir : c'était « le parterre de la ci-devant abbesse ».

Le département, sans doute peu préoccupé de cette question, ne se hâta pas de prendre une décision. Le 23 août de l'année suivante seulement, un commissaire était désigné pour aller à Saint-Menoux choisir un autre jardin qui, « avec celui dont jouit le curé (1), devra compléter le demi-arpent. mesure de roi, auquel il a droit » ; et le 20 octobre on lui abandonnait, non le « parterre de la ci-devant abbesse », mais « un carré pris dans la partie de l'enclos, au Midi et à l'Ouest, dans l'angle méridional et occidental », c'est-à-dire dans le potager, le meilleur terrain, par conséquent, et tout à la portée du presbytère. La solution était donc satisfaisante pour l'intéressé.

Mais Fallier ne prévoyait pas, alors, que plus tard il deviendrait le seul propriétaire de tout l'enclos et qu'il aurait à racheter de ses deniers cette enclave créée par lui-même ou pour lui-même. Afin de ne pas la laisser subsister, il dut en effet se résigner, en 1796, à en faire l'acquisition (2), ainsi que de la petite tour d'angle « servant autrefois de chapelle, et d'un réservoir de l'étendue de quatre toises carrées ». Ce réservoir n'était autre que le « creux Saint-Martin », dont l'eau passait depuis les temps les plus reculés pour posséder des vertus miraculeuses (3).

La vente de l'abbaye eut pour conséquence, sur pétition des habitants,

---

(1) Le petit jardin dans les « Rateliers », acheté plus tard par Faivre.

(2) Dans la lettre déjà citée (p. 64), écrite (29 août 1810) au préfet de l'Allier par le maire Aubery du Goutet, celui-ci, au sujet de ce jardin, s'exprime ainsi : « Lors de la suppression des communautés religieuses, M. Fallier se fit allouer quatre grands carrés du jardin potager dans l'enclos de l'abbaye, pour servir de jardin à la cure. Peu après on mit en vente le couvent et ses dépendances, et M. Fallier en fit l'acquisition ; mais dès qu'il fut question de détruire la religion et qu'il fut défendu à tous les prêtres d'exercer les fonctions de leur ministère, ledit curé Fallier alla de suite soumissionner ce même jardin, qui lui fut abandonné pour une somme très modique... » (Arch. de l'Allier, série O., commune de Saint-Menoux ; l'église.) On voit qu'Aubery est tout à fait dans l'erreur quant à l'époque de la soumission.

(3) Abbé Moret : *Saint Menoux, sa vie, son culte*, p. 47.— Le creux Saint-Martin sert aujourd'hui de lavoir communal.

ainsi qu'on l'a vu, l'attribution à la commune de la cour et du petit bâtiment appelé la « Charbonnière » des religieuses (1). D'après l'arrêté
pris à ce sujet, la municipalité était tenue de faire exécuter les travaux
de démolition d'une grille de fer qui séparait le « chœur des dames » du
sanctuaire de l'église, et les stalles des religieuses devaient être distraites
de l'adjudication, pour être vendues séparément avec le reste du mobilier (2), ainsi que le siège abbatial, tandis que les lambris et le parquet
en feraient partie (3).

A noter également qu'au moment de la vente le maire Loyard avait
demandé et obtenu l'insertion au cahier des charges d'une clause réservant au public la libre circulation dans le chemin — alors un sentier
qualifié de « passage » — « qui va de la fontaine de saint Menoux à
la grande route de Moulins, et qui sort devant l'auberge de l'*Ecu* »,
sans que, dorénavant, y est-il ajouté, on puisse « fermer les issues » ;
— phrase indiquant très explicitement que des barrières, du temps de
l'abbaye, y étaient placées (4).

Une autre condition du cahier des charges concernait la maison
d'arrêt, « située dans l'enclos », et désignée comme devant être comprise dans l'adjudication. Cette maison d'arrêt n'existe plus, et aucun
indice n'en signale l'ancien emplacement.

Que devenait l'abbaye entre les mains de Fallier ?... Propriétaire et
maître absolu de ce grand monastère, comment en disposait-il ?...
Tout simplement il le démolissait.

(1) Nous avons dit (p. 93) que cette « Charbonnière » fut utilisée par la municipalité et la Société populaire pour leurs séances. Plus tard, quand l'instituteur
quitta le bâtiment du presbytère, sans doute après le Concordat, il vint s'y
installer. Le bâtiment fut démoli en 1861, quand on restaura l'église, alors que
l'ancienne dénomination était depuis longtemps oubliée. (V. deux délibération,
municipales des 10 février et 14 mai 1861 ; et aux Arch. de l'Allier, série O,
commune de Saint-Menoux, un dossier très abondant contenant un plan de tout
le terrain précédemment occupé par l'ancienne abbaye).

(2) Quelques-unes de ces stalles, assez endommagées, ont été conservées et
placées dans l'église. M. l'abbé Moret, dans son *Hist. de Saint-Menoux*, p. 80 et
96, en a donné une reproduction en héliogravure.

(3) En fait les lambris et le parquet du chœur furent aussi réservés.

(4) Au sujet de ce sentier (la rue du Couvent), voir ci-dessus, p. 10 et 18, ainsi
que notre plan.

Soit afin de se procurer les fonds nécessaires pour payer les acomptes, soit hâte de réaliser des bénéfices, il jetait bas, en effet, les constructions, il en vendait les matériaux. Et dans le parc les beaux arbres, ceux du massif que l'on appelait « le bosquet », entre autres, jonchaient le sol : c'était comme une exploitation en forêt.

On fut informé au district de ces procédés et le directoire voulut y porter obstacle. On prit un arrêté (12 avril) à la suite duquel Fallier fut sommé de payer la totalité du prix de l'adjudication, ou de fournir caution, « attendu qu'il détruisait le gage de la nation ». Les matériaux et les arbres devaient être saisis et un gardien désigné pour surveiller le tout, à ses frais. Mais il n'était pas homme à s'incliner sans lutte. Très obstiné et processif, il contesta à l'administration qu'elle fût en droit d'intervenir, alléguant que les bâtiments démolis manquaient de solidité. Il demanda même l'autorisation, pour cette cause, de continuer, et malgré un premier refus (25 juin), il revenait à la charge sous le prétexte que ce qui resterait debout serait plus que suffisant pour la garantie de la dette. Il se montrait agressif, et menaçait de s'adresser au tribunal du district. Le directoire lui répondit (2 juillet) « qu'il ne devait pas ignorer jusqu'où pouvaient s'étendre les droits de l'administration, puisqu'il était lui-même caution de Thibaud, son beau-frère, à qui avait été faite pareille sommation, suivie de la saisie des matériaux de l'église Saint-Pierre (1) ; contre lesquelles sommation et saisie il n'avait pu faire valoir aucun moyen d'opposition... » La conclusion était que : « sans s'arrêter à ce que la pétition contenait d'injurieux, il y avait lieu de la déclarer inadmissible ».

Fallier, néanmoins, ne se tient pas pour battu. Changeant de tactique, il annonce tout à coup (29 juillet) qu'il ne veut plus abattre les bâtiments : il entend, au contraire, les entretenir, les réparer. Seulement, pour la jouissance, il est nécessaire d'en distraire plusieurs parties, dont l'état de vétusté peut faire craindre des éboulements. Dans ces condi-

(1) Pierre Thibaud s'était rendu adjudicataire, le 14 janvier 1792, de l'église Saint-Pierre de Moulins, y compris la « chapelle Giraud (?), la sacristie et le clocher », mais non compris « les cloches, l'autel, le tabernacle, les tableaux, les statues, grilles, bancs, stalles et autres objets de décoration », au prix de 15.000 livres.

tions, prétend-il, la saisie ne peut être maintenue sur les matériaux, ni l'interdiction d'en disposer, etc. Il en revenait toujours à son idée, et toujours, naturellement, on lui faisait la même réponse ; c'est-à-dire qu'on ne lui laissait, cette fois (5 août) comme précédemment, avec l'embarras des richesses, que le choix, ou de se libérer par anticipation, ou de fournir caution.

Il semble bien, pourtant, qu'il parvint à obtenir gain de cause devant les juges, car on trouve dans un autre arrêté du département, du 8 fructidor an II (25 août 1794), une autorisation donnée à l'agent national « pour suivre l'effet d'un appel interjeté contre le citoyen Fallier..., au sujet d'un jugement du tribunal du district du 8 du même mois d'août ». Ce jugement ne peut concerner que le différend dont il vient d'être parlé ; en tous cas, pendant les années qui suivirent, Fallier continua, paraît-il, à transformer l'abbaye en ruines : il fit tout raser, notamment le cloître, et non sans endommager l'église (1).

Voyons maintenant comment furent vendus les meubles.

L'inventaire dressé par la municipalité, en juillet 1790, avait été une mesure préparatoire. On y avait consigné l'argenterie, les effets de sacristie, la bibliothèque, le mobilier le plus précieux, etc. ; puis tout cela était resté en la garde des religieuses jusqu'au jour des enchères, 16 mai 1792 (2). Cette vente, faite par Vidil, huissier à Moulins, en présence de Martin Radot et de J.-B. Reignier, membres du district, produisit 2.404 l. 12 s. 11 d.

Les publications par affiches avaient eu lieu à Moulins, Bourbon et Saint-Menoux ; et néanmoins il est à remarquer que ce sont surtout les amateurs de Souvigny qui vinrent concurrencer ceux de la localité. Moulins avait été principalement représenté par les revendeuses « la Marie-Jeanne » et « la Voisin », toutes deux, ainsi que « la Petit » et « la Chassin », bien connues à cette époque sous ces appellations familières.

---

(1) V. une lettre du maire Bouchand au préfet, du 2 octobre 1829. (Arch. de l'Allier, série O, commune de Saint-Menoux ; procès Condamine.)

(2) Ce n'était que la deuxième vente mobilière. La première, faite le 17 octobre 1790 par Aucouturier, avait compris les effets et bestiaux de la basse-cour. On la trouve mentionnée, sans indication de chiffres, dans un récolement de la municipalité du 4 juin 1791.

Ce fut, suivant l'expression de M. Cornillon, l'âge d'or du bric-à-brac, et on ne saurait, aujourd'hui, s'imaginer la quantité de meubles qui, sortis des couvents et des églises, allèrent s'entasser dans les magasins des marchands ou se disperser chez les particuliers. Et dans le nombre, combien d'objets rares ne furent pas disséminés dans les ménages ruraux, et anéantis ?

Le 21 septembre suivant, Martin Radot fit, ainsi qu'on l'a vu, l'inventaire des meubles et effets restés à l'usage des religieuses, et il attribuait à ces dernières ceux auxquels elles avaient droit. Cette question d'inventaire réglée, on pouvait continuer à vendre, et une nouvelle adjudication faite par l'huissier Vinatier eut lieu les 25 et 26 octobre, en présence de Reignier, assisté de Loyard et de Faivre. Le produit net de la première vacation fut de 767 l. 4 s., et celui de la deuxième, de 321 l. 9 s.

Cette vente comprit surtout des meubles vulgaires, et cette fois une grande partie des habitants, bourgeois, journaliers et métayers, purent s'y approvisionner. Une seule des revendeuses de Moulins, « la Chassin », y parut (1).

Parmi les meubles se trouvait un *clavecin*. Radot l'avait consigné dans son inventaire et le district, en commissionnant Reignier le 19 octobre, pour surveiller les opérations, lui recommandait spécialement de le faire transporter à Moulins « pour y être vendu, parce que un meuble de cette espèce trouverait peu de concurrence à Saint-Menoux » ; mais Reignier n'avait pu se conformer à ces indications, « attendu qu'il faut une grande précaution pour empêcher la dégradation » d'un instrument semblable, ainsi qu'il l'expliquait dans un rapport adressé au district le 26.

On sait qu'en décembre 1792, c'est-à-dire après la deuxième adjudication, l'abbaye avait été mise à sac. Ultérieurement, cependant, il avait été possible aux officiers municipaux de réunir et de mettre en dépôt, dans une chapelle de l'église, une certaine quantité de fers soustraits au pillage. Il s'en était trouvé un peu plus de 400 livres, consis-

(1) Gilbert-Bon Aubery ne dédaigna pas d'y faire quelques emplettes pour sa batterie de cuisine.

tant en « une grande grille et sa porte, et deux grillages provenant de la cheminée du parloir ci-devant abbatial » (1). La municipalité fit conduire le tout à Moulins, dans la cour du département (2), où une quantité d'autres débris de même origine, grilles de parloirs des communautés supprimées, portes, balustres, ferrements d'églises, etc., se trouvaient amoncelés.

Il en était encore resté à Saint-Menoux, de ces fers, parmi lesquels la grille qui séparait « le chœur des dames » du sanctuaire de l'église ; il restait également des stalles et la boiserie du cloître, plus l'horloge, les vitraux, etc. Il restait enfin le clavecin.

Le tout fut vendu sur place, le 8 avril 1793, par l'huissier Pierre Chartron, en présence de Martin Radot, du procureur de la commune Charles Guelin et de l'officier municipal Rolland. La grille atteignit le prix de 241 livres et fut adjugée à Pierre Réty, de Moulins, qui acheta, en outre, pour 127 livres, un lot supplémentaire encore fourni par l'inépuisable abbaye. L'horloge avec ses poids, ses balanciers, son timbre, fut vendue à Fallier, pour 150 livres, et les vitraux « déposés dans une boîte placée derrière le chœur de l'église », pour 1 livre 15 sols à Jean Loyard, qui ne visait probablement qu'à faire emplette de la boîte. Quant aux stalles, au siège du prie-Dieu de l'abbesse et à la boiserie du chœur, on leur adjoignit le clavecin, « parce que, dit le procès-verbal, il a été tellement dégradé et mis hors d'usage, que sa valeur serait presque nulle s'il se vendait séparément ». Cet ensemble fut adjugé à Fallier pour la modique somme de 36 livres (3).

Au sujet de ce clavecin on pourrait se demander comment, étant séparément de valeur nulle ou à peu près, il pouvait en ajouter aux objets auxquels on le réunissait, ou en recevoir d'eux. Quoi qu'il en soit,

(1) Reg. municipal ; délibération du 1er janvier 1793.
(2) Actuellement le bâtiment de l'ancien évêché, rue Diderot.
(3) Dans les procès-verbaux de ventes il n'est pas question du buffet d'orgues, mais on lit dans une délibération municipale, portée au registre à la date du 19 pluviôse an v : « ... lecture faite de la lettre du département du 10, concernant le *buffet d'orgues*, à laquelle il a été répondu que celui qui existait dans l'église de la ci-devant abbaye a été vendu *dans les temps* au citoyen Cartier, apothicaire à Moulins... » Il est probable que cette vente avait été faite à l'amiable par les officiers municipaux.

c'est une fin lamentable de cet instrument de distraction et d'étude des religieuses, rare et précieux à cette époque, et qui s'est tant multiplié de nos jours sous une forme modifiée et un autre nom, au point d'exciter les convoitises fiscales. L'épinette de Saint-Menoux, après avoir subi deux fois les terribles épreuves du pillage de l'abbaye, devenait l'insignifiant appoint d'un lot hétéroclite dont les enchères étaient portées à 36 livres !

On vendit aussi, le 31 prairial an II (9 juin 1794), le mobilier de Maurice Deschamps de Pravier. Il consistait en meubles et bestiaux garnissant la réserve (maison, jardin, terre et pré) de Lavin. Le chanoine en avait la jouissance gratuite, sauf les simples charges d'entretien. Le produit fut de 2.075 livres 14 sols.

II

LES BIENS D'ÉMIGRÉS — VENTE DE BIGUT (MEUBLES ET IMMEUBLES) — VENTE DES VESVRES, DES NIZONS, DE LÉPAUD, DE LA MESCHINE — VENTE DE LA « FORÊT DE LÉPAUD » (DOMAINE DE LA COURONNE).

UNE loi du 12 février 1792 mit les biens des émigrés « sous la main de la nation », et les opérations de vente commencèrent aussitôt (1). On rencontra — ce qui ne s'était pas produit pour les biens ecclésiastiques — quelques obstacles en nombre de localités, notamment dans celles qui avoisinent Saint-Menoux, au point qu'Aucouturier, nommé commissaire pour les inventaires de meubles dans le canton, se voyait dans l'obligation de se faire escorter par des gendarmes (2).

(1) La vente des biens d'émigrés fut trop souvent l'occasion de procédés inavouables. M. Cornillon cite en les flétrissant (*le Bourbonnais sous la Révolution*, II, 238), des manœuvres criminelles — malheureusement couronnées de succès,— qui font horreur.

(2) Informé par les municipalités qu'il y aurait danger pour lui à se présenter dans les châteaux, il réclama du district la protection d'une brigade de gendarmerie. Le 2 mai il devait être à Agonges à huit heures du matin, mais il déclare qu'il ne partira que s'il ne court aucun risque. « Je vous assure, expliquait-il, que l'affaire est très délicate dans la circonstance présente, *où les esprits fermenten*

Au mois d'octobre, ainsi que le fait connaître une proclamation du district, datée du 19, il y avait, dans la circonscription, des biens confisqués concernant trente-quatre émigrés, parmi lesquels Jarsaillon et Renaud de Boisrenaud.

L'ancien maire et juge de paix de Saint-Menoux était parti laissant chez lui un simple métayer, mais le district avait affermé la propriété(1) et fait établir un état de lieux dont avait été chargé Jean Blondin. Le procès-verbal dressé par ce dernier (20 décembre 1792) nous montre Bigut dans un triste état. Les bâtiments menaçaient ruine et paraissaient, de même que l'abbaye, avoir été quelque peu mis au pillage. Le métayer Tassin avait été, cependant, constitué gardien, mais aux fenêtres toutes les vitres, sans exception, n'en étaient pas moins brisées. L'habitation et les autres constructions, intérieurement et extérieurement, les terres, les prés, les clôtures, les arbres, les vignes — « non cultivées depuis deux ou trois ans », — le jardin, « où il n'y a plus d'espaliers, mais seulement deux ou trois *tous vents* », le taillis, etc., tout y offrait le piteux aspect de la décrépitude, de l'abandon, de la misère.

La vente des meubles eut lieu le 9 avril 1793. Elle produisit 2.661 livres 15 sols (2).

---

beaucoup dans nos environs ». Il ajoutait : « Le fanatisme et l'aristocratie voudraient bien étendre leurs conquêtes jusqu'à Saint-Menoux, mais ils n'en viendront pas à bout... » Dans une autre lettre, du 8 mai, il dit encore : « Mercredi et jeudi dernier je fis l'inventaire des meubles et effets des maisons de la Pommeraie, Bigut et Issard... La présence de messieurs les gendarmes fut pour moi un motif d'accélérer la besogne ; nous partions le matin de bonne heure et nous nous retirions le soir tard... Un gros rhume, qui a été le fruit de ma première course, et la pluie continuelle, me retardent dans mes opérations. » Le 10 juin il avait terminé son travail.

(1) On lit dans un *tableau des biens des émigrés affermés*, des Archives de l'Allier, à l'article Jarsaillon : « Maison, réserve, grand et petit domaine de Bigut. — Date du bail (par adjudication) : 29 octobre 1792 ; prix : 2.125 livres ; fermier : Pierre Mathé (de Souvigny) ». Et en observation : « Le ci-devant propriétaire a toujours joui par lui-même ». Mais Mathé n'était fermier que pour une année. L'année suivante (du 11 novembre 1793 au 11 novembre 1794), Pierre-Joseph Chérion fut adjudicataire (8 novembre 1793) pour 1.625 francs.

(2) L'état des ventes qui donne ce chiffre mentionne aussi une autre adjudication de meubles ayant appartenu au chevalier, faite à Moulins le 11 vendémiaire an III (2 octobre 1794). Le total atteignit 354 l. 10 s. Il faudrait peut-être en conclure que Jarsaillon avait un pied-à-terre au chef-lieu.

Quant aux immeubles, on les mit en adjudication le 24 ventôse an II (14 mars 1794). Voici le tableau des ventes :

DÉSIGNATIONS	ADJUDICATAIRES	ESTIMA-TIONS	PRIX
Réserve de Bigut.............	Pierre Mathé	14.004	37.400
Le champ Dillon..............	J.-J. Cartier, apothicaire....	520	1.350
Le pré Lanaud...............	J. Deschamps, de St-Menoux.	600	3.000
Le champ Chattin ou Chassin..	J.-J. Cartier	192	1.100
La Prairie..................	J. Deschamps.............	1.000	3.700
La Prairie..................	J.-J. Cartier.............	300	1.525
Le champ du Clou............	Gilbert Mathé, d'Autry.....	1.260	4.025
Le champ des Après..........	J.-J. Cartier............. ..	580	2.025
Le pré Mirlaudon.............	G. Mathé...........	800	3.200
Une vigne...................	P. Mathé...........	360	1.000
Champ de la Croix	G. Mathé.................	1.440	4.000
Le Verger	Louis Tassin, de St-Menoux.	144	1.025
Le pré de Coulède...........	François Camus, de Bourbon.	600	2.050
Le petit champ du Quinechou...	P. Mathé.................	72	600
Le pré du Puits..............	L. Tassin.................	200	1.050
Cinq boisselées de terre.......	Id.	50	450
Bâtiments du Petit Bigut........	Id.	1.000	3.650
Le petit champ du Bois.......	Louis Pessant...	108	350
Le grand champ du Bois	G. Mathé.................	400	1.500
Les Bruyères................	François Camus...........	200	1.000
Le champ de la Grette........	J.-J. Cartier..............	180	650
Le grand domaine de Bigut.....	Pourçain Jutier, de Meillers.	13.077	27.200
TOTAUX....................		37.087	101.850

Les biens de Pierre-Joseph de Boisrenaud furent vendus, savoir :

Les Vesvres (propriété située en partie seulement sur la commune de Saint-Menoux), le 6 thermidor an IV (24 juillet 1796), à Gilbert Desbordes, fermier, au prix de 14.410 francs, et les Nizons le 28 fructidor suivant, au même, pour 6.873 francs.

Lépaud fut adjugé également le 28 fructidor, à Pierre Thibaud et aux deux frères Bichon, tous les trois indivisément, pour 51.103 francs (1).

Mme de Boisrenaud mère dut, comme ascendante d'émigré, procéder

---

(1) Ces trois ventes eurent lieu d'après un système établi par une loi du 28 ventôse an IV, sans adjudication.

avec la République au partage dont il sera parlé plus loin. D'après cet acte, le domaine de la Meschine, situé sur les communes de Souvigny, Autry et Saint-Menoux, fut attribué à la nation et vendu le 15 nivôse an VII (4 janvier 1799), à Jean Rondepierre et François Chenebrard, de Souvigny, au prix de 9.200 livres (1).

En même temps (12 thermidor an IV) que la Garenne, qui lui était contiguë, on avait aussi vendu la « forêt de Lépaud », du domaine de la Couronne, également à Joseph Franque (2). Prix : 26.400 francs.

Dans le procès-verbal d'estimation de cette forêt (29 prairial), annexé au procès-verbal de vente, les experts avaient mentionné que « le bois était très mal gardé ». Fallier, commissaire du directoire exécutif, avait ajouté que « si la vente de la Garenne n'était pas simultanée à celle de la forêt, les dilapidations, qui se partageaient, se réuniraient toutes dans la partie à vendre, par la raison que les bois des particuliers sont moins exposés au vol et au pillage que les bois de la nation (3) ». Cette manière de voir avait été adoptée.

Il résulte de la désignation que l'étendue de cette « forêt » était d'environ cent dix-huit arpents (4), se divisant en deux parties, l'une à

---

(1) Le système des adjudications avait été remis en vigueur.

(2) V. ci-dessus, p. 180, le tableau des ventes provenant de l'abbaye.

(3) Pendant tout le cours de la Révolution, les taillis et forêts furent, en effet, constamment mis en état de dévastation, ainsi qu'en témoignent une infinité de délibérations des administrations de département et de district. Les citoyens, même les gardes chargés d'empêcher les dégâts, se livraient partout aux déprédations les plus audacieuses, dont nous trouvons un exemple caractéristique dans un arrêté du département du 20 mai 1792, rendu sur procès-verbal de Jean Loyard et de Jean Montillié, maire et officier municipal. Assistés d'Etienne Aucouturier, caporal de la garde nationale, et de Joseph Guelin, charpentier, ils avaient surpris un garde à cheval des eaux et forêts, accompagné de son métayer et d'un domestique, « en flagrant délit dans la forêt de Lépaud, où il faisait couper pendant la nuit des arbres qui étaient ensuite chargés sur une voiture à bœufs et conduits à son domicile ». Le curieux c'est que ce singulier garde ne fut même pas révoqué. Philibert Blondin demanda sa place et on lui répondit (12 floréal an III) « qu'aucune plainte n'avait été portée contre lui, et qu'on ne pouvait dépouiller l'un pour investir l'autre ».

(4) Lépaud, comme Bagnolet, dépendait de la maîtrise de Moulins. On voit l'une et l'autre figurer dans un *Etat des grandes et petites forêts des maîtrises de Moulins, Montmarault et Cérilly*..., la première pour 117 arpents 3/4 et la deuxième pour 3.830 arpents. (Arch. de l'Allier, série B. ; maîtrise de Montmarault).

droite de la grande route de Moulins à Bourbon, et l'autre à gauche. Elle se composait d'un « bois futaie âgé de soixante à quatre-vingts ans, dans lequel il était resté beaucoup de vieux chênes très anciens, qui n'étaient plus propres qu'à faire du bois de chauffage » (1). La partie située à droite de la route ne comprenait pas plus de vingt-huit arpents, dont les six-huitièmes étaient des clairières, beaucoup plus rares à gauche.

Il n'existe pas, pensons-nous, d'autres biens de la commune ayant été vendus comme nationaux (2), mais plusieurs furent, en application d'un décret du 17 frimaire an II (7 décembre 1793), mis sous séquestre. Il n'est peut-être pas sans intérêt d'en dire quelques mots.

III

BIENS D'ASCENDANTS SÉQUESTRÉS — PETIT-BOURG ET LA MESCHINE — SOUYS ET CLUZOR — LAVIN.

D'APRÈS un décret de frimaire an III et un autre du 9 floréal (28 avril 1794), les biens des pères et mères ou autres ascendants d'émigrés étaient, sans autre raison que celle de la parenté, d'abord placés sous séquestre, puis liquidés et partagés avec l'Etat qui, se mettant aux lieu et place des émigrés, faisait son profit de ce qui eût dû leur revenir. Les ascendants étaient en quelque sorte institués héritiers d'eux-mêmes par l'attribution d'une portion d'enfant, plus de 20.000 francs hors part (3).

(1) La forêt de Lépaud s'étendait sur le plateau, au delà de la ferme connue actuellement sous le nom significatif de « Bois de Lépaud ». La Garenne inclinait vers la vallée du Chamaron, au-dessous de la forêt.

(2) Un *état de consistance et d'évaluation des biens nationaux restant à aliéner au 1er prairial an V dans le département de l'Allier*, série Q des Archives, énumère, avec l'église et le presbytère, des rentes constituées dont avaient été propriétaires les bénédictines, et des rentes foncières dont avait joui le curé, ainsi que « la maison du collège » mentionnée comme lui ayant également appartenu, et un « ci-devant cimetière provenant de la commune ». Nous n'avons pas le moindre renseignement sur les aliénations qui ont pu en être faites.

(3) Quand le montant de la succession ne dépassait pas 20.000 livres, le directoire du district, chargé du partage, prenait un arrêté aux termes duquel « la République déclarait renoncer à cette succession et en faire l'abandon définitif ».

Les opérations de partage furent un moment suspendues, et, qui le croirait ? au grand regret de ceux qui en étaient les victimes. En proie à l'impérieux besoin de subsister — car tous les revenus étaient supprimés, — chacun avait hâte, on le comprend, de sacrifier une partie de sa fortune pour pouvoir disposer du surplus. Mais ce ne fut que par un nouveau décret, du 20 floréal an IV (9 mars 1796), que les personnes sur les biens desquelles le séquestre avait été apposé se virent « admises à demander la liquidation... » On consentait à « recevoir les pères et mères d'émigrés à *l'avantage d'un arrangement définitif avec la République* ».

Pierre-Joseph Renaud de Boisrenaud (1) ayant émigré, les biens de sa mère avaient été placés sous séquestre, et à la suite de cette mesure celle-ci était tombée dans un état d'indigence absolu. Elle avait protesté de toutes ses forces, revendiquant ses droits méconnus et réclamant une amélioration à sa situation. Dans l'une de ses pétitions, datée du 4 floréal an II (23 avril 1794) et adressée au représentant en mission dans l'Allier Vernerey (2), elle exhale ses justes plaintes des rigueurs dont elle est l'objet, sans y avoir donné lieu par aucun acte répréhensible. Elle est, explique-t-elle avec tristesse, « âgée de soixante-quatorze ans et accablée d'infirmités, toujours inséparables de la vieillesse ». On lui a dit qu'elle avait un fils émigré : or, « ce fils est lui-même âgé de quarante-deux ans ; il est marié depuis quinze ans et a toujours été séparé d'elle... » Elle ne saurait donc être rendue responsable de ses actes. Elle ajoute que « dans les premiers temps de la Révolution, ce fils est allé habiter la Flandre, d'où il est originaire et où il possède des propriétés... », et que « depuis ce moment elle n'en a reçu des nouvelles que très indirectement ». Chaque fois qu'elle en trouvait l'occasion elle lui faisait dire de ne pas quitter la France ; « et la preuve de ce qu'elle avance, elle la trouve dans la conduite de son fils aîné, qui est resté à Moulins, où il est mort dans son lit il y a peu

---

(1) Dans des titres de 1786 il est qualifié d' « officier au régiment de Royal-Normandie cavalerie », marié à Marie-Adrienne-Angélique Duchambge-Deliessart. (Arch. de l'Allier, série E. 1658-1660.)

(2) Arch. de l'Allier, série L. 112.

de temps...» (1). « A cause de cette émigration, continue-t-elle, à laquelle elle n'a contribué ni par ses paroles ni par ses actions, tous ses revenus ont été séquestrés, les meubles de son fils décédé vendus, et cependant ils lui appartenaient. Les terres ont été affermées et sont au moment d'être adjugées. Elle est privée de tout. Elle fait réclamation sur réclamation et on n'en écoute aucune. Elle a présenté ses actes de propriété. Elle a fait des actes judiciaires pour conserver ses droits et on n'y a aucun égard. Enfin on la retient chez elle captive (2) ; on exige qu'elle paye une taxe révolutionnaire de la somme de 7.000 livres (3) et on lui a tout séquestré, même les meubles qui garnissaient sa maison de campagne...» Enfin elle prie les corps administratifs de vouloir bien « liquider ses droits pour qu'elle puisse s'aider jusqu'à son dernier moment de la jouissance de ses propriétés ; et voulant aussi écarter cette dernière heure, qui est pire à tous ses maux, elle demande qu'il lui soit libre de sortir de chez elle, où elle est détenue en esclave, privée de tout sans raison ni motif... » On ne doit pas craindre que sa liberté fasse courir des dangers à la République, car « à son âge on ne fait ni ne peut aider à faire une contre-révolution ; celle qui s'opère chaque jour dans un corps faible et presque usé est bien suffisante ».

Ce partage, qu'elle sollicitait en termes si touchants, se fit attendre jusqu'au 12 messidor an VI (30 juin 1798) (4).

Mme de Boisrenaud avait un petit-fils, né en 1794 à la Haye, fils de Pierre-Joseph. Elle tenta de l'introduire dans le partage à titre

(1) Elle semble vouloir établir qu'elle avait agi de tout son pouvoir pour empêcher l'émigration, ce qui, d'après le décret de frimaire, l'eût mise à l'abri du séquestre, et comme conséquence du partage ; mais elle avait déjà présenté ce motif sans pouvoir le faire accepter.

(2) Par décision du comité de surveillance, du 16 octobre 1793, elle avait été consignée chez elle, ainsi que sa bru, Mme de Boisrenaud-Sagonne.

(3) Par une autre décision du comité de surveillance, du 5 octobre 1793.

(4) Après une première mainlevée, une partie des biens de Mme de Boisrenaud avait été replacée sous séquestre par Fallier, nommé (11 ventôse an VI) commissaire pour vaquer à toutes les opérations de cette nature concernant les propriétés des ascendants d'émigrés situées dans le canton de Souvigny. Il avait procédé, ainsi que l'huissier Vinatier, les 4-16 pluviôse an VI, à l'inventaire du mobilier du château d'Embourg. Le même séquestre fut aussi levé par lui le 2 prairial suivant.

d'héritier, mais le directoire du district s'y opposa. « La citoyenne
Cardon-Boisrenaud, dit l'arrêté pris à ce sujet, a eu deux enfants... ;
Antoine-Louis est décédé et a laissé sa succession à son frère ger-
main ; ce dernier a émigré et ses biens appartiennent à la République :
d'où il résulte que Jean-Baptiste-Antoine-Frédéric-Joseph, son petit-
fils, ne peut lui succéder et que la *succession ouverte de la citoyenne
Cardon doit être divisée en deux parties égales, dont l'une doit lui être
attribuée et l'autre à la République*, comme représentant Pierre-Joseph
Renaud-Boisrenaud, émigré. » Ainsi fut fait.

Parmi les biens « expédiés à la citoyenne Cardon » se trouvait le
domaine de Petit-Bourg, dont les dépendances s'étendaient sur les
communes de Souvigny et Saint-Menoux ; et dans ceux attribués à la
République était comprise la ferme de la Meschine, vendue ainsi qu'on
l'a vu.

Le cas de Mme de Saint-Roman fut plus triste encore que celui de
Mme de Boisrenaud. Son mari, condamné à mort par le tribunal révolutionnaire de Paris, avait été exécuté et son fils Alexis-Jacques ayant
émigré, on avait mis le séquestre sur tous ses biens : de sorte que tout
lui manquait à la fois et que de ses immenses domaines il ne lui restait
plus rien. A ses demandes en mainlevée et envoi en possession, le
directoire du district n'avait d'abord répondu que par des contestations
d'ordre juridique, subtiles et embarrassantes ; puis, après de longs
délais et des formalités nombreuses, il fut, par arrêté de l'administration centrale de la Seine, du 8 ventôse an VII (26 février 1799), procédé
au partage réclamé, d'après lequel Souys et Cluzor, entre autres,
avaient été attribués à la veuve (1).

Pour la même cause d'émigration le séquestre avait aussi été apposé
sur Lavin, appartenant à Mme Deschamps de Bisseret. Ce n'est que par
arrêté de l'administration centrale du 29 fructidor an VII (15 septembre 1799), et après une infinité d'incidents et formalités, qu'eut
lieu le partage de la « présuccession de la citoyenne Jeanne-Henriette
Saint-Aubin, veuve de Claude Deschamps-Bisseret, entre elle et ses

(1) V. un arrêté de l'administration centrale de l'Allier, du 12 vendémiaire
an VIII.

descendants successibles républicoles et la République, représentant Jean-Louis-César Deschamps-Bisseret ». Ces descendants « républicoles » étaient Jacques-François, chanoine de Saint-Just de Lyon (1), qui avait été déporté, et Jeanne-Marie, sa sœur. Lavin avait été attribué indivisément à la veuve et à ces derniers (2).

(1) V. le *Personnel concordataire*, 75 et 109.— Pour renseignements sur Jacques-François et la situation de cette famille en l'an III, v. Arch. de l'Allier, série L. 64.

(2) Lavin s'est toujours, depuis, conservé dans la même famille, et c'est le seul des anciens fiefs de Saint-Menoux dont la transmission ait été constamment héréditaire.

CHAPITRE VII

Les Ecoles

ORGANISATION DE L'ENSEIGNEMENT — NOMINATION D'INSTITUTEURS A SAINT-MENOUX ET A MONTILLY — OUVERTURE D'UNE ÉCOLE DE FILLES — DÉMISSION DE JEAN-LOUIS AUROUX; SON REMPLACEMENT — LA SITUATION FAITE AUX INSTITUTEURS.

LA première Assemblée nationale n'avait fait qu'affirmer, dans la Constitution de 1791, le principe de l'instruction publique commune à tous les citoyens, et ce ne fut que par le décret du 29 frimaire an II (19 décembre 1793), qu'une première organisation, comportant la gratuité et l'obligation, fut créée. L'état salariait les instituteurs et institutrices à raison de 20 et 15 livres par élève, et tout citoyen ou citoyenne pourvu d'un certificat de civisme et de bonnes mœurs était admis à enseigner. Le programme se réduisait à la lecture, l'écriture et le calcul. Une autre loi, du 27 brumaire an III (17 novembre 1794), institua une école primaire par 1.000 habitants, et un jury d'instruction pour la réception des instituteurs, auxquels on attribuait un traitement annuel de 1.200 livres. La gratuité était maintenue, mais l'obligation supprimée. On ajoutait au programme « l'enseignement de la morale républicaine, les droits de l'homme et les éléments de la géographie et de l'histoire des peuples libres ». Les presbytères non vendus devaient servir de logement aux instituteurs (1).

Enfin une troisième loi, du 3 brumaire an IV (25 octobre 1795), en rétablissant l'obligation vint abolir la gratuité et le traitement : les insti-

(1) Le 25 brumaire an II (15 novembre 1793), la Convention avait déjà décrété que « les presbytères et paroisses situés dans les communes qui auraient renoncé au culte public, ou leur produit, seraient destinés à subvenir au soulagement de l'humanité souffrante et à l'instruction publique ».

tuteurs avaient seulement droit à un local suffisant, plus au jardin y attenant, ou à une indemnité en argent à défaut de jardin. Le jury d'instruction, maintenu (1), examinait les candidats sur présentation des municipalités, et les administrations centrales procédaient aux nominations. Il devait y avoir une ou deux écoles dans chaque canton, et une rétribution scolaire était due par les élèves, dont un quart pouvaient être admis gratuitement comme enfants d'indigents. Pour programme : la lecture, l'écriture, le calcul et la morale républicaine.

Pendant les cinq premières années de la Révolution il n'y eut pas d'instituteur à Saint-Menoux, puis fut présentée la demande d'ouverture dont nous avons parlé, agréée aussitôt par la raison, disent les officiers municipaux en leur langage souvent approximatif, que « l'instruction est une partie essentielle de la société », et que « les dispositions et l'acquis du pétitionnaire sont connus ».

Le 19 floréal an III (8 mai 1795), Charles Guelin s'offrit à son tour pour enseigner. Mais le jury était alors institué et il fallait passer un examen devant lui. Auroux, quoique ayant ouvert son école dès qu'il y avait été autorisé, était soumis à la même obligation. Tous les deux se présentèrent le même jour, 23 ventôse an IV (13 mars 1796), et obtinrent sans difficultés le certificat de capacité qui leur était nécessaire. On ne devait pas, d'ailleurs, être très rigoureux à ces débuts.

Le 13 messidor suivant, un arrêté du département avait décidé qu'il y aurait deux écoles dans le canton, l'une au chef-lieu pour desservir Saint-Menoux, Marigny, Agonges et Autry ; et l'autre à Montilly, pour cette commune et celle de Bagneux. Le 23 (11 juillet 1796) Auroux était nommé à Saint-Menoux et Guelin à Montilly.

L'ancien presbytère avait été mis à la disposition d'Auroux le 12 messidor an III (30 juin 1795), « sauf distraction d'une chambre pour les séances de la municipalité » (2). Dans la pétition qu'il avait adressée au

(1) Composé de trois membres désignés par l'administration centrale. Il y avait plusieurs jurys par département.

(2) La municipalité ne s'installa dans l'ancienne cure qu'à partir de pluviôse an IV (arrêté de l'Administration centrale, du 18). — Les presbytères avaient été, dans les chefs-lieux de canton, exclus des ventes de biens nationaux comme pouvant être utilisés en écoles et pour les besoins des municipalités, partout où il n'y

département pour être autorisé à s'installer dans cet immeuble, il réclamait aussi un jardin, mais comme la loi ne donnait pas droit à ce supplément et que les jardins curiaux ne formant pas une dépendance immédiate de l'habitation, ainsi que c'était le cas à Saint-Menoux, avaient été loués, l'arrêté ne lui avait pas donné satisfaction sur ce point.

Une école de filles fut aussi ouverte à Saint-Menoux par la sœur de Jean-Louis Auroux, Andrée, ou « Andrette », comme on l'appelait. Elle fit le 25 floréal an II (14 mai 1794), devant la municipalité, déclaration de son intention, « si on l'en jugeait digne, de remplir les fonctions d'institutrice en cette commune de Maille-sur-Rose ». Elle était âgée de vingt-cinq ans et connue, suivant les termes du procès-verbal, « comme de bonne vie et mœurs et capable d'instruire la jeunesse suivant la constitution républicaine... » Elle fut également admise par le jury.

En messidor an IV un arrêté du département du 24 parle des écoles primaires qui étaient alors créées, sans qu'il soit question de celle d'Andrée Auroux. On sait cependant qu'à cette date cette dernière était installée et enseignait, ainsi que son frère, dans la maison de l'ancien presbytère. On trouve d'ailleurs, peu de temps après, mentionnée au registre municipal (procès-verbal du 29 frimaire an V), la lecture d'une lettre du département annonçant « l'envoi du mandement de la somme de 1.428 livres en mandats, valeur nominale, pour le trai-

aurait pas d'autre local communal convenant à cette destination (lois des 25 brumaire an II ; 28 ventôse et 6 floréal an IV). — Ce n'est certainement qu'après le Concordat (15 juillet 1801) que le presbytère de Saint-Menoux fut restitué au curé. Dans un état, non daté, mais vraisemblablement de thermidor an IX, énumérant les bâtiments, emplacements nationaux, etc., occupés par un service public ou présumé tel, mention est faite pour Saint-Menoux de la maison curiale comme affectée au « logement de l'instituteur primaire », avec cette observation : « A conserver sous ce rapport d'utilité publique ». (Arch. de l'Allier, série Q). — Quand l'école quitta le presbytère, on l'installa dans la « charbonnière », bâtiment très défectueux, qui néanmoins resta consacré à cet usage jusqu'en 1860, époque où eut lieu la construction de l'école actuelle. (Arch. de l'Allier, série O., commune de Saint-Menoux ; construction d'une école). Depuis 1857 on avait constaté officiellement que maîtres et élèves n'étaient plus en sécurité dans cette ancienne « charbonnière ».

tement des citoyen et citoyenne Jean et Andrée Auroux, instituteur et institutrice dans la commune de Saint-Menoux... » (1).

Le 19 prairial an VI (7 juin 1798), Auroux donna sa démission, motivée sur ce que « son intention était de fixer pour quelque temps son domicile en la commune de Moulins... » Ce départ inopiné obligeait à la fermeture momentanée de l'école, mais le 30 du même mois un habitant d'Aubigny, André-Charles Dupray, se présentait pour occuper la place et était accepté séance tenante. Une note du registre, datée du 10 thermidor, mentionne qu'il avait également obtenu son certificat.

Et cependant ce nouvel instituteur ne dut même pas, on ignore à la suite de quelles circonstances, ouvrir sa classe. Cela résulte d'une délibération du 9 frimaire an VII (29 novembre 1798), où l'administration municipale déclare considérer comme urgent de « s'occuper de pourvoir à l'instruction de la jeunesse dans la commune, *qui depuis longtemps en est privée...* » Mais une solution était sur le point d'être donnée à la question, puisque le même procès-verbal porte encore que « le citoyen Louis Bobier, de la commune d'Autry, ayant été proposé pour remplir les fonctions et l'administration ayant une parfaite connaissance de la moralité, du patriotisme et de la capacité dudit citoyen, a décidé qu'il serait écrit en sa faveur aux membres composant le jury d'instruction de l'arrondissement de Moulins... »

Bobier avait en effet besoin d'être recommandé à la bienveillance du jury, car son savoir, malgré ces éloges, était des plus restreints, ainsi que le seul aspect de sa signature suffisait à le démontrer. Il fut nommé définitivement le 12 fructidor.

La situation faite aux instituteurs, conforme aux idées du temps et à un milieu social très différent du nôtre, était précaire, les municipalités pratiquant à leur égard une stricte économie. Les familles payaient la rétribution scolaire et le maître en vivait, ajoutant à cette maigre ressource le bénéfice fort minime de quelques fournitures. Les enfants lui apportaient aussi du bois, chacun sa bûche dès les premières fraî-

---

(1) Andrée Auroux mourut au bourg à un âge avancé. Elle y fut institutrice long-temps encore après la Révolution, et connue sous le nom de « Madame Blondin ». Elle avait épousé l'un des fils de Jean Blondin, Philibert.

cheurs de l'automne ; et cet usage, qui fut général dans les campagnes, subsista très tard en beaucoup de localités. A Saint-Menoux, ainsi qu'on l'a vu, l'instituteur recevait de la commune le logement et une somme annuelle de 100 francs, très irrégulièrement payée du reste, ainsi qu'on en juge par une pétition adressée par Guelin à la municipalité le 29 frimaire an v (20 décembre 1796). Il demandait à être payé de son traitement, dû depuis germinal an III.

On ne s'empressait pas beaucoup, dans les petites communes, d'ouvrir des écoles. Cependant, sur les instances continuelles de l'administration centrale, le nombre en augmentait sans cesse. Sur cent vingt que l'on avait autorisées dans le département, il n'y avait que soixante-six instituteurs faisant la classe en prairial an v. En germinal an VIII il s'en trouvait quatre-vingts, et les administrateurs s'applaudissaient de ce progrès comme d'une victoire (1).

(1) Compte-rendu de l'administration centrale, du 8 prairial an VI jusqu'au 1er germinal an VIII. (Arch. de l'Allier, série L. 53.)

CHAPITRE VIII

La Garde nationale

La garde nationale a Saint-Menoux — Organisation générale — Faits locaux
Réorganisation — Officiers et sous-officiers — Les colonnes mobiles.

La garde nationale était née spontanément, dans toutes les villes et principaux bourgs, de la révolution municipale de juillet 1789. Il n'y eut d'abord que des armements locaux répondant aux goûts du moment, peut-être aussi à l'idée instinctive que la force allait devenir nécessaire dans la voie où l'on s'était engagé (1) ; mais la plupart des petites paroisses, peu en situation d'y prendre part, s'abstinrent, et ce ne fut qu'en juin 1790, par décret du 18, que la Constituante se préoccupa de généraliser le mouvement en lui donnant la forme d'une institution légalement réglementée.

Dès le début, il y eut à Saint-Menoux une garde nationale organisée (2), mais ce n'est que dans le compte-rendu de la fête de la fédération qu'il y est fait allusion pour la première fois, simplement pour montrer les citoyens « rassemblés sous les armes et drapeaux de la

(1) Au lendemain de la « Grande peur », les officiers municipaux de Moulins conçurent le projet, à l'exemple de toutes les villes, d'organiser une « milice bourgeoise... » En un instant, rapporte le procès-verbal, « tous les citoyens se sont transformés en troupe militaire », pour laquelle une messe fut célébrée au cours de Bercy par l'abbé de la Tour, récemment nommé à l'évêché de Moulins. On organisa un régiment, composé d'un état-major et de dix compagnies de grenadiers, chasseurs, fusiliers, canonniers, pompiers et ouvriers. Dans une compagnie de chasseurs volontaires se trouvaient Gilbert-Bon Aubery du Goutet, comme deuxième capitaine, et Pierre-Georges ou « le chevalier Aubery », comme deuxième lieutenant. (Reg. des délibérations de l'assemblée municipale de Moulins, séance du 17 août 1789 ; Arch. de la ville, n° 136.)

(2) D'après Louis Audiat (la Terreur en Bourbonnais, I, 139).

municipalité ». A partir de cette époque il n'en sera plus question jusqu'en l'an IV, sauf en juillet 1793 à propos des incidents survenus au
marché, et le 10 germinal an II (29 mars 1794), au sujet de la plantation d'un arbre de la liberté.

Cette absence de renseignements s'explique, puisque, ainsi qu'on l'a
vu, ceux que contenaient les « papiers et liasses » mentionnés en l'inventaire de l'an VIII, ont été détruits ou ont disparu. Il y avait là des pièces
de comptabilité, la correspondance, des listes, des procès-verbaux
d'élection, de prestations de serment, etc. Tout cela, se rapportant à
des événements locaux et s'appliquant à une institution qui contribua
tant à singulariser la vie du peuple rural, à cette époque si étrange-
ment active et dramatique, nous intéresserait vivement aujourd'hui.

Il est probable qu'en août 1789, et même après le décret de juin 1790,
il n'y avait eu qu'une formation rudimentaire de la garde nationale,
sans que les hommes en faisant partie fussent astreints à des obligations militaires sérieuses. Un peu partout on y mettait de la négligence,
et ce qui est certain, c'est qu'en juillet 1791, dans beaucoup de cantons,
il n'y avait même pas apparence d'organisation. A cet égard on est
édifié par un arrêté du district, rendu à l'occasion d'une répartition de
fusils entre les communes « où il se trouvait des gardes nationales en
activité et faisant un service habituel ». Les seules communes qui par-
ticipèrent à la distribution furent Moulins, Souvigny, Villeneuve, Paray,
Gannay, Saint-Menoux (pour dix fusils), Thiel, Beaulon, Besson et
Châtel-de-Neuvre ; et encore quelques-unes, entre autres Besson,
n'avaient-elles leur compagnie qu'en formation (1).

Mais le décret du 29 septembre 1791 vint établir une unité de corps
et une réglementation d'ensemble qui n'avaient pas existé jusque là.
D'après ce décret, tous les citoyens actifs, sous peine de perdre cette
qualité, devaient s'inscrire pour le service de la garde nationale, ainsi que
leurs fils âgés de dix-huit ans. L'organisation avait lieu par district et par
canton, non par commune, « sous aucun prétexte ». Chaque bataillon
était à quatre compagnies et la réunion des bataillons du même district,

(1) Le département avait mis (26 juillet) en distribution dans l'Allier 947 fusils,
dont le district de Moulins reçut 200 pour sa part.

jusqu'au nombre de huit à dix, formait une *légion*, commandée par un chef de légion, un adjudant général et un sous-lieutenant général. Chaque compagnie se divisait en deux pelotons, quatre sections et huit escouades ; elle était commandée par un lieutenant, deux sous-lieutenants, deux sergents et quatre caporaux. Chaque bataillon avait un commandant en chef, un commandant en second, un adjudant, un porte-drapeau et un maître-armurier. Tous les grades étaient à l'élection, mais par une singulière disposition les officiers et sous-officiers ne pouvaient être élus que pour un an et devaient, pour être réélus, avoir été soldats dans l'intervalle pendant une autre année. L'époque fixée pour les élections était le second dimanche de mai.

L'uniforme devait être partout l'habit bleu de roi, doublure blanche, passe-poil écarlate, avec veste et culottes blanches. Néanmoins, dans les campagnes, nulle obligation à cet égard.

Les drapeaux portaient pour inscriptions : *Le peuple français ; — la liberté ou la mort.*

Les gardes nationaux pouvaient être appelés au service extérieur en marchant toujours avec leurs drapeaux, sans incorporation dans les troupes de ligne ; mais leur vrai but était de « rétablir l'ordre et de maintenir l'obéissance aux lois ». Ils devaient « dissiper toutes les émeutes populaires et attroupements séditieux ».

Des exercices, marches d'ensemble, évolutions militaires et tirs à la cible étaient exigés d'eux pendant les mois d'avril, mai, juin, septembre et octobre. Un prix d'honneur, dont la valeur ne devait pas excéder 6 livres, était décerné au meilleur tireur.

Ce décret ne fut, d'une manière générale, mis en application qu'en juillet 1792. On voit en effet le district, le 16, décider, après lecture de la loi déclarant la patrie en danger, que des mesures urgentes seront prises pour « le rassemblement des gardes nationales..., objet d'autant plus pressant qu'elles ne sont point encore organisées, quelque peine que le directoire se soit donnée... » Le même jour, dans une autre séance, la discussion s'engageait sur la question, et le lendemain une instruction était envoyée à toutes les municipalités, pendant que des membres du conseil et du directoire, ou autres commissaires délégués, se rendaient dans les cantons « pour seconder le zèle et les efforts des différentes municipalités », convoquées au chef-lieu.

De tous les faits locaux qui, nécessairement, furent la conséquence de cet arrêté, un simple incident, consigné dans une autre délibération du même directoire (19 octobre), nous est connu. Il s'agit de « propos incendiaires » qu'avait tenus un nommé Gueulet, laboureur au domaine des Jeandeaux (1), dans une réunion des municipalités du canton, tenue au bourg sous la présidence du maire de Marigny, « à l'occasion de l'organisation de la garde nationale ». Un procès-verbal, transmis au juge de paix sur ordre du directoire, avait été dressé.

Cette réunion des municipalités, en octobre, était sans doute pour prendre des mesures complémentaires, car dès le mois de septembre l'organisation était complète, sauf que les officiers restaient à élire. Le 16 on réunissait à Moulins, dans ce but, toutes les compagnies du district (2).

Pendant les deux années suivantes, pour tous renseignements particuliers nous voyons, dans des procès-verbaux du registre municipal (11 juillet 1793 et 31 mars 1794), qu'Etienne Aucouturier est qualifié de commandant et que Claude Mérite et Tridon sont désignés comme officiers (lieutenant et sous-lieutenant).

En l'an III une réorganisation générale parut nécessaire et une loi fut votée à ce sujet le 28 prairial. La garde nationale devait être composée de tous les citoyens valides âgés de seize à soixante ans. Les bataillons devaient comprendre dix compagnies, et les compagnies être composées de : un capitaine, un lieutenant, un sous-lieutenant, un sergent-

---

(1) Ou Jandiaux, commune de Marigny.

(2) V. une délibération du conseil du district, du 7 septembre 1792. — On cite peu de cas de résistance à l'organisation de la garde nationale. Cependant il s'en produisit un à Besson, où « un nommé Simon Delerin, propriétaire dans la commune, s'est rendu coupable de propos atroces et incendiaires envers les membres de la municipalité ; atroces en ce qu'ils tendaient à exciter le peuple à exercer sur les magistrats des traitements d'une férocité sans exemple, et incendiaires en ce qu'ils étaient une invitation à opposer à la loi relative à l'organisation de la garde nationale une coupable résistance ». Une instruction était ouverte par le juge de paix de Souvigny, afin que Delerin fût jugé « suivant la rigueur des lois ». (Délibération des conseil et directoire du district, du 20 août 1792.)

major, quatre sergents, huit caporaux, soixante fusiliers, un tambour ;
en tout soixante-dix-sept hommes. Pour état-major des bataillons, un
chef de bataillon, un adjudant et un porte-drapeau. Les élections
annuelles étaient fixées au premier décadi de germinal, et il n'était rien
changé à l'uniforme ni aux marques distinctives.

Mais les lois, à cette époque, n'étaient pas appliquées avec beaucoup
d'empressement et celle-ci n'avait pas même reçu un commencement
d'exécution quand, quatre mois après, en brumaire an IV, s'assem-
blèrent les municipalités de canton ; et déjà une autre loi du 16 vendémiaire était venue réduire chaque bataillon à huit compagnies, et
attribuer à chacune un capitaine, un lieutenant, deux sous-lieutenants,
quatre sergents, huit caporaux, soixante-quatre volontaires et deux tambours, soit quatre-vingt-deux hommes au lieu de soixante-dix-sept (1).

Le registre de la municipalité de Saint-Menoux ne contient, daté du
6 nivôse an IV (27 décembre 1795), qu'un seul procès-verbal d'élection
d'officiers et sous-officiers. Etaient élus : commandant, Philibert Blondin ; lieutenant, Claude Mérite ; sous-lieutenant, Gabriel Aucouturier ;
sergent-major, Laurent Bonnejournée ; sergents, Léonard Gabet et
Jean Guelin ; caporaux, Pierre Rambert, Antoine Montillié, Pierre
Laconche et Pierre Condamine. Les prestations de serment relatées
dans les comptes rendus des cérémonies célébrées chaque année sous
le Directoire en pluviôse, à l'occasion de la mort du « dernier roi des
Français », fournissent aussi quelques noms. On y voit qu'en l'an IV le
porte-drapeau est Antoine Trémont. En l'an V, pas de changements
indiqués, sauf que Gabet est devenu sergent-major. En l'an VI Blondin
est encore commandant, mais Mérite et Aucouturier occupent les grades
de capitaine et de lieutenant, et Laconche celui de sergent. Il n'est
question d'aucun autre.

<hr>

(1) A noter le recrutement opéré quelques jours plus tard dans toute la France,
parmi les gardes nationaux, d'une « garde départementale » près le Corps législatif. L'Allier devait y contribuer pour quatre-vingt-trois hommes, et l'administration centrale, par arrêté du 28 vendémiaire, décida que les gardes nationaux des
cinquante-neuf cantons désigneraient un homme par canton, les vingt-quatre de
surplus devant être fournis en excédent par les cantons les plus populeux. Les
compagnies procédèrent par voie d'élection (5 brumaire), et une revue des élus
fut passée le 10, à Châtel-de-Neuvre.

La garde nationale avait fourni les contingents de volontaires de 1791 et 1792. Depuis, elle avait été surtout employée à assurer les approvisionnements des marchés, à les surveiller, porter les réquisitions, les faire exécuter, et aussi à figurer aux fêtes civiques, etc. Voici le moment où son rôle va s'étendre et où, pour faire face à des nécessités pressantes, elle sera mise, par le moyen de détachements organisés d'avance et toujours prêts à marcher, en situation de faire partout, dans le canton, un service actif et régulier. Ces détachements, connus sous le nom de *colonnes mobiles*, furent créés par arrêté du directoire exécutif du 17 floréal (16 mai 1796).

La colonne mobile, non compris les officiers et sous-officiers, était du sixième de la totalité de la garde sédentaire de chaque canton, et les hommes la composant se renouvelaient par le vote tous les six mois, en frimaire et en prairial. Les citoyens désignés pour ce service ne cessaient pas pour cela de faire partie de la garde sédentaire, les colonnes ne pouvant être considérées comme une troupe distincte. Ce n'étaient que de simples détachements, mis en activité sous cette dénomination spéciale sur réquisition écrite des autorités constituées, mais ne pouvant être réunis.

L'élection de tous les officiers et sous-officiers avait lieu grade par grade ; c'est-à-dire qu'on ne pouvait élire à un grade d'officier ou sous-officier dans la colonne mobile que des officiers ou sous-officiers du même grade de la garde sédentaire. Il y avait un caporal par huit hommes, un sergent par seize, un lieutenant et un sous-lieutenant par trente-deux, un capitaine par soixante-quatre et un chef de bataillon par six cent quarante. Il ne pouvait y avoir par canton moins d'un capitaine, d'un lieutenant et d'un sous-lieutenant, quelle que soit la force de la colonne mobile.

Le 19 prairial, l'administration municipale de Saint-Menoux invita les agents à produire, à la séance suivante, le tableau de la garde nationale de leurs communes respectives, pour procéder à la formation de la colonne mobile ; mais ce n'est que le 9 thermidor qu'étaient élus les officiers et sous-officiers destinés à la commander.

En messidor an v, la colonne mobile de Saint-Menoux, d'après un arrêté de l'administration centrale du 16, semble encore en bonne voie de fonctionnement, tandis que la garde sédentaire paraît à peu près dissoute, — à ce point qu'on était obligé d'ajourner une élection d'officiers fixée au 9 thermidor, aucun des citoyens convoqués ne s'étant présenté pour voter.

Une nouvelle réorganisation de cette garde sédentaire était d'ailleurs ordonnée par une autre loi (25 thermidor), qui ramenait le bataillon à dix compagnies commandées chacune par un capitaine, un lieutenant, un sous-lieutenant, un sergent-major, quatre sergents et huit caporaux.

En pluviôse, les colonnes mobiles sont désorganisées à leur tour et il faut les reconstituer. Les municipalités ne s'en occupèrent que mollement, et plus tard, en l'an VII (17 prairial), des mesures étaient prises à ce sujet.

Le service des colonnes mobiles n'avait pas, du reste, à cette époque, cessé d'être nécessaire, et même au 18 brumaire il s'en fallait que l'ordre fût parfait, puisque le lendemain l'administration centrale délibérait encore sur les moyens à employer pour « réprimer le brigandage » : la diligence de Clermont venait d'être pillée près de Châtel-de-Neuvre, et une colonne mobile était envoyée pour « patrouiller » dans les bois environnants.

CHAPITRE IX

Les Impôts et le Papier-Monnaie

I

La loi du 1ᵉʳ décembre 1790, qui posait en principe l'incidence de l'impôt sur le revenu net et la fixité des contingents, avait chargé les officiers municipaux de toutes les opérations relatives au recouvrement; c'est-à-dire de relever la nature et la contenance des propriétés, évaluer le revenu, établir les rôles et organiser la perception. C'était une besogne délicate et difficile qui ne pouvait convenir à des hommes comme eux, manquant généralement des connaissances nécessaires et soumis à l'influence directe des contribuables ; aussi, pendant les dix longues années que fut en usage ce mauvais système, le désordre le plus complet exista-t-il dans les finances publiques (1).

Dès le début, les impôts avaient cessé de rentrer, étant comme « suspendus » par « la négligence ou le refus de les acquitter des mauvais citoyens (2) ». En octobre, les anciens privilégiés étaient portés

(1) De même que pour la garde nationale, nous avons à regretter ici la disparition des anciennes archives révolutionnaires de Saint-Menoux, où l'on trouverait en abondance des documents se rapportant aux impôts. Ces archives contenaient une infinité de lettres, pétitions, rapports, circulaires, proclamations, rôles, matrices de rôles, tableaux, registres, etc.

(2) Délibération du directoire du district, 20 septembre 1790.

aux rôles et « puisque les nobles payent, disent les paysans, nous n'avons plus rien à donner (1) ».

Le gouvernement avait eu recours à d'autres expédients que les assignats, notamment à une « contribution patriotique » du quart des revenus au delà de 400 livres, et à des « dons » de 2 1/2 pour cent de l'argenterie, des bijoux, de tout l'or et de tout l'argent monnayés. Les déclarations individuelles étaient laissées à la conscience de chacun, ce qui donna de si mauvais résultats que l'Assemblée nationale se vit bientôt dans l'obligation de charger les municipalités de procéder elles-mêmes aux taxations (2). Le rôle de Saint-Menoux, publié des premiers, le 25 avril 1790, par le préconiseur et remis au collecteur « devant le peuple assemblé », s'élevait à 3.600 livres.

Deux contributions, l'une appelée foncière, l'autre mobilière, à répartir à dater du 1er janvier 1791, la première sur les propriétés et la deuxième sur les personnes, avaient été établies (3). Le nouveau régime financier devait, en outre, comprendre les droits d'enregistrement, de patentes et de douanes.

Sur les impôts de 1790, dont la répartition était non moins défectueuse que le recouvrement, et ceux de 1791, on trouve des renseignements généraux applicables au district de Moulins dans des délibérations du directoire, notamment dans celle du 28 octobre 1791. On y voit que le principal et les accessoires de la contribution foncière de l'année étaient pour Saint-Menoux de 13.115 livres 16 sols 1 denier, et ceux de la contribution mobilière de 1.002 l. 2 s. Mais les recouvrements de chaque exercice ne pouvaient s'opérer que pendant les années ultérieures, et avec des peines infinies. Il en fut ainsi des impôts de 1790,

(1) H. Taine.

(2) Elles ne s'acquittèrent de cette tâche que très mollement. « Deux ans après, le 1er février 1793, sur les 40.000 rôles communaux, il y en a 7.000 qui ne sont pas encore faits. Sur 180 millions que devait produire la contribution patriotique, 73 sont encore dus. » (Taine, la Révolution, I, 360). — Les municipalités ne taxèrent elles-mêmes qu'avec une grande indulgence (Boivin-Champeaux, 231). — Quant aux dons patriotiques, leur total fut insignifiant.

(3) Les taxes d'octroi et droits d'entrée dans les villes et bourgs et les droits d'aides furent supprimés en février et mars 1791. La gabelle l'avait été en mars 1790.

pour le paiement desquels les électeurs de Saint-Menoux, en exécution d'un décret du 28 juin 1791, élurent le 31 juillet suivant un percepteur — nom substitué à celui de collecteur, — qui fut Pierre Bernard, fermier de Lamotte.

Un autre décret du 26 septembre suivant vint réglementer le mode de perception. Aussitôt que les officiers municipaux avaient reçu le mandement du directoire du district, ils devaient dresser le tableau des trois contributions, le faire afficher et huit jours après, un dimanche, mettre la perception en adjudication. Le recouvrement des contributions mobilières et des patentes était taxé à 3 deniers par livre, et celui de la contribution foncière à 6 deniers. Dans le cas où il ne se présentait personne, on réadjugeait cette dernière à 9 deniers, et une troisième fois, si cela était nécessaire, on portait la remise à 12 deniers, toujours à un dimanche d'intervalle. En cas d'insuccès des trois séances, le conseil général de la commune nommait pour percepteur un de ses membres, à qui la perception était imposée à 12 deniers sur la contribution foncière et à 5 deniers sur les autres. La municipalité devait surveiller les recouvrements, les écritures et les versements. A l'échéance de chaque trimestre, le percepteur devait faire, à défaut de paiement, des saisies de fruits et loyers : mais ne pouvaient être saisis pour arriéré les lits, pain et pot-au-feu, les portes, fenêtres, animaux de trait servant au labourage, les harnais et instruments servant à la culture, ni les outils et métiers à travailler, ni une vache à lait au choix du débiteur, ainsi que la quantité de grains destinés à l'ensemencement.

On ne sait rien, concernant la commune, des exercices 1792 et 1793, si ce n'est la nomination (26 janvier 1793) d'Antoine Trémont comme percepteur pour 1792. Quant aux contributions de 1790 et 1791, elles étaient toujours en recouvrement, et ce n'est guère que l'année suivante que l'on commençait à solder une partie de l'arriéré, « mais en assignats (1) », dont la dépréciation est en janvier de 17, et en décembre de 28 %.

Pour obvier à la pénurie d'argent du Trésor, on avait eu recours, à la fin de 1793, par décret du 3 septembre, à un emprunt forcé de un milliard

(1) H. Taine, 1, 364.

sur les riches. Il n'y est fait aucune allusion sur nos registres municipaux (1).

Mais il faut aller jusqu'au début de 1794 pour voir dans l'Allier, au dire de Jean Garnier, la situation s'améliorer quelque peu au point de vue de la perception des impôts, sauf pour la contribution mobilière. Une note des rapports du *commissaire-informateur*, du 3 pluviôse an II (22 janvier 1794), dit en effet que « les impositions foncières pour 1791 sont entièrement rentrées, celles de 1792 le sont aux trois quarts, et celles de 1793 sont en recouvrement ». Il n'en est pas ainsi de la contribution mobilière, fait-il observer : « les payements en sont fort peu avancés ».

En prairial an II (mai 1794), le registre mentionne, sans aucun détail sur le mode de perception, la faculté accordée de s'acquitter moitié en nature ; puis il n'y est plus question d'impôts jusqu'à l'an IV, inauguré par une loi du 19 frimaire relative à un autre emprunt forcé — de 600 millions, — frappant les contribuables « aisés », divisés en seize classes (la première taxée à 50 livres et la seizième à 1.500, avec extension jusqu'à 6.000), et devant comprendre le tiers des citoyens portés sur le rôle de la contribution mobilière de 1793.

L'administration centrale faisait de son mieux pour exciter le bon vouloir des contribuables en faveur de cet emprunt. « Français, disait-elle dans une proclamation affichée à Saint-Menoux le 11 nivôse, encore un effort et la Patrie est sauvée ; encore un sacrifice et la liberté triomphe !... » Mais loin de se piquer d'émulation à ces paroles sonores si souvent entendues, on s'exaspérait. Du reste, la combinaison adoptée offrait un très grave inconvénient : le nombre des gens aisés n'était nullement dans la proportion arbitrairement fixée par la loi, et par suite un grand nombre de citoyens, fort loin d'être à leur aise et que leur

(1) Cet emprunt consistait à prélever, déduction faite de 1.000 livres par membre de la famille, un dixième des 10.000 francs de revenu en excédent, considéré comme superflu, et la totalité du surplus. Ainsi, pour un revenu de 20.000 francs et une famille de trois membres il y avait à exempter 3.000 francs, puis à percevoir 1.000 francs sur le revenu de 3.000 à 13.000 francs, plus les 7.000 francs de complément, soit au total 8.000 francs. Les imposés pouvaient recevoir des délégations équivalentes sur des biens nationaux. C'était le placement forcé d'un milliard d'assignats.

situation eût dû mettre à l'abri de cette surcharge, allaient se la voir imposer. Les agents du canton de Saint-Menoux s'en plaignaient amèrement, car pour cette cause ils éprouvaient d'infinies difficultés à dresser la liste des « souscripteurs ».

Quand ils purent la publier (29 nivôse), des protestations s'élevèrent de toutes parts. Puis vinrent les pétitions en radiation ou en réduction qu'il fallait examiner toutes, les municipalités étant aussi chargées des révisions (1).

Les rôles des seize classes, pour le canton, s'élevèrent à 40.860 livres et les réductions à 23.510. On paya en grains 2.050 livres, et en assignats et mandats 856.700 livres, somme réduite en valeur fixe à 15.270 livres. Restait, à la date du 29 fructidor (15 septembre 1796), à recouvrer 1.080 livres.

En nivôse an IV, les impôts de l'an III, à Saint-Menoux (foncier et mobilier), n'étaient pas encore acquittés. Le 16 on tenta d'en mettre la perception en adjudication, au rabais, mais vainement. Aucun citoyen ne se présenta, et le 20 on recommençait sans plus de succès. Les opérations de recouvrement avaient été beaucoup compliquées par les payements en nature ; de là en partie la cause des abstentions. Mais il fallait aboutir, et par conséquent persister. Le 20 pluviôse, après affiches, sonneries de cloches, batteries de tambour, on faisait une suprême tentative, et ce jour-là l'agent Condamine attendit, résigné, depuis neuf heures du matin jusqu'à deux heures de l'après-midi... Enfin quelqu'un survint : Jacques Loyard, faisant une offre à douze deniers. On n'avait pas le choix et la perception lui fut « adjugée » à cette condition onéreuse.

Une remarque à faire, c'est que la contribution foncière de l'an III est mise en recouvrement dans le canton en pluviôse an IV, tandis que

---

(1) Ce travail difficile et délicat ne fut terminé qu'en prairial. Les intéressés, jusqu'au 17 ventôse, jour où la municipalité semble, sur avis du département, s'être décidée à siéger à huis-clos, venaient eux-mêmes soutenir leurs pétitions. Un exemple montrera l'écart qui existait d'ordinaire entre les chiffres de la municipalité et ceux des particuliers. Jacques Saulnier, porté à la seizième classe pour une fortune de 500.000 francs, vint affirmer (21 pluviôse) qu'il ne possédait que 55.000 francs, et que cela était notoire. Il n'y avait aucune règle pour baser les évaluations.

les rôles de cet exercice n'étaient, en général, pas même achevés à la fin de l'an v (1). En matière d'impôts comme en toute autre, nous ne saurions trop le faire observer, Saint-Menoux se place toujours au premier rang des localités où l'action publique reçoit le moins d'entraves.

Nous n'avons pas de renseignements particuliers sur le recouvrement des impôts de l'an IV, si ce n'est, dans un arrêté de l'administration centrale du 9 pluviôse an VI, quelques détails relatifs au règlement de la rétribution du receveur, — qui était encore Jacques Loyard (2), — ni sur les impôts de l'an v, sauf la mention au registre municipal d'un autre arrêté du 1er brumaire, enjoignant de procéder à l'adjudication de la perception au rabais. Cet arrêté avait été pris en exécution d'une loi du 17 brumaire, prescrivant des mesures violentes pour contraindre les contribuables à s'exécuter. Les administrations municipales étaient tenues de mettre les rôles de l'an v en recouvrement dans le délai de quinzaine, sans quoi des commissaires spéciaux en seraient chargés à leurs frais et aux frais des receveurs, et des garnisaires devaient être placés chez les contribuables après dix jours de retard. Les sommes dues sur les exercices antérieurs étaient également exigibles à bref délai et les fermiers tenus de faire les avances pour leurs propriétaires.

En prairial, l'arriéré et les deux cinquièmes de l'exercice courant n'étant pas recouvrés dans le département, les menaces sont renouvelées par l'administration centrale, et les municipalités se voient obligées, chaque décade, de vérifier les rôles et registres des percepteurs. Le 13 fructidor on les mettait en demeure de justifier qu'elles avaient satisfait à ces prescriptions.

C'est vers cette époque (14 thermidor) qu'était établie, ou plutôt rétablie, — car on l'avait introduite provisoirement à certaines époques de la monarchie, — une contribution personnelle, mobilière et somptuaire portant sur les domestiques, chevaux, mulets et voitures de luxe.

(1) Arnauné, dans *l'Hist. générale* de Lavisse et Rambaud, VIII, 632.

(2) Jacques Loyard n'avait pu prélever en grains sa remise sur la moitié acquittée en nature pendant les deux exercices an III et an IV, et il demandait naturellement à être payé en numéraire dans les conditions des adjudications, ce qui ne pouvait lui être refusé.

L'impôt des patentes n'avait cessé de se heurter au mauvais vouloir des contribuables. Rien n'a été négligé pour en presser le recouvrement, disait un arrêté de l'administration centrale du 9 ventôse an VI, mais « la plupart des municipalités, sur cette partie *comme sur presque toutes celles confiées à leurs soins,* n'y attachent aucun intérêt et s'inquiètent fort peu de la chose publique, soit qu'elle prospère, soit qu'elle périsse ». Les cantons ayant des arriérés reçurent des commissaires (1).

Le 3 floréal an VI, le département constatait que le recouvrement des autres contributions directes des exercices an V et an VI n'était pas non plus satisfaisant, et il avisait les municipalités d'avoir à faire venir à leur plus prochaine séance les percepteurs, afin de vérifier leurs rôles, de faire un relevé de tous les plus fort imposés, d'observer si au 1er nivôse ils avaient acquitté la moitié de leurs cotes aux rôles de l'an VI, et si les autres contribuables avaient payé le quart dans le même délai.

On voit, en somme, que l'habitude se prend de se libérer dans l'exercice courant, et que l'arriéré disparaît. La situation se modifie sensiblement et l'année suivante de nombreux concurrents se disputent (29 frimaire) la perception des impôts du canton ; pour laquelle perception on trouve preneur à quatre deniers.

L'an VII s'ouvre donc sous de plus favorables auspices, mais il ne faut pas faiblir. Le commissaire n'y est pas disposé et on le voit « exhorter en un discours énergique » les citoyens à écouter, vis-à-vis de l'Etat, la voix du devoir. Il fallait, d'ailleurs, en terminer avec les exercices an V et an VI qui, d'après un arrêté du département, devaient être en totalité apurés à la fin de germinal. La municipalité avait reçu à ce sujet des ordres formels et elle employait tous les moyens en son pouvoir pour faire opérer les rentrées. « Laisser accumuler ses dettes envers la République, disait-elle aux contribuables, c'est se mettre dans l'impossibilité de se libérer, vu la rareté du numéraire et la stagnation des affaires... » S'adressant aux percepteurs, elle leur rappelait leurs obligations, qu'elle semble les suspecter de tenir en oubli.

Ce ne fut pourtant que le 29 prairial que Loyard et Aucouturier,

---

(1) Saint-Menoux n'avait pas d'arriéré. — François Fallier fut nommé commissaire pour le canton de Souvigny.

percepteurs du canton, le premier pour l'exercice an v, le second pour l'exercice an vi, se présentaient, munis de leurs rôles et quittances. Vérification faite, il se trouva que sur la somme de 48.775 l. 6 s., montant des rôles des contributions foncière, personnelle, mobilière et somptuaire de l'an v, il avait été recouvré et versé 48.691 l. 19 s. 10 d. Il restait donc à recouvrer et verser 83 l. 6 s. 3 d. Sur la somme de 46.020 l. 2 s. 11 d. montant des mêmes contributions de l'an vi, il avait été recouvré et versé 34.914 l. 18 s. 2 d. Il restait à recouvrer et verser 11.105 l. 4 s. 9 d. En messidor on recommença cette opération d'apurement.

Ce mois de messidor (juin-juillet 1799) est douloureux à la culture : une sécheresse déplorable rend les terres infertiles ; « des chaleurs extraordinaires brûlent même jusqu'aux racines des prairies (1) ». Le pauvre paysan, harcelé pour son argent, devient digne de pitié. Et que d'autres sujets d'angoisse encore ! Voilà que les conscrits de toutes les classes sont déclarés en activité de service (10 messidor), pendant qu'un autre emprunt forcé — de 100 millions — est mis en recouvrement.

Cet emprunt, comme celui de l'an iv, devait frapper les citoyens aisés, mais une troisième loi, du 27 brumaire an viii (18 novembre 1799), vint lui substituer une *subvention* extraordinaire de guerre de 25 centimes par franc du principal des contributions foncière, personnelle, mobilière et somptuaire de l'an vii.

Enfin, le 4 frimaire an viii, le Directoire achevait sa peu glorieuse carrière par la création d'une autre contribution directe, celle des portes et fenêtres, qu'aucune fiscalité n'avait encore imaginée dans le passé, et dont tous les gouvernements qui suivront ne dédaigneront pas d'accepter l'héritage.

(1) Délibération du 19 messidor.

II

LES ASSIGNATS — LES BILLETS DE CONFIANCE — LES MANDATS TERRITORIAUX.

ON sait comment furent créés les « assignats » (1), le légendaire papier-monnaie révolutionnaire (2). Les biens ecclésiastiques, à l'origine, en furent le gage, et c'était la mise en application d'un principe consistant à affecter à la garantie de la monnaie fiduciaire en circulation la propriété immobilière (3). Il en fut émis au début pour 400 millions et cela eût constitué dans des conditions ordinaires — les biens nationaux étant alors évalués à deux milliards — ce que nous appellerions aujourd'hui un placement de tout repos. Mais nous n'étions pas dans des conditions ordinaires : outre que la confiance dans la réussite définitive des opérations de ventes n'était pas entière, à peine la première émission était-elle close que l'on parlait de recourir à une deuxième — de deux milliards, disait-on, — et cela inquiétait singulièrement l'opinion (4). L'accueil fait aux premiers assignats n'était d'ailleurs nullement encourageant et la méfiance — comme instinctive — des paysans résistait à tous les moyens de séduction (5).

Cependant, cette deuxième émission n'en eut pas moins lieu (29 septembre), mais elle ne fut que de 800 millions, et avec cette condition que les assignats seraient brûlés au fur et à mesure qu'ils rentreraient

(1) On donna ce nom d'*assignats* aux billets au porteur produisant intérêt, émis par le décret de décembre 1789, en raison de ce que, à chacun d'eux, un lot de biens était *assigné*. — *Assignat* vient aussi d'un vieux mot qui signifie l'action de créer une rente sur un bien-fonds.

(2) V. décrets des 19-21 décembre 1789 ; 17 mars et 16 avril 1790.

(3) Un essai fameux avait été tenté déjà (1716-1720) par le financier Law.

(4) V. *Hist. de la Révolution dans le Louhannais*, par L. Guillemaut, I, 267.

(5) Les laboureurs ne vendaient leur blé que sous la condition d'être payés en monnaie sonnante, mais on les trompait souvent. Les marchands, après livraison, oubliant les promesses faites, ne présentaient plus que des billets et ne consentaient à changer cette monnaie qu'en exigeant des intérêts et une partie du capital, ou bien ils diminuaient du prix convenu 40 sols ou 3 livres par quartaud. (L. Guillemaut, I, 262.)

dans la caisse de l'Extraordinaire (1). La valeur du papier émis et à
émettre, dont il ne devrait jamais y avoir plus de 1.200 millions en circulation, ne pourrait pas dépasser celle des biens nationaux.

A la fin de 1790, la totale disparition du numéraire entraînant la difficulté extrême de faire face aux besoins journaliers, nombre de municipalités ou sociétés populaires, même des particuliers, autorisés des
administrations de département, mirent en circulation des petites coupures dites *mandats, billets* ou *bons de confiance patriotique*, de 1, 2,
2 1/2, 3, 3 1/2 sols et au-dessus. On se groupait, soit pour se cotiser
afin de faire les fonds de ces émissions et assurer le remboursement
des billets, soit pour les cautionner ; ou bien une souscription était
ouverte sous la garantie de particuliers ou des municipalités.

Les émissions avaient souvent lieu au fur et à mesure des besoins,
de semaine en semaine, quand il existait des travaux en cours et que se
présentait la nécessité de payer des ouvriers ; et ces billets étaient mis
en circulation en échange d'une somme égale en numéraire ou valeurs
de banque, laquelle restait déposée soit dans une caisse publique, soit
à la municipalité.

Pendant les deux années 1791 et 1792, il fut émis de ces coupures
dans toute la France (2), parfois à la condition de n'être employées
qu'à un usage spécial, comme d'acquitter le droit de passage sur un pont.

Cette création, née spontanément de la nécessité de suppléer à
l'absence de numéraire et pour le temps où cette nécessité subsisterait,
se généralisa rapidement, mais sans être jamais acceptée des gens de
campagne que faute de pouvoir s'en dispenser. Ces chiffons de papier, qui
semblaient dériver des assignats, excitaient chez eux la même insurmon-
table antipathie. Ils ne pouvaient se faire à la pensée que cela dût tenir
lieu de ces bons écus pesants et luisants qui s'empilent et ne craignent
ni l'humidité de la terre, ni les étincelles, ni la dent des rongeurs.

(1) Créée par les décrets des 19-21 décembre 1789, pour recevoir les versements de fonds provenant de la contribution patriotique, ceux des ventes de
domaines nationaux et toutes autres recettes extraordinaires de l'Etat.

(2) En 1870, pendant l'invasion allemande, on les vit reparaître en certaines localités. (V. *le Papier-monnaie pendant la Révolution*, par Georges Lecoq, dans la
revue de *la Révolution française*, IV, 649.)

Il n'y eut pas d'émission de ces billets à Saint-Menoux, où sans doute on put se dispenser de recourir à cet expédient en faisant usage de coupures mises en circulation ailleurs (1). A aucun moment de la Révolution on n'eut, du reste, à y exécuter des travaux publics exigeant beaucoup d'ouvriers.

A Moulins, une « caisse patriotique » fut organisée. La société des amis de la Constitution en avait pris l'initiative le 29 mai 1791, décidant d'émettre pour 100.000 livres de billets. Des membres de cette société s'étaient inscrits pour en garantir le remboursement (2). Le papier fut fabriqué « de substance animale » et les billets imprimés, ceux de 15 sols en rouge, ceux de 25 sols en bleu, et ceux de 50 en noir.

Pendant ce temps avait lieu une troisième émission d'assignats, dans laquelle on avait compris pour 100 millions de petites coupures de 5 livres, les 1.200 millions des deux premières émissions n'ayant été uniquement composés que de billets de 1.000, 300 et 200 livres. Mais ce n'était pas encore la menue monnaie utile pour faire l'appoint et indispensable aux gens sans crédit, à la classe pauvre ; et il faut croire que l'émission faite par la société des amis de la Constitution n'avait pas été suffisante, car en septembre la pénurie de cette menue monnaie se faisait vivement sentir à Moulins et dans les environs. « Jusque dans un rayon de quatre lieues », expliquait le maire de la ville en séance du 25, « les manufactures sont à la veille de cesser leurs travaux », ne pouvant effectuer leurs payements journaliers.

Il fallait aviser et recourir au moyen qu'on avait employé en mai. Cette fois on voulut consulter tous les citoyens, actifs ou non actifs,

---

(1) On fit une émission à Bourbon le 9 mars 1791. (C. Grégoire : *l'Ancien canton de Bourbon*, p. 40.) — Il n'y en eut pas à Souvigny.

(2) La caution de chaque membre inscrit était limitée à 1.000 livres. Le 12 juin cette manière de « souscription » était « sinon parfaite du moins satisfaisante ». Le procès-verbal de la séance mentionne que « si la masse des cautionnements n'était pas encore complète, il fallait l'attribuer ou à l'ignorance ou à l'absence de quelques sociétaires ». Le délai pour s'inscrire était par suite prolongé de huit jours. Il est à croire que cette rédaction dissimule un certain manque d'empressement et que, même dans ce milieu tout porté à l'enthousiasme révolutionnaire, la confiance n'était pas illimitée.

convoqués en assemblée dans ce but. On leur demanda de se prononcer sur le point de savoir si la caisse patriotique émettrait de nouveau des billets de confiance ; si l'émission, au cas où elle devrait avoir lieu, serait portée jusqu'à 100.000 livres, montant de son cautionnement (1), et si les billets seraient d'une valeur moindre que ceux en circulation. La réponse ne put qu'être affirmative, quoique le procès-verbal n'en parle pas.

Le discrédit des billets de confiance, motivé surtout par l'agiotage et la contrefaçon qui s'en étaient emparés, était tel que l'on vit des municipalités, comme Louhans, en Saône-et-Loire, refuser, en mars 1792, d'en émettre par peur de faire déserter les marchés au profit des villes voisines qui n'en avaient pas créé encore (2). Les cultivateurs et marchands allaient de préférence là où il n'y avait pas de ces coupures en circulation, ils les fuyaient.

Cependant, on se demande comment on aurait pu s'en passer dans le moment, puisqu'il n'y avait plus trace de petit numéraire, totalement accaparé ou devenu l'objet d'un trafic ruineux, et que l'échange des assignats devenait de jour en jour plus difficile et plus coûteux, au point que pour solder ses achats il fallait, en avril 1792, consentir à perdre jusqu'à 40 sols par assignat de 5 livres.

Une commission était chargée de tenir la caisse des billets de confiance, et toujours les administrations, en autorisant les émissions, imposaient comme condition, quand on ne procédait pas par voie de cautionnement, que les billets en circulation fussent constamment représentés dans la caisse par une quantité égale d'assignats.

Ce papier donna lieu « à de honteuses spéculations » (3) et n'eut plus de raison d'être après la mise en circulation des petits assignats de 10 et 15 sous ; aussi, pour ces deux causes, la Convention, par décret du 8 novembre 1792, en ordonna-t-elle le retrait et la suppression. Les

(1) Ce qui montre que la première émission avait été inférieure à ce cautionnement.

(2) L. Guillemaut, I, 487. — Presque aussitôt après avoir pris cette décision les citoyens de Louhans, apprenant qu'à Mâcon, à Chalon, à Autun, etc., des émissions avaient été faites et que tous autres débouchés se trouvaient fermés, prenaient le parti d'en créer à leur tour.

(3) L. Guillemaut, I, 491.

municipalités des chefs-lieux de canton en étaient chargées et les billets
reçus par chacune étaient transmis aux caisses d'émission et échangés
contre des assignats, ou remboursés pour le compte des porteurs. Ces
opérations ne laissaient pas d'être compliquées (1); aussi le délai fixé par
la loi — jusqu'au 1ᵉʳ janvier 1793 — fut-il insuffisant et dut-il être
prorogé jusqu'au 1ᵉʳ octobre.

A l'époque où ces mesures. étaient prises, il y avait en circulation
2 milliards 372 millions d'assignats, et on en avait brûlé pour 617 millions. L'Etat trouvait le système commode; il en était quitte, à chaque
nouvelle émission — car il fallait autant que possible ménager le crédit, —
pour majorer la valeur du gage. Il se lança donc dans cette voie, et les
émissions se succédèrent. En mai 1795 elles s'élèvent à près de 8 milliards, déduction faite des rentrées. Six mois après, au moment de
l'installation du Directoire, la circulation est augmentée de 11 milliards,
et dès lors il n'y a plus de frein, ni de limites à la baisse. Ce fut une
panique inouïe (2).

Il fallait autre chose, et on créa les *mandats territoriaux*, contre
lesquels on prescrivit l'échange des assignats à raison de 30 capitaux
pour un. A ce taux les assignats en circulation devaient représenter
800 millions en mandats. Les biens nationaux étaient vendus de gré à

(1) En raison de ce que les coupures étaient distribuées comme autrefois la
monnaie. — « La circulation de ces billets a été tellement étendue que, dans
l'enceinte de notre département [Vendée], il en circule peut-être de cinq cents
caisses différentes appartenant à vingt-cinq départements étrangers, dont quelques-
uns à cent lieues de nous. » (Ch.-L. Chassin : *la Préparation de la guerre de
Vendée*, II, 225.)

(2) Les valeurs successives des assignats dans l'Allier, du 1ᵉʳ janvier 1791
jusqu'au 30 ventôse an IV (20 mars 1796), sont consignées en des tableaux que fit
établir, en thermidor an V, en exécution d'une loi, l'administration centrale. Nous
en extrayons les chiffres suivants :

Valeur de 100 l. d'assignats : en janvier 1791, 95 l. ; en décembre, 90 l. ; en janvier 1792, 87 l. ; en décembre, 72 l. ; en janvier 1793, 63 l. ; en décembre, 53 l. ;
en janvier 1794, 44 l. ; en décembre, 22 l. ; en janvier 1795, 20 l. ; en mars, 16 l.

En l'an III, pour 24 francs de numéraire on avait : en germinal (3ᵉ décade),
190 francs d'assignats ; en floréal, 350 ; en prairial, 714 ; en messidor, 653 ; en
thermidor, 780 ; en fructidor, 1.118 ; en vendémiaire an IV, 1.560 ; en brumaire,
3.028 ; en frimaire, 4.327 ; en nivôse, 5.253 ; en pluviôse, 6.439, et en ventôse, 6.638.

gré et sur simple procès-verbal à quiconque payait en mandats territoriaux vingt-deux fois le revenu de ces biens, en 1791.

Dès son apparition, en germinal an IV, ce papier (dont il avait été créé pour 1.400 millions) tomba de 100 à 25 francs, pour terminer, dans les six premiers jours de messidor, à 4 francs. Le gouvernement refusait alors de le recevoir en paiement.

CHAPITRE X

Les Fêtes publiques

La fête de la Fédération — Fête du 9 janvier 1794 — Arbres de la liberté — Le culte de l'Etre suprême — Anniversaire de la mort de Louis XVI — Les sept fêtes nationales — Cérémonie funèbre en l'honneur de Hoche — Fêtes a l'occasion de la paix avec l'Autriche — Les fêtes et le culte décadaires.

DES cortèges, des chants, des discours, la lecture des lois et décrets, des « autels de la patrie », tels sont les éléments ordinaires des fêtes publiques sous la Révolution. A Paris on y déploya une grande pompe qui, au dire des contemporains, évoquait surtout les spectacles de l'Opéra. Les architectes, peintres, sculpteurs et dessinateurs les plus célèbres de l'époque en imaginèrent les décors et l'ordonnance ; des musiciens illustres composèrent des hymnes pour en rehausser l'éclat. Mais ce fut une manifestation d'art stérile et éphémère, qui tourna à l'imitation littérale et pédante de l'antiquité par l'orgueilleux instinct d'être, comme les Grecs et les Romains, une nation brave et forte entre toutes.

Ce qui enlève beaucoup d'attrait à ces fêtes, c'est-à-dire aux procès-verbaux qui en sont restés dans les communes, c'est surtout leur uni-formité. Il n'en pouvait d'ailleurs être autrement, car pour les organiser les directoires de districts, et après eux les administrations centrales, n'avaient pu se dispenser d'envoyer aux municipalités des circulaires et programmes pour les guider, ou suppléer à leur inexpérience. Elles ne se ressemblent pas toutes identiquement, cependant, et on remarque parfois, à Saint-Menoux, par exemple, des détails qui semblent sortir du cadre officiel et laisser deviner une influence individuelle, la présence d'un bon metteur en scène (1).

La première grande fête de la Révolution fut celle de la *Fédération* (14 juillet 1790), que nos officiers municipaux célébrèrent de leur mieux. « Rassemblés sous les armes 'et drapeaux de la municipalité », disent-ils, les citoyens, autorités en tête, se rendirent à l'église. A onze heures et demie, la messe fut dite par le curé, qui prononça un discours chaleureux pour exalter la victoire du peuple, commémorée le même jour à Paris et dans la France entière. Jarsaillon, comme maire, prêta ensuite le serment, que répétèrent tous les assistants ; après quoi le curé entonna un *Te Deum* « chanté au son des cloches et des instruments ». Le procès-verbal ajoute que « tous les citoyens, réunis au dehors, se sont *permis* des amusements honnêtes exprimant la joie et le contentement dont chacun était pénétré, et cela avec toute la décence possible ». Ils se retirèrent « après avoir pris un repas frugal où les santés du Roi, de la Nation et de l'Assemblée nationale ont été souvent portées (2) ».

Ces « amusements honnêtes », cette « décence », ce « repas frugal » feraient plutôt penser à quelque bucolique qu'aux difficultés alors soulevées dans la paroisse par la rareté des subsistances.

Après ce début il n'est plus de longtemps question de fêtes au registre municipal. Celles qui furent données pour la plantation des arbres de la liberté et de l'égalité, pour l'acceptation de la Constitution de 1793 (3), pour l'inauguration du culte de la Raison, etc. (4), n'y

(1) Fallier avait accepté le titre et la fonction d' « ordonnateur » des fêtes publiques ; mais le 9 fructidor an IV il se « départit de cette charge » et fut remplacé par Jean Loyard.

(2) Pour la *Fédération* de Paris chaque garde nationale avait délégué un homme sur deux cents, et chaque régiment un officier, un sous-officier et quatre soldats, formant ensemble 14.000 hommes.

(3) Les deux dimanches, 14 et 21 juillet, les assemblées primaires se réunirent pour ratifier cette Constitution. La fête qui suivit fut généralement reportée au 10 août et célébrée avec celle qui commémorait cette date. On en fit à Paris l'occasion d'une grande manifestation, où chaque canton dut envoyer un délégué.

(4) Inauguré dans l'église Notre-Dame de Paris, qui lui avait été dédiée, le 20 brumaire an II (10 novembre 1793). La cérémonie en est restée fameuse, et l'imi-

sont pas relatées et il faut aller jusqu'au 20 nivôse an II (9 janvier 1794),
pour rencontrer un autre compte rendu de réjouissances publiques,
celui de la fête ordonnée par décret du 4 du même mois à l'occasion de
la prise de Toulon (1).

Depuis plusieurs jours on avait fait des préparatifs pour un vaste
banquet en plein air et des tables avaient été placées en nombre suffisant
« pour contenir tous les individus de la commune... » Sur différents
points des bûchers étaient allumés avec, au centre, un *feu de joie*, —
car le froid était vif. Les choses en cet état et « la garde nationale sous
les armes, on part au son des tambours et musettes pour aller chercher
le plus âgé des habitants, Gilbert Pilliaudin... La marche est précédée
de plusieurs chanteurs en bonnet rouge, chantant des chansons patriotiques... » Un garde national porte « un exemplaire des *droits de
l'homme* » et les municipaux, ceints de leurs écharpes, suivent accompagnés d'une voiture. Arrivés à la maison de « l'ancien de la commune »,
Fallier lui annonce que « c'est en ce jour la fête de la Vieillesse et des
Malheureux, et il l'invite à monter sur la voiture ». Au retour, la foule
se groupe autour de l'arbre de la liberté, où lecture est donnée des
récents décrets de l'Assemblée nationale, après quoi, dans un discours
« très pathétique relatif à la cérémonie et pendant lequel le silence,
l'attention et l'ordre se sont soutenus de manière à surprendre », Fallier
provoque l'enthousiasme de son auditoire. On acclame, on chante, « on
crie à haute voix *(sic)* : Vive la République ! Vive la Montagne ! Vivent
les sans-culottes !... » Puis a lieu le banquet. « A la table du milieu,
lit-on au procès-verbal, nous avons fait asseoir les cinquante plus indigents, que nous avons défrayés. Les autres se sont placés autour, et
l'on a servi. Toutes les santés ont été portées par tous les convives à
l'envi. Le repas a été des plus gais et bien ordonné. Nous avons invité
tous les voyageurs de passage à se réjouir avec nous. La danse, les
chants et les cris de : Vive la République ! ont terminé le festin,
duquel les infirmes et ceux qui étaient obligés de garder les maisons

tation gagnant aussitôt la province, une sorte de rite fut préparé. On imprima et
réimprima même un rituel. (A. Aulard, *le Culte de la Raison et le Culte de l'Etre
suprême.*)

(1) On la combina avec une fête de la Vieillesse et des Malheureux.

pour les servir ont été *faits participants* par les envois réitérés que nous leur avons faits de pain, vin et viande. Toute la campagne s'y est rendue avec empressement et la place contenait plus de huit cents individus de tout sexe et de tout âge. A cinq heures nous avons dansé la *farandole*, nous avons tous renouvelé le serment de vivre libres ou de mourir, et nous avons reconduit notre ancien dans sa maison. A huit heures du soir la patrouille a été faite par les républicains Fallier et Laconche, — ce dernier sergent de la garde nationale, — dans les huit auberges du bourg ; et ils ont eu la satisfaction de n'y trouver que des républicains honnêtes qui, en s'entretenant de la cérémonie du jour, renouvelaient le serment de vivre libres ou de mourir. Et à neuf heures toutes les auberges étaient fermées, et chacun *rangé* chez soi ».

Ce fut certainement celle des fêtes publiques de Saint-Menoux à laquelle le peuple participa le plus spontanément et le plus unanimement.

Cet arbre de la liberté, autour duquel nos villageois dansaient avec tant d'entrain la farandole, avait péri, ainsi que l'arbre de l'égalité (1), planté en même temps que lui. On dut remplacer obligatoirement le premier en exécution d'un décret du 3 pluviôse, et l'opération eut lieu en mars, le 20 (30 ventôse), à 10 heures du matin. Elle vaut qu'on s'y arrête.

La municipalité avait, quelques jours auparavant (15 mars), décidé que les citoyens Tridon et Jean Condamine, notables, iraient dans les taillis choisir un bel arbre, « jeune pour que sa reprise soit plus certaine » ; que Louis Bresson et Audin père et fils, « pionniers », en feraient l'extraction pendant que Suchot et Jean-Baptiste Condamine prépareraient le terrain où on le placerait ; que l'arbre serait transporté par le métayer Bouis, sur sa voiture, et que les citoyens de la commune, « moins ceux qui seraient retenus chez eux pour cause d'infirmités », « aideraient à le planter aux cris de : Vive la République ! » Enfin Gabriel et Joseph Guelin, Pierre et Michel Rambert, charpentiers, étaient « tenus d'arracher » les deux arbres morts, dont la vente servirait à « parer aux dépenses d'un drapeau et autres relatives à ladite plantation... »

(1) Le cas était le même à peu près partout. On avait planté ces arbres, paraît-il, « dans une saison défavorable, ou avec une tige trop élevée et sans racines suffisantes pour en assurer la reprise ».

Une grave question s'était posée : quel emplacement fixerait-on ?
On n'était nullement d'accord à ce sujet et le conseil général, réuni
pour en délibérer, se trouva divisé en deux camps. Chacun voulait
l'arbre et la fête pour son quartier. Les uns se déclaraient partisans de
la « ci-devant Croix-du-Juge » (Saint-Germain), les autres opinaient
pour la place située « en face de la ci-devant église paroissiale ». Il
fallut recourir à un scrutin qui, par dix voix sur quatorze, favorisa la
Croix-du-Juge.

Le lendemain, le moment venu, les préparatifs achevés et l'arbre
transporté, on y attache « le bonnet de la liberté et le pavillon aux trois
couleurs ». La municipalité en écharpes, escortée de la garde nationale,
tambours en tête, précédée et suivie de la foule, quitte la maison commune, se rend au lieu fixé pour la plantation, et aussitôt le citoyen
agent national Fallier parle : « Républicains, s'écrie-t-il, la cérémonie
qui nous rassemble est le triomphe de notre liberté conquise !... En
vain les tyrans coalisés chercheraient à diminuer en nous l'ardeur que
nous témoignons, pour l'empêcher de s'échapper de nos mains victo-
rieuses... » Il continue ainsi pendant un instant, puis apostrophant les
souverains : « Vils esclaves d'un parti justement exécré, approchez,
voyez et séchez de crainte, de remords et de frayeur ! Cet arbre sera
pour nos neveux un *monument* éternel de votre honte et de notre triomphe ; planté sous les plus heureux auspices, le souffle infect du dernier
de nos tyrans, semblable au vent brûlant du midi, n'absorbera pas sa
sève sous son écorce desséchée. Il poussera des rameaux à l'ombre desquels nous viendrons respirer l'air salubre de la liberté et prendre de
nouvelles forces pour en maintenir la conquête. Vive la République !
Vive la Montagne ! Vivent les sans-culottes !... » La foule répète ces
cris et les renouvelle quand elle voit l'arbre se dresser ; et chacun s'approche pour jeter de la terre au pied. Non loin de là on allume un
grand bûcher sur lequel sont jetées plusieurs statues mutilées, des planches de confessionnaux et autres « pièces » provenant de la ci-devant
église. On se rend alors au « Temple de la Raison (1) », on y danse

(1) Cette dénomination indique suffisamment que l'église avait été, à l'instar de
Notre-Dame de Paris, dédiée au culte de la Raison.

« toute la journée dans le plus grand ordre », et à six heures on en ferme les portes.

A titre de dédommagement les partisans de l'emplacement de l'église (Pompone Mérite, Jean et Antoine Loyard et Fallier) avaient été autorisés à y placer, le même jour, de façon à augmenter l'intérêt et le plaisir par une double cérémonie, un autre arbre qui serait aussi un arbre de la liberté. Excellente idée, croyait-on, et qui cependant souleva des protestations, car beaucoup ne voulaient de double cérémonie à aucun prix. Il fallut ajourner au décadi suivant, 10 germinal, la plantation supplémentaire.

Nous ignorons, faute de procès-verbal, s'il y eut un grand concours de peuple à l'inauguration de ce deuxième arbre, frère cadet du précédent. Nous savons seulement, par une note du registre, que les préparatifs donnèrent lieu à un assez curieux incident motivé probablement par des querelles individuelles et antérieures. On y voit que des citoyens « en grand nombre », venant de la forêt, accompagnés d'officiers municipaux et d'un homme battant du tambour, transportaient l'arbre qu'ils avaient choisi et qu'ils voulaient planter le lendemain. Il était dix heures du soir. Comme le cortège entrait dans le bourg, Etienne Aucouturier, greffier de la municipalité et commandant de la garde nationale, se présente subitement le sabre à la main, arrête la colonne et s'empare des tambours et des baguettes, qu'il emporte chez lui.

On dédaigna, rapportèrent à la municipalité des témoins de la scène, « de repousser la sottise par la force », et on fit sagement, sans doute. On voit, par ces détails, toute l'importance qu'attachaient alors à ces questions les habitants des campagnes (1).

(1) A mentionner, à propos de la plantation du deuxième arbre, l'hostilité persistante d'Etienne Aucouturier. Quoique convoqué, ainsi que sa compagnie, pour deux heures de l'après-midi, à la maison commune, où devait se former le cortège, il ne se présenta pas au moment indiqué, ni aucun de ses hommes. On ignorait où il se trouvait et les municipaux allaient partir seuls « en protestant contre l'insubordination du commandant », quand arrivèrent les deux officiers Claude Mérite et Tridon, disant qu'ils n'avaient pu venir plus tôt « parce que le commandant se faisait peigner ». Ils priaient « d'attendre un instant ». On y consentit « non à raison de la toilette du commandant, mais pour ne pas troubler l'ordre ».

Les arbres de la liberté, après le 9 thermidor, eurent à compter avec leurs ennemis. L'un de ceux plantés à Saint-Menoux — on ne dit pas lequel — eut à subir une tentative de destruction qui faillit lui être fatale et que la municipalité feignit d'ignorer. Mais l'agent national du district en avait été indirectement informé. « La tranquillité publique a été troublée dans votre commune, écrit-il à cette occasion aux officiers municipaux ; des malveillants ont voulu abattre l'arbre de la liberté et ils auraient réussi dans leur projet s'ils n'avaient été arrêtés au moment où, la hache levée, ils donnaient à leurs concitoyens l'exemple de l'infraction aux lois... Cependant, citoyens, dans ce moment de troubles, vous n'avez donné aucun avis à l'administration du district de ce qui se passait... Réparez donc promptement cette négligence. L'administration attend de vous, sans délai, tous les renseignements que vous pourrez lui fournir, afin qu'elle puisse prendre le parti que les circonstances exigeront... »

Le peuple était alors appelé à se réjouir tous les décadis. Les officiers municipaux, escortés de la garde nationale et suivis des fonctionnaires et autres citoyens, se rendaient dans le « temple de la Raison ». On y entendait la lecture des lois, puis on se livrait à des distractions chorégraphiques.

Le 18 floréal (7 mai 1794), la Convention décréta le « culte de l'Etre suprême » (1), succédant au « culte de la Raison ». En même temps elle instituait une double série de fêtes, les unes politiques devant solenniser certains événements marquants de la Révolution (14 juillet, 10 août, 21 janvier et 31 mai) ; les autres — les fêtes décadaires — au nombre de trente-six et « empruntant leurs noms des vertus les plus chères et les plus utiles à l'homme, des plus grands bienfaits de la nature » étaient les suivantes : A l'Etre suprême et à la Nature ; au Genre humain ; au Peuple français ; aux Bienfaiteurs de l'humanité ; aux Martyrs de la Liberté ; à la Liberté et à l'Egalité ; à la République ; à la Liberté du monde ; à l'Amour de la Patrie ; à la Haine des tyrans et des traîtres ; à la Vérité ; à la Justice ; à la Pudeur ; à la Gloire et à

____

(1) C'était la religion du *Vicaire savoyard*. Ce décret consacrait la défaite de l'athéisme ; la masse y puisa une espérance de retour au catholicisme.

l'Immortalité ; à l'Amitié ; à la Frugalité ; au Courage ; à la bonne Foi ; à l'Héroïsme ; au Désintéressement ; au Stoïcisme ; à l'Amour ; à l'Amour conjugal ; à l'Amour paternel ; à la Tendresse maternelle ; à la Piété filiale ; à l'Enfance ; à la Jeunesse ; à l'Age viril ; à la Vieillesse ; au Malheur ; à l'Agriculture ; à l'Industrie ; à nos Aïeux ; à la Postérité ; au Bonheur.

La première de ces fêtes : A l'Etre suprême, fut seule organisée. Sa célébration eut lieu le 20 prairial (8 juin 1794), dans le jardin des Tuileries et au Champ de Mars, avec une pompe extraordinaire. Robespierre, à qui était due l'innovation, y prononça deux discours ; on chanta des hymnes, on fit entendre des symphonies ; il y eut des allégories, on embrasa une statue de l'athéisme, etc. En province, presque partout les inaugurations se firent le même jour, mais avec beaucoup de variantes. Malgré tous les efforts du gouvernement, et quoique, après ce début, des instructions eussent été envoyées et des catéchismes et rituels composés, on ne parvint pas, en effet, à rendre uniformes les cérémonies.

On ignore comment il fut procédé à Saint-Menoux, mais Fallier ne manqua sans doute pas d'y pérorer. En tous cas il eut, comme agent national, en exécution d'un arrêté du Comité du salut public, à lire dans l'église, chaque décade, pendant un mois, publiquement le rapport et le décret du 18 floréal.

L'inscription : *Temple de la Raison* fut enlevée des édifices religieux et remplacée par cette autre : *Le peuple français reconnaît l'Etre suprême et l'immortalité de l'âme.*

L'année 1795 ne nous fournit aucun renseignement sur les fêtes. En janvier 1796 seulement, le 30 (11 pluviôse an IV), on trouve au registre un compte rendu de la « célébration de l'anniversaire de la mort du dernier roi des Français », — tragique événement dont, par une véritable aberration, on avait fait une fête annuelle. L'administration centrale avait tracé le programme de la cérémonie, observé tant bien que mal. On y débuta par une promenade civique où se firent entendre des airs patriotiques : Le *Ça ira,* la *Marseillaise,* le *Chant du départ.* Devant l'autel de la patrie on fit la lecture des lois et décrets, puis le président

« monta à la tribune » (sans doute l'estrade) et prononça un discours. Il prêta ensuite serment de « haine éternelle à la royauté et d'attachement sincère à la République ». Condamine, commissaire provisoire, parla après lui, montrant « un dévouement entier pour la chose publique », et prêta également serment, ainsi que tous les adjoints, fonctionnaires et assistants. Ces prestations de serment furent précédées et suivies de l'air : *Où peut-on être mieux qu'au sein de sa famille !* On regagna ensuite la maison commune en chantant le *Chant du départ.*

Les fêtes décadaires, décrétées le 7 mai 1794, devaient être, dans l'esprit du promoteur (Robespierre), les solennités d'une religion nouvelle. On voulut les organiser, et à la fin de la même année, le 21 décembre (1er nivôse an III), un rapport était présenté dans ce but à la Convention. Ce rapport, discuté et voté en partie, échoua cependant par suite d'incidents de séance ; puis furent instituées par le grand décret sur l'instruction publique du 3 brumaire an IV (25 octobre 1795), sept fêtes nationales : de la Fondation de la République, de la Jeunesse, des Epoux, de la Reconnaissance et des Victoires, de l'Agriculture, de la Liberté et des Vieillards, à célébrer tous les ans, dans chaque canton, le 1er vendémiaire, le 10 floréal, le 10 prairial, le 10 messidor, les 9 et 10 thermidor et le 10 fructidor. Ces fêtes devaient consister en des chants patriotiques, des discours sur la morale du citoyen, des banquets fraternels, des jeux publics, des distributions de récompenses. L'ordonnance devait en être arrêtée et annoncée à l'avance par l'administration centrale et les administrations municipales.

La première que l'on célébra fut celle de la Jeunesse (10 germinal) (1). Elle était, d'après un arrêté du département du 7, destinée à « développer chez les jeunes gens les vertus civiques et militaires, et l'émulation dans les écoles ». Comme pour toutes celles qui suivront, un

---

(1) Au début de germinal, il dut y avoir à Saint-Menoux une fête pour la plantation d'un arbre de la liberté, en exécution d'un arrêté de l'administration centrale du 3 ventôse, qui ordonnait le remplacement de ceux qui avaient péri, ce qui était le cas « dans la presque totalité des communes ». Les cérémonies devaient être aussi solennelles que possible, et accompagnées de chants patriotiques « capables de réveiller et entretenir dans l'âme de tous les citoyens le véritable amour de la patrie ».

cortège composé des agents et adjoints, des fonctionnaires et de la garde nationale, se forma à la maison commune et exécuta dans le bourg une « promenade civique », où l'on chanta des airs patriotiques. Devant l'autel de la patrie, l'un des secrétaires fit la lecture des lois et arrêtés, puis le commissaire prononça un discours « plein d'énergie, respirant le plus pur patriotisme, contenant les principes *analogues* à la saine éducation de la jeunesse et annonçant en même temps le respect dû aux vieillards ». Le cortège revint ensuite à son point de départ, toujours en chantant. Des·places d'honneur avaient été ménagées, devant l'autel de la patrie, aux vieillards et aux soldats revenant des armées avec des blessures.

Les fêtes qui suivront ressembleront plus ou moins à celle-ci. La formation et la composition des cortèges, les promenades civiques, les chants, les discours, sont communs à toutes et seuls quelques détails spéciaux, dont il n'est pas toujours question dans les procès-verbaux, trop sommaires, les différencient.

La fête des Epoux (10 floréal), entre autres, semble identique à la précédente, sauf le discours de Fallier, adapté à un autre sujet. Au lieu de parler du premier âge, il vante cette fois les austères devoirs de la vie en commun ; il explique « combien il importe à la pureté des mœurs, à l'harmonie de l'ordre social et à la félicité publique, de ne rien négliger de tout ce qui est capable de faire aimer, chérir et vénérer cette union sainte, ce lien sacré et indissoluble, cette foi conjugale qui portent dans les cœurs bien nés tout ce qu'il y a de jouissances délicieuses dans la vie ».

Le 10 prairial, on célèbre la fête de la Reconnaissance et des Victoires, et celle-ci se distingue par un plus grand luxe de détails. Sur l'autel est exposé « à la vénération des assistants le tableau des enfants du pays qui ont péri en combattant pour le triomphe de la liberté et la gloire de la République ». Dans son discours, le commissaire parle avec une abondante complaisance de cette fête, « instituée pour faire partager aux pères et mères des généreux défenseurs de la Patrie le témoignage de la reconnaissance publique ; pour honorer et récompenser ces braves militaires, que des blessures ont forcés de revenir des armées ; pour montrer qu'une nation libre sait conserver la mémoire de ceux qui ont glorieusement perdu la vie dans les combats ; pour inspirer aux jeunes citoyens le désir d'imiter l'exemple du noble dévouement dont étaient animés leurs aînés ; enfin pour rappeler à tous les citoyens que si la liberté triomphe, si les despotes et leurs esclaves fuient..., c'est à l'héroïsme des guerriers français que sont dus tant de glorieux succès ». Le président exprime ensuite au citoyen Philibert Blondin « la reconnaissance de tous pour le courage qu'il a déployé au service de la Patrie, où en combattant il a reçu une honorable blessure », et il lui donne « une branche de chêne et l'accolade fraternelle ». Philibert Blondin, à son tour, monte sur l'estrade et il y « développe les plus beaux sentiments ». On fait ensuite « l'appel nominal des citoyens du canton morts au service de la République », et on clôture par des chants patriotiques, les acclamations habituelles, un « banquet fraternel » et des danses publiques et « multipliées ».

La fête de l'Agriculture (10 messidor) fut plus modeste. « Si on ne lui a pas donné tout l'éclat qu'elle mérite, explique Fallier dans son allocution, la cause en doit être attribuée à la foire de Souvigny, qui coïncide avec elle ». Il ajoute que néanmoins elle a été célébrée « avec la dignité et la *magnificence* convenables ».

Quant à la fête de la Liberté (9 et 10 thermidor), la grande fête de la République, le procès-verbal la raconte ainsi :

Première journée : « Le cortège arrivé sur la place publique s'est rangé autour de l'autel de la Patrie, orné d'une manière *analogue* ; à l'extrémité opposée était dressé un trône avec les emblèmes de la royauté et un cahier sur lequel étaient écrits ces mots en titre : *Constitution de 1791*. Lecture a été faite de l'arrêté du directoire, puis le citoyen commissaire a prononcé un discours plein d'énergie, après lequel le peuple s'est porté rapidement, avec les armes qui avaient été mises entre ses mains, à l'autre extrémité de la place, pour renverser le trône, qui s'est écroulé sous ses coups redoublés, aux cris répétés de : haine à la tyrannie ! vive la liberté ! Le citoyen président a pris ensuite un drapeau et, accompagné des corps constitués, il est allé le planter sur les débris du trône. »

Deuxième journée : « Sur l'autel de la Patrie, orné de guirlandes de feuillage, est placé un flambeau allumé. » A l'extrémité opposée de la place on a élevé un nouveau trône « formé des débris du premier, surmonté des emblèmes de la tyrannie triumvirale », lesquels ne sont pas désignés. Il est recouvert d'un drapeau tricolore ; « un cahier sur lequel sont inscrits les mots en titre : *Constitution de 1793* » y est ajouté. Le citoyen président, après le discours du commissaire, prend le flambeau et va, suivi du cortège, enlever le drapeau tricolore, laissant à nu le trône. Il y met le feu « aux cris répétés de : haine à la tyrannie ! vive la République ! » Revenu près de l'autel, il y dépose le livre de la Constitution républicaine et en lit le dernier article, auquel le peuple répond par d'énergiques : vive la Constitution !

La fête des Vieillards (10 fructidor) paraît avoir été dénuée de toute pompe, et celle de la Fondation de la République (1er vendémiaire) n'a pas même fait l'objet d'un compte rendu.

En l'an v, nous voyons encore ces mêmes fêtes célébrées aux mêmes dates, mais dans des conditions qui n'indiquent plus que l'accomplissement tout machinal d'une tâche imposée. De courtes notes tiennent lieu de procès-verbaux et parfois même on oublie de les rédiger. Tout indique la lassitude de la municipalité, que l'indifférence du public semble avoir gagnée. L'administration centrale de l'époque, dont les sentiments étaient très franchement portés à la tiédeur, ne faisait d'ailleurs aucun effort pour réveiller l'enthousiasme de jadis. Mais en l'an vi les choses vont changer et dès le 1er vendémiaire (fête de la Fondation de la République) reparaissent, avec le zèle officiel des administrateurs et l'éloquence du commissaire, des comptes rendus plus copieux.

Le 30 a lieu une cérémonie funèbre en l'honneur de Hoche (1), ordonnée par une loi du 6. Devant l'autel de la Patrie, l'administration, « empressée, dit le procès-verbal, de payer à ce général la dette de la reconnaissance nationale, a fait à ses administrés le récit des principaux traits de sa vie, leur rappelant qu'il fut l'un des plus fermes soutiens de la République ; qu'il débloqua Landau, fut vainqueur à Neuvied, à

(1) Lazare Hoche était mort le 15 septembre 1797, âgé de vingt-neuf ans, après avoir été général en chef à vingt-quatre.

Wissembourg, à Quiberon, sur le Rhin ; qu'il pacifia la Vendée ; enfin qu'il mourut en exprimant son grand amour pour la République (1)...»

Quelques jours après, le 9 brumaire (30 octobre 1797), on acclame Bonaparte à propos de la paix avec l'Autriche. Les administrateurs municipaux ont « désiré, disent-ils, exprimer la joie qu'a produite et causée dans leurs cœurs la nouvelle de cette paix, et lui donner la plus grande publicité ». Ils ont donc convié toute la population à s'unir à eux. L'autel de la Patrie avait été orné avec un soin tout particulier, et chacun des administrateurs avait figuré au cortège tenant à la main une branche de chêne. Le commissaire prononça un discours « pathétique, capable de faire naître dans les cœurs les transports de la plus vive allégresse, dont il était lui-même pénétré, ne respirant que des sentiments vraiment républicains et qui a été suivi des cris mille fois répétés de : vive la République ! vive l'invincible Buonaparte ! »

Une autre fête spéciale, le « pendant » de la précédente, fut célébrée le 2 pluviôse, après la ratification du même traité de paix. Elle coïncidait et fut combinée avec celle de l'anniversaire de la mort de Louis XVI, instituée ainsi qu'on l'a vu plus haut. Le procès-verbal en fait connaître les détails en ces termes : « Le cortège, précédé de trois cornemuses, de quatre enfants vêtus en esclaves, qui portaient les attributs de la royauté, et accompagné d'un piquet considérable de la garde nationale commandé par tous les officiers et sous-officiers, s'est mis en marche. Arrivé à l'autel de la Patrie, près lequel s'élevait un très gros bûcher, le commissaire du Directoire exécutif, après lecture des lois et arrêtés, a prononcé un discours républicain, et au moment où il a démontré que la justice nationale, en frappant le dernier tyran des Français, nous avait amenés à la conclusion de la paix glorieuse qui fait l'objet de la double fête célébrée en ce jour, le feu a été mis au bûcher. Les esclaves y ont jeté avec horreur les attributs de la royauté, se sont revêtus des habits des hommes libres et ont été chargés des instruments honorables de la culture. Le travestissement s'est fait aux cris mille fois

----

(1) Les mêmes honneurs furent rendus au général Joubert, général en chef de l'armée d'Italie, mort à la bataille de Novi, le 15 août 1799, âgé de trente ans. (Reg. municipal, 10 vendémiaire an VIII.)

répétés de : vive la République ! vive Buonaparte ! et au chant des airs patriotiques. »

A cette date du 2 pluviôse an VI, on célébrait des fêtes décadaires, qu'un arrêté du département du 7 frimaire avait prescrites. Elles étaient obligatoires au moins une fois par mois et il était défendu, les décadis, d'étaler en public aucune espèce de marchandise. On faisait appel au zèle des municipalités pour favoriser le plus possible par ce moyen « la réunion franche et cordiale de tous les citoyens ». Pour rendre ces réunions agréables, il était recommandé d'y organiser des courses, des danses, des exercices variés, d'y faire entendre des discours sur les droits et les devoirs de l'homme, et d'y rappeler les actes importants du Corps législatif et du Directoire. Tous les dix jours (arrêté de l'administration centrale du 13 vendémiaire), une « instruction décadaire » serait adressée aux commissaires, juges de paix et officiers civils et militaires ; elle contiendrait notamment des « discours de morale républicaine », sous le nom d' « Esprit public et Variétés », et en général « toutes les connaissances décadaires dont auraient besoin administrateurs et administrés ».

Fallier, en séance du 19 frimaire, présenta des réquisitions pour faire appliquer dans toute sa rigueur l'arrêté du 7, et l'administration, séance tenante, prenait les mesures nécessaires, car, disait-elle, « parmi les institutions républicaines, celle des fêtes décadaires est une des plus propres à éteindre le fanatisme et à rallumer dans tous les cœurs le feu sacré du patriotisme... » Non seulement les fonctionnaires, mais tous les citoyens seraient invités à les célébrer exactement, au moins une fois par mois ; les instituteurs y conduiraient leurs élèves et on engagerait les ministres du culte, « au nom de la paix et de la tranquillité », à reporter aux décadis les solennités « des jours connus sous le nom de dimanches ». Pour débuter, on célébrerait, le lendemain même, une fête dédiée à la Jeunesse, et afin d'en augmenter le « relief », on y joindrait la plantation d'un arbre de la liberté.

Pour cette fête de la Jeunesse, les administrateurs municipaux, le commissaire, le juge de paix, son greffier, les instituteurs et leurs élèves, escortés de la garde nationale, se formèrent en cortège à la maison commune. On se mit en marche pour se rendre à la ci-devant église, où l'on commença par donner lecture des lois et arrêtés, après quoi Fallier prononça un discours dont la solennité du jour et l'institution nouvelle formèrent naturellement le sujet. On revint ensuite au point de départ, non sans avoir, ainsi que le comportait le programme, planté sur la place publique l'arbre de la liberté.

A partir de cette époque il y eut régulièrement, à Saint-Menoux, chaque décade, une réunion de ce genre. Les procès-verbaux en ont été, avec une parfaite exactitude, transcrits au registre, mais ils sont très sommaires. Ils sont aussi très monotones, ne sortant guère du cadre tracé dans les quelques lignes qui précèdent. Toutefois, ils changent d'allures sous l'influence des préoccupations électorales du gouvernement, ainsi qu'on voit le fait se produire à la fête du 10 ventôse.

Ce jour-là Fallier, représentant fidèle du Directoire, faisait, dans son discours décadaire, allusion aux assemblées primaires et électorales, où allaient bientôt avoir à manifester leurs sentiments politiques les citoyens. Il était de leur intérêt à tous, expliquait-il, de n'accorder leur confiance qu'à des candidats qui en fussent dignes, c'est-à-dire dont les vues fussent conformes à celles du gouvernement, et « conséquemment de ne pas se laisser influencer comme il ne leur était que trop souvent arrivé ». Le décadi suivant, 20 ventôse, il revient sur le même sujet, qu'il traite longuement, et il termine en « invitant tous les bons citoyens à concourir pour donner à la fête de la Souveraineté du peuple toute la dignité qui lui convient, leur faisant connaître que c'est à proprement parler la fête du Peuple ; que ce peuple est à la veille de faire usage de ses droits..., et que c'est des choix qui seront faits que dépendra le bonheur ou le malheur de chacun... »

Sur cette fête de la Souveraineté du peuple, annoncée ainsi à l'avance par Fallier, reposaient beaucoup d'espérances officielles. Elle avait été ordonnée par une loi du 13 pluviôse et on la célébra à Saint-Menoux le 30 ventôse, de la manière suivante : Le cortège fut précédé de cinq enfants portant chacun une bannière. Sur la première de ces bannières on lisait : *La souveraineté réside essentiellement dans l'universalité des citoyens ;* sur la seconde : *L'universalité des citoyens est le souverain ;* sur la troisième : *Nul ne peut, sans une délégation légale, exercer aucune autorité ni remplir aucune fonction publique ;* sur la quatrième : *Les citoyens se rappelleront sans cesse que c'est de la sagesse des choix dans les assemblées primaires et électorales que dépendent principalement la durée, la conservation et la prospérité de la République ;* enfin sur la cinquième : *Vive la République !...* Douze vieillards venaient ensuite portant chacun une baguette blanche, — dont on ne devine pas bien la signification symbolique, — puis les autorités, la garde nationale et le peuple, dans l'ordre accoutumé. On se mit en marche. Arrivés à l'autel de la Patrie, enguirlandé de verdure et surmonté du bonnet phrygien, les enfants placèrent leurs bannières des deux côtés, les vieillards se rangèrent en demi-cercle, et au second rang prirent place les fonctionnaires avec, derrière eux, les instituteurs et leurs élèves, le tout encadré de garde nationale. La cérémonie commença par des chants, des hymnes patriotiques. Les vieillards s'avancèrent alors au milieu de l'enceinte et, réunissant leurs baguettes, ils en formèrent un faisceau lié avec des bandelettes. Un des vieillards monta sur les marches de l'autel, et, s'adressant aux administrateurs : « La souveraineté du peuple est inaliénable, dit-il, mais comme il ne peut exercer directement tous les droits qu'elle lui confère, il délègue une partie de sa jouissance à des représentants et à des magistrats choisis par lui-même ou par les électeurs qu'il a nommés. C'est pour se pénétrer de l'importance de ces choix que le peuple se rassemble aujourd'hui... » Le président Aucouturier répondit en ces termes : « Le peuple a su, par son courage, reconquérir ses droits trop longtemps méconnus ; il saura les conserver par l'usage qu'il en fera ; il se souviendra de ce précepte qu'il a lui-même consacré par sa charte constitutionnelle : que c'est de la sagesse des choix dans les assemblées primaires et électorales que dépendent principalement la durée, la conservation et la prospérité de la République ». On donna aussi lecture de la loi du 13 pluviôse, d'une proclamation du Directoire du 28, relative aux élections, et de décrets et arrêtés divers, puis le commissaire Fallier, à son tour, prononça un discours « énergique sur la fête du jour et sur les droits que le peuple allait exercer dans les assemblées primaires ». La cérémonie étant terminée, il n'y avait plus qu'à retourner au lieu des séances. Le cortège se remit donc en marche « au bruit des tambours, des musettes, des chants patriotiques et des cris mille fois répétés de : vive la République !... Les jeunes gens, portant le *livre de la Constitution* et le faisceau, marchaient devant les magistrats, qui marchaient eux-mêmes devant les vieillards... »

Survinrent les lois du 17 thermidor an VI et du 13 fructidor suivant, dont nous avons déjà parlé (p. 116 et 117). La première contenait des mesures pour coordonner les jours de repos avec le calendrier républicain et portait que les décadis et les jours de fêtes nationales seraient des jours de repos dans la République.

D'après la deuxième, l'administration municipale, avec le commissaire du Directoire exécutif et le secrétaire, devaient se rendre chaque décadi, *en costume*, au lieu destiné aux réunions des citoyens, y donner lecture des lois et actes de l'autorité publique, adressés à l'administration pendant la décade précédente, et du *Bulletin décadaire* (créé en vertu de cette loi). La célébration des mariages ne pouvait avoir lieu que le décadi, dans le local destiné à la réunion des citoyens, au chef-lieu du canton. Il était prescrit de faire les changements nécessaires dans les églises que l'on voulait affecter à ce service : une enceinte particulière devait y être ménagée pour les magistrats, et des places d'honneur réservées aux vieillards; une tribune pour les lectures et les discours, et pour les musiciens un orchestre ou des orgues, suivant la nécessité, compléteraient l'installation.

C'était le *culte décadaire* ou *religion civile*, instituée en fait et déjà annoncée par les fêtes nationales et les fêtes décadaires. Jusqu'à présent, le chômage du décadi n'avait été obligatoire que pour les administrations de l'Etat qui seules, ou à peu près, l'avaient observé. Désormais, l'obligation ne comportera pas d'exceptions. Les fêtes décadaires avaient été établies, d'ailleurs, pour combattre l'influence de la religion catholique et c'est parce que le résultat obtenu n'avait pas été jugé satisfaisant qu'on allait abandonner les moyens restés inefficaces de la persuasion et de la liberté, pour le système de la contrainte, car le Directoire voulait réussir coûte que coûte. C'est ce qu'à l'époque

on appela plaisamment la querelle de monsieur Dimanche et du citoyen
Décadi. Mais la lutte était trop inégale, puisque le peuple restait
fidèle au dimanche.

Et cependant, la loi du 13 fructidor introduisait, par l'obligation de la
célébration des mariages le décadi seulement, au canton, une pratique
ingénieuse sur le succès de laquelle le gouvernement avait sérieuse-
ment compté. Il est certain que grâce à cette nouveauté le public se
trouvait forcément attiré aux fêtes décadaires ; mais ce fut sans profit
pour la religion civile et « le décadi où il n'y avait point de mariages, le
temple était désert (1) ». Il faut dire que la lecture des lois et décrets
et du *Bulletin* était d'une sécheresse fatigante, et bien faite pour éloigner
les citoyens, au lieu de les attirer. En frimaire an VII on constatait une
indifférence générale pour les cérémonies du culte décadaire et les
agents municipaux, désabusés et conscients de l'inutilité de leurs efforts,
« se plaignaient dans les cantons ruraux que le jour du repos devînt
pour eux un jour de travail, et cela sans rémunération aucune (2) ».

(1) Aulard, *Histoire politique*, 671.
(2) *Ibid.*

Notes supplémentaires

LES ARCHIVES DE L'ABBAYE

Le procès-verbal de visite de Dom Jean de Kessel ne fait qu'une simple allusion aux anciennes archives de l'abbaye. Il se borne à constater qu'elles étaient conservées (juillet 1725) dans l'hôtel abbatial, au-dessus des appartements de « Madame », dans des pièces « voultées », où l'on avait accès par un petit escalier ; et que « les titres et papiers étaient hors de danger, en bon ordre, avec un inventaire » (1). Dom Kessel n'avait pas, du reste, à s'occuper d'autre chose.

La déclaration du 26 février 1789 montre en quoi consistaient la plupart de ces « titres et papiers », objet de tant de sollicitude. On y trouve énumérés : un pouillé, des liasses de lièves, les pièces de procédure d'une instance jugée au parlement pour le patronage de la cure de Saint-Pierre de Moulins, entre l'abbesse et les religieuses bénédictines d'Yzeure (2), et soixante-quatorze terriers, expéditions ou reconnaissances de terriers, depuis 1399 jusqu'à 1730.

Mais ce n'était là qu'une partie des documents et Fallier, rédacteur de la déclaration, s'était contenté, ainsi qu'il en avait fait l'observation, d'y copier un inventaire partiel dressé en février 1789 « par le commissaire départi, afin d'obéir à un arrêté du Conseil rendu pour l'exécution du brevet de Sa Majesté, portant réunion de l'abbaye de Saint-Menoux au futur évêché de Moulins ».

Le pouillé cité en cette copie d'inventaire mérite une mention particulière. C'était un « livre relié en carton, couvert d'une peau violette et ayant pour titre : *Pouillé de Saint-Menoux* ». Il contenait « l'état des cures et autres bénéfices dont le patronage appartient à Madame

(1) *Hist. de Saint-Menoux*, 181.

(2) « Un arrêt (?) du 11 juillet 1768 confirma le droit de patronage en faveur de l'abbesse de Saint-Menoux. » (Registre municipal ; déclaration du 26 février 1790.)

l'abbesse, auquel sont attachés les différents titres et pièces justificatives du droit de patronage de chaque bénéfice... »; c'est-à-dire qu'en réalité il s'agissait d'un ensemble de documents relatifs aux bénéfices de l'abbaye.

Ce « livre » renfermait encore « notamment un acte d'affirmation de Mme de Beauffremont, ancienne abbesse, du 15 novembre 1590, qui constate qu'en 1572 les titres de l'abbaye ont été pillés par des Provençaux... »; lesquels n'étaient autres que les Réformés de Lyon, commandés par les capitaines Poncenat et Saint-Auban et qui, après avoir assiégé Moulins, se dirigeaient sur Orléans (1).

L'inventaire dressé par Jarsaillon les 28-31 juillet 1790, dont il a été parlé, contient aussi une description de la bibliothèque et des archives de l'abbaye. Fallier, qui avait servi de secrétaire, comme toujours, y avait d'abord porté les titres compris en la déclaration de l'abbesse, puis ajouté les baux en vigueur, les contrats de rentes, les expéditions, copies quelconques, et en général tout « ce qui parut intéressant à constater » au point de vue de la propriété et de l'administration des biens. « Quant au surplus, est-il dit au procès-verbal, dont le volume considérable eût exigé un temps trop long, nous nous sommes [les officiers municipaux] contentés d'en faire le triage, d'*enliasser* les pièces sous les noms des lieux auxquels elles se rapportent, et de les placer dans une armoire distribuée en cases et tiroirs sur chacun desquels furent écrits les noms... » Observation était faite, pour terminer, que « dans les mêmes archives il existe, à droite en entrant, un grand placard », tout rempli de papiers. vieilles procédures, livres-journaux, etc., déjà mentionnés comme inutiles, en la déclaration du 26 février.

---

(1) Ils avaient également pillé le prieuré d'Yzeure. (V. *le Siège des Huguenots devant Molins en 1562*, par A. Vayssière, p. 26 et 48.) *L'Ancien Bourbonnais* (t. 11, *Voyage pittoresque*, p. 124) rapporte que tous les titres des archives du prieuré furent « déchirés et jetés au vent », et que les religieuses ne sauvèrent du désastre que « deux gros sacs de papiers concernant les affaires (les procès) qu'elles avaient avec l'abbaye de Saint-Menoux ; papiers qui, par bonheur pour elles, se trouvèrent entre les mains de leur procureur ». On doit supposer, en bonne logique, que les Bénédictines de Saint-Menoux, pour la même cause, eurent également saufs leurs dossiers de. procédure et que, la soldatesque disparue, les instances purent continuer comme si de rien n'était.

Enfin, par arrêté du 30 décembre 1790, le directoire du district avait
chargé l'administrateur Gabriel Bouyot d'aller à Saint-Menoux pour
« retirer des mains des dames religieuses et du sieur curé », après
inventaire sommaire, « tous terriers, lièves, baux à ferme, obligations,
contre-lettres et titres généralement quelconques... » L'opération eut
lieu le 3 janvier suivant, en présence d'Aucouturier, Fallier, Blondin,
Montillié, Faivre et Jean Loyard. Bizot, mandataire de l'abbesse, présenta tous les documents énoncés en l'inventaire de juillet, sauf les
baux, contrats de rentes, expéditions et copies d'actes, déposés depuis
longtemps au district par lui-même. On mit le tout dans un coffre
fermant à clé, et ce coffre fut placé en la maison curiale, pour y rester
« jusqu'à ce que messieurs les administrateurs aient fourni une occasion de le faire conduire en leur secrétariat ». « Les autres papiers »
furent replacés dans les armoires, aux portes desquelles étaient trois
serrures dont Bouyot, Aucouturier et Loyard se partagèrent les clés (1).

Ces « autres papiers », y compris ceux du grand placard, n'étaient
sans doute pas tous étrangers à l'histoire de l'abbaye et de la paroisse.
Ce sont eux, probablement, que l'on aurait aujourd'hui le plus de
plaisir et de profit à consulter.

Un autre arrêté du district, du 10 janvier 1792, ordonna le transport
des archives de Saint-Menoux à Moulins, pour être « déposées en la
maison du séminaire, en attendant le triage et l'arrangement, ou toute
autre disposition ultérieure, avec le moins de mélange et confusion
qu'il sera possible ». Le tout fut, ainsi qu'on l'a vu ailleurs, « mis dans
des sacs », et expédié le 16 mai suivant (2), « sous bonne et sûre garde ».

Et cependant il ne reste de ces archives, au dépôt départemental,
que de rares vestiges (3), tout à fait insuffisants à retracer d'une
manière complète le passé du vieux monastère.

(1) « Et nous avons remarqué et reconnu, ajoutent en terminant Bouyot et les
officiers municipaux, que le lieu servant d'archives n'est rien moins que solide,
par la poussée des voûtes, qui sont lézardées, ainsi que les murs, et même que
le carrelage du côté du pignon est enfoncé près de la croisée. De plus qu'il y a
des cheminées dans les appartements voisins, qui communiquent aux lézardes. »

(2) Arch. de l'Allier, série Q, ventes avant l'an IV ; procès-verbaux d'inventaires
et ventes de meubles.

(3) Classés série H, 752 et 753. — Pour l'histoire de l'abbaye, v. *l'Ancien*

Mais à défaut de sources pour l'histoire nous avons la fiction, grâce au génie d'invention d'Alexandre Dumas qui, passant à Saint-Menoux avec Achille Allier (octobre 1834), ne manqua pas d'y créer du fantastique. L'abbaye, les Bénédictines et l'église eurent en effet cette bonne fortune de lui fournir le canevas d'une aimable broderie où sa fantaisie tient lieu de textes (1). Aux lueurs d'un orage de nuit il voit un toit « tout hérissé de clochetons », et la lumière intermittente des éclairs se jouer dans les « dentelles » du monument, auquel il se hâte de prêter une féerique origine, ainsi qu'il aimait à le faire pour les vieilles cathédrales ; puis il circule dans des galeries imaginaires tapissées de tableaux innombrables représentant les religieuses des siècles écoulés... Il fait aussi, très inopinément, intervenir Mme de Montespan, à qui vient, d'après lui, l'idée de léguer au « prieuré » de Saint-Menoux ses entrailles... Tout cela est certainement agréable, beaucoup plus que ne le paraîtront ces lignes, mais il y fallait le privilège et la magie du talent.

Bourbonnais ; Voyage pittoresque, 119 et 189 ; mais surtout l'*Histoire de Saint-Menoux*, par M. l'abbé Moret.

(1) *Impressions de voyage*. — La *Revue Bourbonnaise* a reproduit la partie relative à l'Allier, 1, 64 et 96.

II

LE DÉPART DES RELIGIEUSES — PÉTITIONS

Quelques jours après que Mme de Sainte-Hermine eut quitté l'abbaye, ce fut le tour de Marie-Joséphine Maréchal. Le 23 septembre 1790 elle déclarait, devant les officiers municipaux, « qu'eu égard à son âge et à ses infirmités, elle entendait profiter de la liberté que lui laissaient les décrets... » Son intention, annonçait-elle, était de se retirer chez les filles de la Croix (à Moulins), pour y vivre « de la pension qui lui était accordée », près de l'une de ses sœurs, religieuse en cette maison. Elle s'éloigna donc, après qu'on lui eut permis d'enlever ses meubles (1).

Plus tard, elle présenta une réclamation pour qu'un vase de vermeil, déposé dans la sacristie, et lui appartenant, lui fût restitué. Le directoire du district répondit par un refus pur et simple (11 décembre 1791).

Magdelaine Aucapitaine ne tarda pas non plus à quitter la communauté. Le 20 décembre elle faisait sa déclaration, « de l'agrément et licence de Mme Thérèse de Courtais, doyenne des dames religieuses et en cette qualité supérieure en l'absence de Madame l'abbesse ». Le 7 janvier 1791 elle quittait Saint-Menoux pour aller rejoindre sa famille, au Mayet-d'Ecole.

A noter qu'en partant elle avait laissé à Jean Loyard une procuration pour veiller à ses intérêts, dont celui-ci sembla prendre un réel souci. On le voit, en effet, ultérieurement, pétitionner en sa qualité de fondé de pouvoirs pour obtenir que le traitement en retard de sa mandante lui soit payé (2).

(1) Arch. de l'Allier, série L., district de Moulins ; affaires diverses, clergé régulier.— Les officiers municipaux n'autorisaient les enlèvements de mobilier qu'après avoir dressé un état de ce mobilier dans les chambres mêmes des religieuses.

(2) Le Directoire invitait (8 février 1791) Magdelaine Aucapitaine à se pourvoir auprès de son district (Gannat).

En 1792, Magdelaine Aucapitaine envoya aussi du Mayet-d'Ecole une demande pour être autorisée à entrer en partage avec les autres religieuses restées à l'abbaye, dans l'attribution que leur avait faite Radot, le 22 septembre, du mobilier leur appartenant. Elle se disait certaine d'en avoir laissé une grande quantité, et beaucoup de linge à son usage personnel. Cette pétition était rejetée (30 octobre).

Marie Lebrun, à ce qu'il semble, avait devancé Magdelaine Aucapitaine, mais comme elle n'avait rempli aucune formalité, on ignore la date exacte de son départ. Le 9 janvier 1791 elle fait sa déclaration par lettre, et ce n'est que le 6 mai que son mobilier est retiré.

La sœur Thérèse de Courtais, passée au rang de supérieure, avait elle-même déclaré que « dans le cas où elle prendrait le parti d'user de la faculté accordée par la loi et qu'elle s'y vît obligée dans la suite par de nouveaux décrets », elle entendait emporter ses effets personnels. Elle ajoutait que, « de tout temps, du consentement de Madame l'abbesse, ses sœurs et nièces avaient eu habitude dans la maison, et que pour n'être point à charge à la communauté, elles y avaient fait transporter des meubles leur appartenant ». Elle faisait donc toutes réserves à cet égard (1), déclarant, en outre, qu'elle se retirerait dans sa famille « pour y recevoir les soins que réclamait son âge avancé ». Après son départ, ce sera sœur Delaire qui prendra le titre de supérieure et en exercera la fonction.

Mais d'après un décret du 14 septembre 1790, les municipalités devaient dresser la liste de toutes les religieuses se trouvant dans leurs paroisses, recevoir leurs déclarations d'option, et exiger de chacune d'elles « un extrait en forme de leurs actes de baptême et de profession ». Pour s'y conformer, Aucouturier et deux officiers municipaux, avec le procureur de la commune et le secrétaire, se présentaient à l'abbaye le 19 janvier 1791. Ils firent comparaître devant eux, au parloir, toutes les dames, sauf Mme de Frescheville, indisposée et « qui sera interrogée dans sa cellule ». Toutes déclarèrent que leur intention était de continuer à vivre en commun dans leur maison de profession. Avec Mme de Courtais, qui s'était précédemment mise en règle et

(1) Il n'est question nulle part d'autorisation d'enlèvement relative à ces meubles.

se disposait à partir, il en restait neuf, et en dernier lieu elles ne seront plus que sept (les sœurs Delaire, Deschamps de Pravier, Dubroc, Maquet de Barbodière, Duverne, Allard et Vedet) ; car, outre Thérèse de Courtais, la sœur de Frescheville quittera également l'abbaye de son plein gré, mais seulement en septembre (1), un mois avant la dispersion complète (31 octobre).

En quittant l'abbaye, Mmes Maquet de Barbodière et Duverne se retirèrent à Logères, commune d'Agonges, « maison de Montbel », ainsi que le constate un certificat de résidence inscrit au registre. Marie-Anne Dubroc revint dans sa famille (2) ainsi que Marie Allard, à Moulins (3), et c'est probablement ce que firent les autres, au sujet desquelles nous n'avons pas de renseignements.

Les administrations eurent fort à faire pour répondre aux réclamations des religieux et religieuses qui, ne recevant pas le traitement auquel ils avaient droit et n'ayant plus d'autres ressources, se voyaient réduits à la famine. Ce traitement devait être payé en argent depuis le 1er janvier 1790, mais en septembre personne n'avait rien reçu encore ; aussi Mme de Sainte-Hermine et ses compagnes demandèrent-elles une provision. On leur accorda 1.800 livres d'acompte et faculté leur fut laissée, ainsi qu'elles l'avaient en même temps sollicité, de faire usage du linge commun à toutes, « y compris un couvert d'argent pour chacune d'elles ». Mais le 1er février 1791 elles étaient obligées de revenir à la charge pour le même motif, et alors, « comme elles ne sont plus qu'au nombre de six, plus deux sœurs converses » (4), il ne leur

(1) Le 25 septembre 1792, le maire, Jean Loyard, prévenu qu'un nommé Pistolet emplissait une voiture du mobilier de Mme de Frescheville, accourut accompagné d'un officier municipal et trouva en effet « à l'entrée de la première cour » l'homme prêt à partir avec son chargement. Il voulut s'y opposer, mais le voiturier ne tint nul compte de ses injonctions. Loyard ne put que dresser procès-verbal du fait.

(2) Elle mourut à Moulins le 21 mai 1809. (*Extraits des archives du château de Segange*, par M. le commandant du Broc de Segange.)

(3) Le 8 thermidor an VI (26 juillet 1798), est déclaré à la mairie de Moulins le décès de Marie Allard, ex-religieuse, âgée de 79 ans, fille des défunts Gilbert Allard et Jeanne Setier.

(4) On voit qu'à la date du 1er février 1791, la sœur de Courtais était partie, puisqu'il ne restait, au total, que huit religieuses. — C'est à tort que l'arrêté

est attribué pour premier quartier que 1.225 livres ; puis nouvelle pétition en avril, et ainsi de suite.

Celles qui avaient quitté n'étaient pas plus régulièrement payées,
ainsi qu'en témoignent des pétitions de Marie Maréchal et de Marie-
Anne Lebrun (1er et 9 février).

Nombre de gens, prêteurs d'argent, fermiers, entrepreneurs de travaux, ouvriers, domestiques, fournisseurs, durent employer également
la voie du pétitionnement pour être soldés de sommes non portées aux
inventaires et qui, néanmoins, leur étaient dues par l'abbaye. Ce sont
Pierre Condamine, Jacques Saulnier, Pierre et Jean Bernard, Jean
Bonnejournée, Gilbert Mathé, la veuve Condamine, la femme Trémont,
le cloutier Baron (1), le médecin Faye (2), l'épicier Deluchy (3), Jean
Portejoie, Anne Joly, Jeanne Bonnejournée, Chartier, Jean Lamy,
Jérôme Piquet, Jacques Destours, Antoine Trémont, et d'autres : un
véritable pullulement de créanciers. Le directoire du district discutait
avec tous, exigeait des justifications, renvoyait les pièces à la municipalité pour avis, etc.

Entre toutes ces pétitions, citons celle de Mme de Sainte-Hermine,
qui réclamait pour Dom Bizot 600 livres, « gages de deux années », et
300 livres pour sa femme de chambre, Marguerite Thibault, à qui
étaient dues trois années de salaire, échues avant 1789. Il n'était pas
fait droit à la demande, mais par elle nous connaissons les émoluments
de l'aumônier et les gages d'une femme de chambre à cette époque.

mentionne la présence de deux converses. En réalité, depuis le départ de Marie-
Anne Lebrun, il n'y en avait plus qu'une, Marie Allard, et la sœur donnée.

(1) Cloutier à Souvigny, réclamant 300 livres. Le district ayant d'abord refusé
d'admettre cette créance, Baron avait fait opposition sur le traitement de l'abbesse,
puis finalement les administrateurs reconnurent (30 juillet 1791) qu'ils ne pouvaient
faire payer par elle personnellement les clous fournis à l'abbaye, antérieurement
à la mainmise.

(2) François Faye, médecin à Bourbon, qui fut le premier maire de la ville. Son
mémoire ayant été rejeté, comme celui de Baron, il fit également opposition, entre
les mains du receveur du district, au paiement du traitement des religieuses.
Celles-ci se pourvurent en mainlevée, demandant la prise en charge par la Nation,
mais vainement. Faye montra beaucoup d'âpreté vis-à-vis de ses anciennes
clientes, tombées dans la pauvreté.

(3) Les frères Deluchy, épiciers à Moulins, surnommés *Ravine* ; fort connus
alors par l'importance de leur commerce.

MADAME DE SAINTE-HERMINE A BRESSOLLES ET A MOULINS

Après avoir quitté Saint-Menoux. Mme de Sainte-Hermine séjourna à Moulins, jusqu'en juin 1791. Elle s'en alla alors, avec sa sœur et son beau-frère, s'installer au château de Bressolles, très agréable résidence des bords de l'Allier (1). Une cause bien inattendue, une insurrection de paysans, l'en fit partir soudainement.

C'est le dimanche 12 août 1792 que se produisit l'événement. Le lendemain, les administrateurs en étaient informés, et le procureur général syndic en rendait compte en ces termes au département : « Comme le maire [de la commune de Bressolles] se disposait, suivant son habitude, à faire lecture des lois aux citoyens, à l'issue de la messe paroissiale, plusieurs d'entre eux lui annoncèrent qu'en ce moment il était question d'autre chose, et que leur intention était d'aller trouver des aristocrates qu'ils savaient être logés chez lui et au ci-devant château... » Et de suite ils avaient mis leur projet à exécution. Un ecclésiastique chez le maire, et un autre, recueilli par Mme de Sainte-Hermine, avaient été maltraités, le dernier plus grièvement. Les séditieux, paraît-il, avaient à leur tête le procureur de la commune, un vigneron du nom de Jean Bardot. De son côté, le directoire du district, en permanence par contre-coup de la journée du 10 août, prenait immédiatement les mesures nécessaires « pour s'assurer d'une manière positive de ce qui s'était passé ». C'est aux prêtres que les citoyens de Bressolles en veulent, disait-on ; l'irritation contre eux avait déterminé « un premier

(1) A quatre kilomètres environ de Moulins. Le château de Bressolles appartenait à un M. Millet, qui habitait à Auteuil. Le régisseur, Colas, l'avait loué à Irland pour trois cents livres annuellement, à partir du 24 juin 1791. (V. *la Paroisse et la Baronnie de Bressolles*, par M. le commandant du Broc de Segange, dans le *Bull. de la Soc. d'ém. du Bourbonnais*, année 1904, p. 141.)

accès de colère suivi d'un autre par lequel on prétendait faire contribuer d'une manière fort illégale deux habitants aux réparations de l'église, et d'un troisième ayant occasionné la fuite d'un domestique ». De même que le département, le district fut prévenu que ces scènes se renouvelleraient le mercredi suivant et que des recherches seraient faites chez d'autres personnes de la commune, sans doute réputées inciviques. On envoya alors deux commissaires, Rouyer et Reignier, membres du directoire, pour aller, le lendemain, faire une enquête sur les lieux, et on écrivit aux officiers municipaux pour les en informer et faire convoquer le conseil général.

Le 14, de retour de Bressolles, les commissaires rendirent compte de leur mission. Ils avaient le matin, en présence du maire, expliquèrent-ils, dressé un procès-verbal dont ils donnèrent lecture, ajoutant « qu'après sa clôture et être sortis du lieu où ils l'avaient rédigé, ils ne purent douter que les raisons par lesquelles ils croyaient avoir ramené le procureur de la commune, les officiers municipaux et les habitants à l'obéissance que tout citoyen doit aux lois, n'avaient réellement fait que peu ou point d'impression sur les esprits, et que tous paraissaient être aussi décidés qu'auparavant à se livrer à quelques excès ».

A peine Rouyer et Reignier achevaient-ils, qu'on était en effet instruit que la fermentation subsistait toujours aussi active à Bressolles ; que Mᵐᵉ de Sainte-Hermine, sa sœur et son beau-frère s'étaient vus, pour leur sûreté, contraints de venir se réfugier à Moulins et « qu'il était fort à craindre qu'il n'arrivât quelque chose de fâcheux dans la journée du lendemain ». Les administrateurs, émus de ces symptômes et croyant qu'on ne pouvait « apporter un remède trop prompt à un état de choses qui risquait de prendre le caractère d'une sédition », envoyèrent sur-le-champ, malgré l'heure avancée, chercher le procureur de la commune, dont on voulait entendre les explications, et qui « paraissait compromis dans cette affaire... »

L'assemblée était encore en séance, quand deux gendarmes introduisirent Bardot. Ce citoyen, interrogé par le vice-président Radot, déclara avoir « entendu un nommé Parant dire qu'il fallait aller au château et en chasser les prêtres insermentés qui s'y trouvaient, et que tout de suite les habitants s'y étaient rendus, ainsi que chez le maire, et qu'ils avaient chassé les deux prêtres ». Quant à lui, il n'avait maltraité ni vu maltraiter personne et il se défendait d'avoir conseillé ou autorisé ces actes. On a exigé, ajouta-t-il, 200 livres d'Irland pour les réparations de l'église, et l'argent fut versé entre les mains du maire, qui le lui remit à lui-même ; mais, « faisant réflexion que c'était une mauvaise action », il en avait fait la restitution aussitôt. A la question de savoir si Mme de Sainte-Hermine, Irland et les deux prêtres avaient tenu des propos qui eussent pu attirer sur eux la malveillance, Bardot répondit négativement. Les habitants, déclara-t-il, « n'avaient point à s'en plaindre ». Et quand Radot, pour terminer, lui demanda s'il connaissait l'importance de ses fonctions et lui rappela ses devoirs : maintenir le bon ordre, veiller à l'exécution des lois, s'opposer à la violation de l'asile des citoyens, faire respecter les autorités constituées, employer la persuasion envers les perturbateurs, et au besoin contre eux la force publique... : « Je ne savais pas tout cela... », dit-il.

Il paraît bien, cependant, que son rôle en ces circonstances fut moins effacé qu'il ne le prétendait, car les gendarmes rapportèrent qu'en passant sur le chemin, en deçà du pont, plusieurs particuliers de Bressolles leur donnèrent avis « qu'ils se gardassent bien de traduire en prison le procureur de la commune, parce que si cela arrivait la prison serait bientôt démolie ». Jean Bardot ne fut pas mis en arrestation, mais renvoyé en sa commune, « pour réprimer la licence, rappeler les citoyens à la soumission aux lois et faire rentrer dans le devoir les membres de la municipalité qui s'en seraient écartés ». Il en prit l'engagement, et promit de ne pas s'absenter de Bressolles dans la journée du lendemain (1).

Voici donc Mme de Sainte-Hermine, avec sa sœur et son beau-frère, réinstallés malgré eux à Moulins. De dures épreuves les y attendaient.

Ils furent compris dans une liste, dressée à la fin de 1792, des « ci-devant nobles de la commune de Moulins, de ceux qui jouissent des privilèges de la noblesse, et des étrangers domiciliés dans ladite com-

---

(1) En outre des registres du département et du district, voir au sujet du mouvement populaire de Bressolles : *la Paroisse et la Baronnie de Bressolles.*

mune (1) ». Ils y sont inscrits comme habitants de la *section Allier* et ainsi désignés : « Louis-Pierre Irland (soixante-dix ans, noble par charge); Madeleine-Louise de Sainte-Hermine (soixante ans, noble), femme Irland ; Andrée de Sainte-Hermine (soixante-six ans, noble), ci-devant abbesse. »

Dans cette liste, contenant environ 200 noms, on trouva les éléments d'une autre, réduite à 38, de personnes destinées à être emprisonnées ou exécutées. Cette dernière fut établie le 19 octobre 1793 par le comité de surveillance, mettant à exécution la loi du 17 septembre, et l'arrêté du représentant du peuple (Fouché), du 27 du même mois. On y voit figurer « Irland, ci-devant noble, et sa belle-sœur, ci-devant abbesse de Saint-Menoux, à laquelle certificat de civisme a été refusé, l'un et l'autre suspectés d'incivisme et d'aristocratie (2) ».

Mme de Sainte-Hermine, à juste titre prise de peur, tenta l'impossible pour éviter l'emprisonnement, craignant peut-être pire. Elle put se le procurer, ce certificat dont il était si compromettant de ne pas être muni, et le lendemain elle le produisait devant le comité, pour qu'il fût visé. Mais le visa lui fut refusé « pour cause d'incivisme » (3).

Irland et sa belle-sœur furent incarcérés dans la prison des Carmélites de Moulins, le 22 octobre (4). Mme Irland, restée libre, pétitionna tant qu'elle put, pour obtenir leur élargissement, mais en vain.

L'ancienne abbesse, presque aussitôt tombée malade, employa elle-même le moyen du pétitionnement pour réclamer des soins ; puis, voyant son état empirer, elle demanda, malgré que le règlement établi dans le moment y fût contraire, qu'on mît une garde à son service particulier. Le comité de surveillance y consentit (6 décembre), quoique son insen-

(1) *Hist. de Moulins*, par H. Faure, I, 214.— Sur cette liste avaient été également inscrits Jacqueline de Jarsaillon, sœur de l'ancien maire de Saint-Menoux, et les deux frères Aubery du Goutet.

(2) On relève encore sur cette liste les noms des frères Aubery du Goutet, « ci-devant nobles et notoirement suspectés d'incivisme », et de François Lomet père, « homme de loi, ex-constituant, riche et égoïste... »

(3) Beaucoup d'autres suspects s'étaient présentés en même temps pour la même cause, et un seul, en outre de Mme de Sainte-Hermine, se heurta à un refus.

(4) V. *la Baronnie de Bressolles*.

sibilité habituelle à l'égard des prisonniers pût se qualifier de barbare : mais le cas était très grave et il le reconnaissait lui-même en autorisant cette garde — la fidèle Marguerite Thibault — à « entrer dans la maison d'arrêt afin d'y servir la nommée Sainte-Hermine, *dangereusement malade*, pour tout le temps que durera sa maladie ». Il était interdit à cette fille dévouée de sortir sous aucun prétexte de la prison avant le rétablissement de sa maîtresse ; c'est-à-dire qu'elle devenait ainsi prisonnière elle-même.

Il n'est pas surprenant que la santé, déjà affaiblie par l'âge, de l'ancienne abbesse, n'ait pu résister à un tel déchaînement d'adversité. Mêlée à un tourbillon où tout lui semblait chaos, profanation et injures, traitée avec dureté, ainsi que l'avait ordonné Fouché pour les suspects emprisonnés, et peut-être hantée de la peur de la guillotine, devenue permanente à Moulins depuis le 23 brumaire (13 novembre 1793) (1), elle restait sans forces devant ce renversement inouï de toutes choses, succédant à tant de prestige et de respects.

Elle fut rendue à la liberté le 26 nivôse an II (15 janvier 1794), ainsi que son beau-frère et six autres détenus. En cette occasion, le représentant du peuple Noël Pointe (2) aurait, au dire de Louis Audiat, après un discours de circonstance, appliqué à chacun, « y compris Mme de Sainte-Hermine, un baiser fraternel (3) ». Le fait n'est pas tout à fait exact, car les deux personnages essentiels, Noël Pointe et Mme de Sainte-Hermine, n'assistaient pas à la cérémonie et n'avaient pu, par conséquent, y jouer un rôle. Au reste, voici comment s'étaient passées les choses :

(1) A la séance du 23 brumaire du comité de surveillance, on propose de rendre la guillotine permanente. La proposition est accueillie et il est en outre arrêté qu'il y sera placé une inscription conçue en ces termes : « Tyrans, aristo-« crates, affameurs du peuple, tremblez !... Je suis permanente... »

(2) Conventionnel né à Saint-Etienne (où il avait été ouvrier arquebusier), en 1755. Député de Rhône-et-Loire, envoyé en mission dans la Nièvre et l'Allier, il venait d'arriver à Moulins quand il signa l'ordre de mise en liberté de Mme de Sainte-Hermine. Au sujet de Pointe, v. aux Arch. de l'Allier, série L, 108 ; et dans le *Recueil des Actes du comité de Salut public*, de M. A. Aulard, t. v, p. 28. M. Eugène Welvert, dans ses *Lendemains révolutionnaires*, lui a aussi consacré quelques pages pleines d'intérêt.

(3) *La Terreur en Bourbonnais*, t, 333.

La veille, le comité de surveillance s'était, par bonheur, préoccupé d'élargir un certain nombre de détenus, de ceux « qui n'ont été que séduits et égarés », lit-on au procès-verbal, et dont la détention doit cesser, « attendu qu'ils ont abjuré leurs erreurs et témoigné du repentir le plus sincère ». Mais le comité de salut public et les représentants du peuple seuls avaient le droit de prendre une semblable décision, d'où nécessité d'en référer à Noël Pointe. C'est ce que l'on fit. On délégua auprès de lui Rouyer et Burelle, porteurs d'une liste de prisonniers, dont il consentit sans difficultés à signer l'ordre de sortie, et dans laquelle étaient compris l'ancienne abbesse de Saint-Menoux et Irland.

Cet ordre de sortie concernait huit personnes enfermées « tant dans la maison d'arrêt des ci-devant Carmélites que dans celle de réclusion des ci-devant prêtres (Sainte-Claire) ». Le lendemain, en exécution d'un arrêté, trois membres du comité et autant d'officiers municipaux se rendirent aux deux prisons « où étant arrivés ils ont fait appeler les détenus, lesquels ont comparu, *à l'exception de la citoyenne Sainte-Hermine, qui ne l'a pu à cause de maladie* ». Tous revinrent au lieu des séances, y compris les détenus, et aussitôt leur entrée le président (Thiériot), en annonçant à ces derniers leur mise en liberté, leur donna l'accolade et les gratifia d'un discours « énergique ». « Vous êtes libres, leur dit-il, nous vous admettons parmi nous, et en vous adoptant pour nos frères, nous espérons que votre conduite à venir ne nous laissera aucun doute sur l'opinion que nous avons de vous. Que ce baiser fraternel soit partout le gage d'une réunion sincère! Elle doit à jamais régner parmi de vrais républicains, puisqu'elle est la base du bonheur de toute la France, qui ne doit faire qu'une seule et même famille. » Et la séance se termina aux cris de : vive la République ! vive la Montagne !

Mme de Sainte-Hermine mourut à Moulins, en sa maison de la rue de Bourgogne, le 26 août 1804 (1).

(1) M. l'abbé Moret a publié son acte de décès. (*Hist. de Saint-Menoux*, p. 392.)

IV

FRANÇOIS FALLIER APRÈS LA RÉVOLUTION

Ayant cessé d'être commissaire du directoire exécutif, François Fallier se retira pendant quelque temps à Moulins (1) et il rêva de redevenir, comme devant, curé de Saint-Menoux.

Après sa villégiature il revient donc, s'installe et dit la messe, sans se soucier de Volle, pour lui un intrus. On juge de la surprise... Cependant, personne n'assiste à ses offices et force lui est de les interrompre. Une note administrative des moins flatteuses à son égard fait allusion à cet ostracisme : il y est parlé de son « immoralité si publique que *ses paroissiens ont mieux aimé se passer de messes que d'assister à celles qu'il se proposait de leur dire...* » (2).

Malgré ce fâcheux début, il ne se décourage pas ; il s'obstine, au contraire, s'établit à demeure, s'efforçant de regagner son influence de jadis sur les fidèles, et le 15 avril 1802 il se présente à la mairie pour y faire la « soumission » exigée par la loi du 21 nivôse an VIII, « afin de reprendre ses fonctions de curé ». Mais le maire Aubery du Goutet, qui à aucun prix ne veut de lui, refuse de recevoir sa déclaration, le renvoyant à se pourvoir auprès du préfet. Fallier réplique par une signification d'huissier (29 avril), où il réitère l'affirmation de son intention, ajoutant qu'il exercera son ministère à ses frais « dans le lieu appelé la vieille église », la nouvelle ayant été fermée par le maire le 20 germinal « pour des motifs qu'il ignore » (3). Il acceptait donc la

(1) La délibération du 15 pluviôse an IX (4 février 1801), déjà citée (p. 15), le montre résidant en cette ville.

(2) Le *Personnel concordataire*, p. 30.

(3) Ces motifs que, contrairement à ce qu'il prétend, il ne pouvait ignorer, étaient les dégradations et l'insécurité, constatées par procès-verbal dressé le 19 germinal (9 avril 1802).

lutte, perdant de vue que, n'étant pas autorisé par l'évêque de Clermont, tous ses efforts seraient inutiles.

Le préfet, informé de la situation, en référa à l'évêque, dont la réponse fut que Volle était en règle et seul approuvé comme curé de Saint-Menoux. Aubery était chargé, par lettre du 26 thermidor an x (14 avril 1802), de notifier cette décision à Fallier, « afin de faire cesser ses prétentions et la lutte scandaleuse dont il se plaint ». Défense lui était faite « d'exercer à l'avenir ses fonctions en sa qualité de soi-disant curé... » Il était de plus sommé par le maire « de lui remettre *les clés du lieu où il exerce maintenant son ministère*, qui est la ci-devant vieille église... »

Les termes de cette injonction prouvent que Fallier était parvenu à évincer Guillaume Volle, et que les habitants n'avaient pas continué à lui tenir rigueur. Il détenait les clés de l'église, il y « exerçait ses fonctions » : il était donc alors curé en fait comme s'il n'avait jamais cessé de l'être en droit. Il se contente, pour l'instant (2 septembre), de protester, disant que dès avant le Concordat, il a recommencé à exercer le sacerdoce, que des circonstances « impérieuses » (1) seules ont interrompu ; qu'il a fait sa soumission à la mairie et que l'évêque l'a reconnu, « dans son diplôme du 21 juillet », pour curé de Saint-Menoux ; qu'il a adhéré au Concordat, et que, bien qu'il ne soit ni suspendu ni interdit, on le traite cependant comme tel ; que « plein de respect pour l'autorité civile » il obéira, mais en se réservant « d'appeler comme d'abus de la conduite de M. l'évêque de Clermont devant le Conseil d'Etat, qui en doit connaître ». Le maire répliqua ; puis Fallier ergota encore, contestant que Volle fût légalement investi, et persistant à affirmer qu'on ne pouvait l'empêcher de dire la messe.

Ce n'étaient que stériles paroles. S'il voulait obtenir une cure, celle de Saint-Menoux ou une autre, il fallait se rendre à merci, la chose était claire. Il le comprit enfin. Toutefois, ce n'est que le 30 octobre 1803 qu'il fait sa rétractation pure et simple du serment qu'il a prêté en 1792, et on le nomme curé d'Aubigny.

A Aubigny, la malchance le poursuit. Il y fait deux voyages sans

______

(1) L'abstention des fidèles à ses messes.

parvenir à s'y installer. Dans le premier il se heurte au mauvais vouloir d'un maire qui lui déclare tout net que l'on n'a pas besoin de lui et que, du reste, il n'existe pas d'ornements que l'on puisse mettre à sa disposition, ni de local pouvant tenir lieu de presbytère. Dans le second, s'étant procuré les ornements nécessaires, il ne trouve plus ni le missel ni les autres livres qu'il avait vus dans l'église la première fois : les habitants les avaient fait disparaître, afin qu'il ne pût en faire usage. Pour comble d'infortune, en chevauchant par les exécrables chemins de ce pays, il avait fait deux chutes et s'était démis le poignet gauche, ce qui, ainsi qu'il le raconte dans une lettre (18 février 1804) où il fait part de ces aventures à l'évêque (1), lui « occasionne de la dépense et de la douleur ». Il se voyait, en effet, à la suite de cet accident, condamné à rester, malade et découragé, pendant sept jours « logé dans une méchante auberge de village... » « Et voilà, Monseigneur, concluait-il tristement, le résultat de ma soumission. Je ne m'en plains pas, mais je suis bien malheureux. Le nécessaire me manque ; depuis deux ans je n'ai de ressources que dans ma petite localité (?) qui, avec la pension que me paye le gouvernement, font tout mon avoir...» Et il ajoute mélancoliquement : « Monsieur Bouyot (2), qui ne vient à Saint-Menoux que les dimanches et les jours où il y a du casuel à prendre, est bien heureux... »

Il y pensait toujours, à Saint-Menoux, et non, malgré tout, sans un reste d'espérance ; et peut-être ses vœux eussent-ils été exaucés enfin si la municipalité avait consenti, comme pour Bouyot (3), à s'en faire l'interprète. On le devine à une lettre de M. de la Mousse, curé de Saint-Pierre de Moulins, ancien vicaire général de Clermont, organisateur

(1) *Hist. de Saint-Menoux*, p. 387.

(2) Jean Bouyot, de Souvigny, curé de Saint-Menoux du 9 mars 1804 au 24 mai 1806, en remplacement de Volle, envoyé à Meillers. (*Hist. de Saint-Menoux*, p. 399.)

(3) Volle, parti en juin 1803, eut en réalité pour successeur Claude-Hector Dupuy de Saint-Martin ; mais celui-ci « n'ayant exercé ses fonctions qu'un seul jour et les ayant abandonnées sans sujet », (*Hist. de Saint-Menoux*, p. 398), la municipalité, par délibération du 9 juin, invita l'évêque et les autorités civiles à donner pour desservant à la commune un prêtre à choisir dans une liste qu'elle avait établie et qui comprenait trois noms, parmi lesquels se trouvait celui de Bouyot.

du culte concordataire dans les arrondissements de Moulins et de Lapa-
lisse, dont il avait gagné les sympathies. Cette lettre, datée du
20 février 1804, c'est-à-dire de deux jours seulement après la sienne, est
adressée également à l'évêque. « M. Fallier, écrit M. de la Mousse,
se réduit à demander qu'au moins il lui soit permis de dire la messe dans
son ancienne église... Je n'ai pas voulu prendre sur moi de lui accorder
cette grâce et l'ai invité à vous écrire lui-même, en l'assurant que je
serais le premier à vous rendre un compte favorable de ce qu'il a dû
supporter d'ennuis, d'humiliations, de fatigues et de dépenses pour
vous prouver la sincérité de son retour à l'obéissance qu'il vous doit.
Au vrai, Monseigneur, ajoutait-il, il y aurait peut-être moins d'inconvénients à le laisser à son ancienne église, *où il n'a plus que le seul
maire contre lui, et qui n'est pas bien redoutable*, qu'à le promener ainsi
dans toutes les communes du voisinage, où on le rejette aussi avec
trop de rigueur (1). » On ne pouvait mieux dire, mais M. de la Mousse
plaidait une cause perdue d'avance, et malgré ce qu'il en pouvait penser,
l'hostilité persistante d'Aubery du Goutet ne permettait guère de réin-
tégrer son protégé dans son ancienne paroisse. On le nomma à Autry.

L'église de cette localité avait été vendue comme bien national (2);
toutefois, l'acquéreur ne s'opposait pas à ce que les offices y fussent célé-
brés, mais elle était restée fort endommagée des épreuves subies pendant
les années précédentes, et tout autant que celle d'Aubigny elle manquait de meubles et d'ornements. Tout était à faire pour la mettre dans
un état convenable.

Comment les habitants d'Autry reçurent Fallier et comment il vécut
parmi eux, c'est ce que l'on ignore. On sait seulement que le 5 thermidor an XII (24 juillet 1804), se disant « affligé du scandale de la vente
de l'église », il la racheta « pour en assurer la libre et entière possession à la commune » (3). Ce fut le dernier acte connu de sa vie agitée.

(1) *Hist. de Saint-Menoux*, p. 388.
(2) A Barthélemy Esminjaud, par procès-verbal du 6 thermidor an VIII (24 juillet 1799).
(3) Arch. de l'Allier, série O., commune de Saint-Menoux; l'église. Les renseignements ci-après proviennent de ce dossier. — V. également *Hist. de Saint-
Menoux*, p. 383 et suiv.

Il mourut le 2 février 1806 chez son beau-frère Thibaud, rue Notre-Dame (1), à Moulins, laissant une succession obérée, à laquelle renoncèrent ses héritiers. Un curateur fut nommé, qui vendit le mobilier et en employa le prix au payement des dettes.

L'église faisait partie de l'actif de la succession, mais on ne la revendit pas. Après le décès, la commune continua d'en jouir et on la considéra comme ayant été restituée. En réalité, il en était tout autrement, et il y avait nécessité de régulariser la situation, ce dont se préoccupa en 1815 M. de Gaulmyn de la Goutte, maire d'Autry. « L'état de dégradation où se trouve cette église, écrivait-il au comte de la Vieuville, préfet de l'Allier, dans un mémoire non daté, exige pour son entretien des réparations considérables, et les solennités du culte divin nécessitent des dépenses intérieures que la commune ne saurait engager sans qu'au préalable elle ait été reconnue' propriétaire de l'édifice. » Il demandait donc une attribution de propriété, qu'il obtint suivant un arrêté préfectoral du 28 septembre 1816, rendu définitif par un autre du 28 avril 1817, pris sur avis du Conseil d'Etat du 11 mars. On avait dû faire rendre un jugement par le tribunal de Moulins (26 août 1816), envoyant l'Etat en possession des biens vacants et sans maître provenant de la succession Fallier.

Tout souvenir de cet extraordinaire curé jacobin s'est depuis de longues années effacé dans la commune de Saint-Menoux; mais tant qu'on y parla de la Révolution on le cita comme l'ayant personnifiée. Sans y regarder de trop près on en fit un terroriste furieux, un tyran capricieux qui, pendant dix années entières, disposa de toutes choses à son gré, et qui finalement tomba dans l'impuissance et la misère (2).

Son rôle politique était assurément dénaturé. En tous cas, Fallier se piqua toujours d'avoir maintenu l'ordre à Saint-Menoux aux heures difficiles et préservé les habitants de maux dont d'autres localités

(1) Aujourd'hui rue François-Péron.

(2) V. notamment une lettre écrite par le maire Jean Bouchand au préfet, en 1829, au sujet de renseignements demandés par ce dernier sur les anciens locaux de l'abbaye. (Arch. de l'Allier, série O., commune de Saint-Menoux; procès Condamine.)

eurent à souffrir. Quant à ses rêves de fortune, il est certain qu'ils échouèrent totalement. Cela ne saurait être mis en question, et pourtant on ne peut se l'expliquer, car, au dire d'Aubery du Goutet, il avait « vendu des matériaux provenant des démolitions seules de l'abbaye pour plus d'argent que n'avait coûté toute la propriété » (1). De plus, il avait constamment touché traitement ou pension de l'Etat et jusqu'à l'an VIII, au moins, son aptitude pour les affaires avait été fréquemment utilisée par les administrations dans les opérations relatives aux biens nationaux.

Quoi qu'il en soit, il ne resta pas longtemps en possession de l'abbaye ; après avoir battu monnaie. en jetant bas les constructions, il vendit l'emplacement et l'enclos à son beau-frère Thibaud, et celui-ci repassa l'acquisition, par contrat de vente, à sa fille Marie-Anne et à son gendre François-Pierre Servant, oculiste à Orléans (2), ce qui ne laisse pas de jeter dans l'esprit quelque soupçon de combinaison louche.

(1) V. Arch. de l'Allier, série O, commune de Saint-Menoux, l'église ; notamment une lettre d'Aubery au préfet, du 29 août 1810. « Cette propriété, écrit Aubery, était passée, on ignore à quel titre, entre les mains de Thibaud, beau-frère de M. Fallier. »

(2) V. un acte de vente du 25 juillet 1846 devant Garnier, notaire à Souvigny. — C'est Servant et non Thibaud qui fit des lots des anciens terrains de l'abbaye, car en 1810, année où ce dernier en vendit à sa fille et à son gendre la totalité, Aubery du Goutet mentionnait, dans sa lettre au préfet, citée ci-dessus, que l'emplacement était encore entier, mais « tout rempli de décombres », et que tous les bâtiments étaient démolis et les matériaux vendus *par l'acquéreur* [Fallier], qui en avait retiré « plus d'argent que n'avait coûté toute la propriété ».

V

LE CHEVALIER DE JARSAILLON ÉMIGRÉ — SA SUCCESSION

Comme la plupart des émigrés, le chevalier de Jarsaillon avait cru sans doute que son départ serait suivi d'un prompt retour (1). Son exil volontaire, en réalité, dura toute sa vie et on ne sait même pas ce qu'il devint à l'étranger. M. Cornillon rapporte bien que lors du licenciement de l'armée de Condé il se « retira » chez un seigneur russe appelé le comte de Soltik (2), mais il n'en dit pas davantage et ce vague renseignement n'aide pas à percer l'obscurité dont reste enveloppée la triste destinée de notre ancien maire.

La loi sur le milliard des émigrés vint plus tard raviver son souvenir et mettre ses héritiers, pour toucher la part lui revenant, dans l'obligation d'établir sa situation légale. Dans ce but, on dut faire rendre par le tribunal civil de Moulins (17 août 1826) un jugement de déclaration d'absence qui désignait, en outre, comme administrateur provisoire de ses biens Jean-Marie-Magdelaine-Hippolyte de Jarsaillon, son neveu, fils de François-Lazare. Toutefois, ce n'est que le 21 août 1828 que cette part ou « indemnité », fixée à 41.396 francs (3), fut attribuée aux intéressés, divisés en trois branches représentées par les deux frères de Jean-Claude et sa sœur, ou leurs descendants.

(1) Ceux qui partaient n'en doutaient pas. « Les nobles quittèrent en foule leurs châteaux..., n'emportant pas même leur argent, leurs bijoux, leurs armes ; la plupart avec un seul habit et quelques chemises, croyant que ce n'était qu'un voyage de plaisir de cinq à six semaines... » (*Mémoires* du marquis de Ferrières, III, 18.) — Le paiement par Jarsaillon, peu de temps avant qu'il quittât Saint-Menoux, d'un acompte sur ses dettes, pourrait donc n'avoir pas eu la signification que nous lui avions attribuée tout-d'abord. (V. ci-dessus, p. 62.)

(2) Le *Bourbonnais sous la Révolution*, II, 204.

(3) L'arrêté du préfet dit que « le produit de la réduction en numéraire du prix des ventes en assignats est de 39.936 livres », à quoi est ajouté « le montant en numéraire de l'estimation du pré de Coulade (?), concédé à l'hospice de Moulins, de 1.460 francs ».

34

François-Lazare, toujours vivant et juge de paix du Montet, demeurait à Rocles. Il avait alors plus de 78 ans, étant né le 4 mai 1750. Jacques-Marguerite était mort le 25 mars 1804, laissant de son mariage avec Jeanne-Antoinette-Pierrette de la Goutte : 1° Pierre-Jacques, qui habitait à Jarsaillon ; 2° Philiberte-Claudine-Joséphine, veuve de Nicolas-Joseph de Bousingen, demeurant à Moulins ; et 3° Jeanne-Josèphe, femme de Jacques-Philibert de Montagut, demeurant en Saône-et-Loire. Enfin Françoise-Marguerite était morte le 2 juillet 1798 (1), épouse de Jean-Baptiste-Marie Vollant de Berville, décédé lui-même le 7 mars 1818. Elle avait laissé également trois enfants, un fils et deux filles, dont l'une, Jacqueline-Eléonore, s'était fixée, ainsi que son frère Maximilien-Auguste, en Bavière, à Munich. Leur sœur Joséphine-Elvire habitait à Moulins (2).

(1) Elle était née le 16 octobre 1759.
(2) Arch. de l'Allier, série Q.; liquidation des indemnités dues aux émigrés ; J.-C. de Jarsaillon.

VI

MAURICE DESCHAMPS DE PRAVIER

Maurice Deschamps de Pravier était né au château de Pravier,
paroisse de Meillers, le 13 octobre 1738, de Joseph, et de Madeleine
Desaages (1). Il fut nommé chanoine-trésorier de la Sainte-Chapelle de
Bourbon-l'Archambault (2), le 20 mars 1770, suivant brevet du prince
de Condé ; mais sa mauvaise santé, compliquée d'infirmités, le força,
en 1786, de démissionner et son successeur — Jean Duchet — dut lui
servir une pension viagère de 600 livres qui, avec son « très modique
revenu », lui assurait des moyens d'existence suffisants (3).

Il était aussi chapelain de la chapelle de Notre-Dame de Valigny-
sur-Cher et de la chapelle de l'Hôpital ; — cette dernière sous le
vocable de saint Antoine et située en la paroisse de Colombier, district
de Montluçon.

Quand il avait cessé d'être trésorier de la Sainte-Chapelle, Maurice

(1) Il avait un frère jumeau, Michel-Joseph. Par ordonnance de l'archevêque
de Bourges (7 juin 1754), portant rétablissement des prénoms des frères Deschamps,
omis dans leurs actes baptistaires, Michel-Joseph est déclaré l'aîné des deux; ils
étaient sur le point de se présenter à la tonsure. (Arch. de l'Allier, série E. supp.,
Inv., p. 715). — La Bénédictine de Saint-Menoux dont nous avons parlé, Marie
Deschamps de Pravier, était leur sœur.

(2) Le chapitre de la Sainte-Chapelle de Bourbon avait été fondé en 1332 par
le duc Louis Ier. Il était composé d'un trésorier, de six chanoines et de trois semi-
prébendiers. (*Arm. du Bourb.*, I, 43).— D'autre part, on lit dans les *Mémoires de
la Généralité de Moulins*, de l'intendant Le Vayer, p. 34, publiés par M. Pierre
Flament, que les fondateurs de la Sainte-Chapelle avaient institué « un trésorier
et douze chanoines ».

(3) La démission avec attribution de pension avait été homologuée par le parlement de Paris le 29 août 1786. — Deschamps donne lui-même les détails qui
précèdent dans une pétition, non datée mais devant remonter aux premiers mois
de 1790, et adressée au directoire du district de Cérilly. (Arch. de l'Allier,
série L. ; affaires diverses du département.)

Deschamps s'était installé à Lavin, dont la réserve avait été mise à sa disposition, gracieusement, par son cousin Claude Deschamps de Bisseret, à la seule condition de subvenir aux charges d'entretien. Il s'intéressa dès lors aux choses concernant sa nouvelle paroisse et, grand ami de Fallier, il prit part avec lui aux premiers événements de la Révolution à Saint-Menoux. On se rappelle que le 7 février 1790 il présidait les élections municipales, où il était élu notable. Il avait, le 23 septembre 1792, prêté en même temps que Fallier, Aucouturier et Jacques Loyard, le serment exigé par la loi du 14 août, et le 14 avril 1793 il participait encore à l'élection d'Auroux. C'est quelques jours plus tard qu'il se voyait contraint de quitter Lavin pour la résidence forcée de Bourbon, point de départ pour lui de souffrances sans nombre terminées par une mort misérable loin de son pays (1).

Il fut mis en état d'arrestation le 11 octobre et transféré à Moulins le 13, voici à la suite de quelles circonstances :

A Bourbon, un nommé Faynaud, ou plutôt Fesneau (2), gardien à l'hôpital et instituteur public, avait été, par ordre du comité de surveillance de la ville, emprisonné préventivement « pour faits d'indélicatesse dans ses fonctions ». Mais le comité de surveillance de Moulins avait évoqué l'affaire, et devant lui les choses prenaient une tournure toute différente : un arrêté de mise en liberté immédiate était rendu en faveur de l'inculpé (9 octobre), pendant que les membres du comité de Bourbon, en raison de ce que l'acte d'incarcération était jugé « illégal et vexatoire (3) », se voyaient « mandés sur le champ auprès de celui de

(1) Il s'était fait délivrer par la municipalité de Saint-Menoux, le 24 mars, le certificat de résidence exigé depuis le mois de février. Les signataires, Guillaume et Etienne Aucouturier, Antoine Faivre, Fallier, Joseph et Charles Guelin, Jean et Jacques Loyard, à l'envi se disent ses amis. Il était alors âgé de cinquante-cinq ans et presque impotent. Son écriture, en effet, dont il existe aux Archives plusieurs spécimens, généralement des pétitions pour règlement de sa pension, quoique paraissant émaner d'un homme assez lettré, indique d'une manière très apparente un empêchement physique auquel Fallier, l'universel secrétaire, suppléait fréquemment.

(2) V. C. Grégoire, *l'Ancien canton de Bourbon*, p. 87.

(3) Arch. de l'Allier ; registre du comité de surveillance de Moulins. Les renseignements ci-après proviennent également des procès-verbaux du comité. — V. aussi, au sujet des incidents concernant l'instituteur de Bourbon, C. Grégoire : *l'Ancien canton de Bourbon*, 86-96.

Moulins pour rendre compte de leur conduite... » Bien mieux, un mandat d'amener était expédié contre eux et porté par la gendarmerie, et le lendemain ils comparaissaient devant leurs collègues moulinois transformés en juges.

Fesneau était présent. D'abord entendu par ces derniers sur ce qui lui était reproché, il « se disculpa de manière à faire voir que toute cette *procédure* n'était que l'effet des persécutions qu'on lui avait fait éprouver dans cette ville... » « Ses ennemis, d'après lui, n'ayant pu réussir à le perdre en le faisant regarder comme incapable de remplir les fonctions d'instituteur..., avaient imaginé de l'accuser de soustractions énormes et de solliciter à cet effet des témoins contre lui...» Interrogés à leur tour, les membres du comité prétendirent avoir décerné un mandat d'arrêt contre Fesneau « pour obéir au vœu de leurs concitoyens et pour l'empêcher d'échapper au juste châtiment » que méritaient les dilapidations commises par lui dans leur hôpital, « bien prouvées par l'information qu'ils avaient faite ». Deux plaignants expliquèrent que ledit Fesneau était poursuivi de telles clameurs « pour l'empêcher d'être instituteur (1) et pour l'accuser de dilapidations..., qu'ils avaient suivi le torrent... »

Le comité, cependant, donna gain de cause à Fesneau. On avait, disait-il, violé à son égard les prescriptions de la loi du 11 septembre (2), et ce « sans-culotte » n'était nullement incriminé d'incivisme ou de conspiration. C'était « un malheureux père de famille », sur lequel on s'acharnait aveuglément. D'ailleurs, déclarait encore le comité, « on n'est pas, à beaucoup près, à Burges-les-Bains, à la hauteur des circonstances » ; les patriotes « y sont opprimés par une faction muscadine égoïste et aristocratique », et cet état de choses devait cesser. Les nommés Gendard et Audiat, considérés comme les meneurs, étaient mis sur-le-champ en état d'arrestation et conduits à la maison d'arrêt,

(1) Il avait été nommé le 7 octobre, avec un traitement de 1.200 livres, dont le paiement devait être assuré au moyen d'une imposition extraordinaire sur les riches, et sous la responsabilité solidaire des membres de la municipalité, conformément à un arrêté de Fouché, du 27 septembre.

(2) Défendant notamment aux comités de surveillance de décerner aucun mandat d'arrestation sans être réunis au moins au nombre de sept membres.

sise au vieux château. Fesneau, « injustement persécuté », était « provisoirement réintégré dans ses fonctions » ; et « pour chasser définitivement le mauvais esprit qui domine dans la ville de Burges », on décidait d'y envoyer le jour même deux membres accompagnés d'un détachement de cinquante hommes de l'armée révolutionnaire, et des brigades de gendarmerie de Moulins et de Souvigny.

Grimaud et Boisset, désignés pour cette mission, étaient chargés de « rétablir l'esprit public pour électriser les cœurs à la régénération universelle » ; ils devaient organiser une fête civique « dans le même genre et dans le même ordre que celle donnée par le représentant du peuple à Moulins » et « détruire tous les signes du fanatisme... », former un nouveau comité, faire connaître au peuple les arrêtés pris par Fouché « pour empêcher les malversations des accapareurs, des riches égoïstes et du reste infect de la noblesse et du clergé... » ; enfin il leur était recommandé de visiter l'ancien château, qui aurait pu renfermer « des marchandises, des émigrés ou quelque rassemblement...», de faire des visites domiciliaires, procéder au besoin à des arrestations, etc.

Le 13, ce détachement était de retour, et les commissaires rendaient compte à leurs collègues des bons résultats de leur expédition. Ils avaient ramené avec eux, prisonniers, « neuf individus suspects d'incivisme (1) », « ci-devant nobles, prêtres, parents d'émigrés ou aristo-

___

(1) Après un court rapport sur les motifs qui les avaient engagés à procéder à ces arrestations, ils expliquèrent que, devant la manifestation unanime des habitants de Burges-les-Bains, très hostiles à Fesneau, ils s'étaient déterminés à faire relaxer Gendard et Audiat et à les inviter à prendre part à la fête civique. Ils donnèrent des détails sur cette fête, sur la plantation d'un arbre de la liberté, sur leur visite dans les églises, dans le ci-devant château, dans la ci-devant Sainte-Chapelle... ; ils firent le récit de plusieurs « exécutions civiques », ajoutant qu'ils avaient « achevé cette intéressante destruction du fanatisme et de la tyrannie sacerdotale et nobiliaire par l'enlèvement du reliquaire de la Sainte-Chapelle, objet jusqu'alors de la vénération de tous les habitants, par suite de l'ignorance et des préjugés ». Revenant ensuite à la question Fesneau, ils donnèrent à ce sujet des explications à la suite desquelles le comité, tout en continuant à tenir pour illégale l'arrestation de ce citoyen, reconnaissait que cette arrestation avait été « en quelque sorte forcée par un parti ». Le comité décidait ensuite, « pour tout concilier à l'avantage et au gré des intéressés », « que ce Fesneau serait provisoirement remplacé dans les fonctions qui lui avaient été confiées ». — Ajoutons qu'en thermidor suivant ce personnage provoqua encore

crates notoirement suspects par leur conduite privée et leurs relations ».
Parmi eux se trouvait Maurice de Pravier.

Le malheureux chanoine ne devait pas rester longtemps à Moulins,
car la terrible loi des 29 et 30 vendémiaire (20 et 21 octobre 1793) (1)
était rendue quelques jours après, et le comité de surveillance avait hâte
de l'appliquer. Le 28 du même mois, sans plus tarder, voulant « purger
le sol de la République de tous les mauvais prêtres qui la souillent... »,
un arrêté était pris pour inviter le directoire du département à « faire
mettre sur le champ à exécution ladite loi, avec toute la sévérité et la
célérité qu'elle comporte, de manière que dans une décade au plus
tard le territoire du département et notamment celui de Moulins et des
maisons de réclusion, soit totalement purgé de cette caste vraiment
pestiférante *(sic)* ».

De leur côté, la plupart des internés, effrayés et cherchant à se
soustraire au danger dont ils étaient menacés, invoquaient leur état de
santé qui, affirmaient-ils, les rendait incapables de supporter de grandes
fatigues. « Beaucoup de ces scélérats, disent les membres du comité,
ont obtenu des certificats de médecins au moyen desquels ils espèrent
rester dans la maison de réclusion et éviter par là la déportation... »
Rien n'était plus naturel, mais on ne se préoccupa ni de leurs doléances
ni de leurs certificats. Toutefois, on dut les soumettre — c'était une
prescription légale — à un examen médical, et dans ce but trois médecins furent chargés de « visiter révolutionnairement... » « ceux de ces
prêtres qui, par leurs infirmités et leur caducité, ne pourraient être
transportés... » Les hommes de l'art remplirent leur mission, mais sur
quarante-deux ecclésiastiques, pas un seul ne leur parut, ainsi que le
constate leur rapport déposé en séance du 7 novembre, se trouver dans
le cas prévu.

des troubles à Bourbon au sujet de l'hôpital et qu'à cette occasion on le consigna
chez lui jusqu'au 13 vendémiaire an III. — Le 25 germinal an IV, l'administration
centrale nommait à nouveau instituteur à Bourbon, sur certificat du jury d'instruction du 20 pluviôse et sur *présentation de la municipalité*, ce même Fesneau, jugé
précédemment si peu recommandable.

(1) Sur la déportation des prêtres assermentés dénoncés pour cause d'incivisme,
ce qui était son cas.

Après cette visite, treize détenus furent, « par provision, transférés dans la maison de réclusion (1) » ; Maurice Deschamps faisait partie de ce groupe, et on le comprit, avec vingt-trois autres chanoines, curés ou religieux, dans le deuxième convoi, qui partit le 28 novembre.

La saison rigoureuse et l'entassement sans abri dans les voitures épuisèrent ses forces et, tombé gravement malade, on dut le laisser à Angoulême, où il mourut le 11 décembre (2).

(1) Tous les ecclésiastiques réfractaires ou suspects qui allaient être condamnés à la déportation avaient été internés dans la prison Sainte-Claire.

(2) V. *les Pontons de Rochefort*, par L. Audiat ; et *Hist. de Saint-Menoux*, p. 393.

VII

LES FRÈRES AUBERY DU GOUTET

Gilbert-Bon Aubery du Goutet et son frère Pierre-Georges — ce dernier ancien garde du corps du roi d'Espagne — étaient nés l'un à Saint-Menoux, le 5 novembre 1752, et l'autre à Moulins, le 23 avril 1755. Ils avaient une sœur, Anne, qui épousa, le 22 mars 1784, Charles-Pierre Micault de Saint-Léger, et en deuxièmes noces M. Le Roy de Prunevaux.

Tous les deux assistèrent à l'assemblée de Moulins du 16 mars 1789 (1). Leur noblesse était d'ailleurs ancienne et notoire (2), avantage qui faillit leur être funeste pendant la Révolution. Ils étaient fils de Rémy Aubery, écuyer, seigneur du Goutet, et de Marie-Jeanne Foussier, et avaient pour aïeul Geoffroy, seigneur du Plessis (3), maire de Moulins

(1) Les frères Aubery figurent dans le catalogue des gentilshommes du Bourbonnais ayant pris part à cette assemblée : Gilbert-Bon pour la châtellenie de Moulins, et Pierre-Georges pour la châtellenie d'Ainay-le-Château, et non pour celle de Bourbon, on ne sait pourquoi. (*Arm. du Bourb.*, I, XVIII et XIX). Le Goutet y est orthographié *le Goustel*.

(2) Armes : *D'azur, au chevron d'or, accompagné de trois têtes de dauphin de même.* V. *Noms féodaux ; Dict. de la noblesse ; Segoing ; Arm. de la généralité de Moulins ; Arm. du Bourbonnais.* — V. également, *Hist. de Saint-Menoux*, p. 299 et suiv. — M. le commandant du Broc de Segange a établi de cette famille une généalogie manuscrite qu'il a obligeamment mise à notre disposition.

(3) Le château de Plessis est situé commune d'Autry-Issard et appartient à M. le docteur Petit, de Moulins. C'est une très belle construction féodale conservée intacte. — Un autre descendant de Geoffroy, Antoine, seigneur du Plessis, Palière, le Boucheron, etc., procureur général, n'eut pas de postérité de Gabrielle Gascoing, qu'il avait épousée en 1702 ; et selon toute probabilité le Plessis passa par testament à sa cousine Elisabeth Aubery, née le 15 mars 1685, neuvième enfant de son oncle également prénommé Antoine, seigneur du Goutet, président en l'élection de Moulins ; laquelle épousa (décembre 1725) François-Nicolas de Beaucousin, receveur de la douane de Lyon, et eut une fille, mariée en premières noces au greffier Sénéché, et en deuxièmes noces à François Lomet de Lys et

35

en 1552-54, qui fit bâtir la chapelle, dite « chapelle des Aubery », à Notre-Dame de Moulins (1). Leur famille compte des hommes qui se sont distingués en différents genres et l'un d'eux, Jean-Henry Aubery, jésuite, né à Bourbon-l'Archambault en 1569, mort à Auch en 1656, s'est même illustré dans les lettres. Il est l'auteur de nombreuses poésies latines et, d'après H. Faure, « son nom mériterait toujours d'être cité avec honneur dans l'histoire de notre littérature si la fécondité, la verve, l'élégance d'un style poli, châtié, harmonieux sont des titres suffisants (2) ».

Quoiqu'ayant une maison à Moulins dans le quartier de Paris et y passant une partie de l'année, les frères Aubery, ainsi que nous en avons déjà fait la remarque, n'étaient pas riches, n'ayant reçu en héritage que d'assez maigres épaves des grands biens qu'avaient possédés dans le pays leurs ancêtres. On en juge par ce fait que jusqu'au pied des murailles de leur petit castel du Goutet se trouvaient, soit par suite d'aliénations au fur et à mesure des besoins, soit par suite de partages, des terres n'en dépendant pas (3). Dans une pétition citée

du Plessis, avocat, député en 1789. — Ajoutons qu'un arrière-petit-fils de Geoffroy Aubery, Jean, seigneur du Plessis et du Goutet, procureur du roi en 1637, conseiller d'Etat en 1662, avait épousé en 1637 Constance Guillouet, fille de Rémy, seigneur du Goutet, et d'Anne Barbe, et que c'est par ce mariage que le Goutet est devenu une possession de la famille Aubery.

(1) V. *l'Eglise Notre-Dame*, par M. L. du Broc de Segange, p. 154 et suiv., et *Anciens et nouveaux vocables des chapelles de Notre-Dame de Moulins*, par M. le commandant du Broc de Segange, p. 8.

(2) H. Faure, *Antoine de Laval*, p. 99. — Jean Aubery, docteur en médecine (1550-1620) ; Jacques, jurisconsulte au xvie siècle ; Louis, sieur du Mourier, historien (xviie siècle), mort en 1687, et Antoine, parent du précédent (1616-1695), également historien, laissèrent des ouvrages différemment appréciés. (Roger de Quirielle, *Bio-Bibliographie des écrivains anciens du Bourbonnais*, p. 7 et suiv.)

(3) Notamment l' « étang du Goutet » et le pré de « la queue de l'étang », l'un et l'autre devenus propriétés de l'abbaye. De plus, le jardin avait pour limites à l'Ouest et au Midi un pré dit « pré Mauguin », appartenant en 1767 à leur cousine la dame Dosche. — Le déclin de la famille, tout au moins de la branche du Goutet qui nous intéresse, paraît remonter à Antoine Aubery, président en l'élection de Moulins, dont il vient d'être fait mention. Baptisé le 12 mai 1641 à Saint-Pierre des Ménestraux et inhumé à Notre-Dame de Moulins le 26 septembre 1705, il avait épousé en 1671 Françoise Cochart. Il était fort gêné dans ses affaires, si l'on en juge par des dossiers de procédure (Arch. de l'Allier, série B. 1033), où

plus loin ils parlent eux-mêmes, non sans raison, de la « médiocrité de leur fortune ».

Lors de la formation de la garde nationale à Moulins, ils avaient été élus, l'aîné capitaine et le cadet lieutenant. En 1792, ayant cessé le service actif, ils viennent, on ne peut préciser à quel moment, habiter Saint-Menoux, où ils semblent s'effacer le plus possible, et le 24 mars 1793 seulement il est question d'eux au registre municipal à propos d'une offrande qu'ils font à la Nation. Pour « fournir aux besoins de la République, et notamment au recrutement de l'armée », ils donnent, disent-ils, « deux habits uniformes, une veste et une culotte, à leur usage dans le temps où, résidant à Moulins, ils étaient employés en qualité de capitaine et lieutenant dans la garde nationale (1) ». Les officiers municipaux remercièrent au nom de la République, tout en faisant observer l'absence des boutons.

Un mois après ils étaient mis en demeure de quitter la campagne pour la ville, et le 25 avril un arrêté du district du 18, les y obligeant, leur était signifié par la municipalité. Il fallait obéir.

A Moulins, sentant le danger grandir autour d'eux et leur sécurité de jour en jour devenir plus incertaine, ils pétitionnèrent (22 septembre) pour se faire autoriser à retourner au Goutet où les appelaient, prétextaient-ils, des affaires à surveiller, d'urgentes réparations, etc. On était en pleine terreur et ils pensaient sans doute — bien à tort — que l'éloignement de Moulins les aurait soustraits à la redoutable attention du comité de surveillance.

Ils avaient été compris, on le sait, dans la grande liste des « ci-devant nobles » de la commune de Moulins ; mais on ne voit pas leur nom dans une autre qui fut dressée le 5 octobre, de quatre-vingt-cinq personnes frappées de réquisitions en numéraire pour « la contribution provisoire

l'on voit notamment Jean Desbouis de Sallebrune lui intenter des poursuites pour obtenir paiement de bœufs et de trois *loquets* (petits lots) de moutons qu'il lui avait vendus en 1694. Le partage de ses fiefs entre ses nombreux enfants, dont huit sur dix lui survécurent, dut aussi hâter cette décadence.

(1) Plus tard les dons afflueront au comité de sûreté générale, surtout en frimaire an II. Ainsi Tortel donne deux chemises, et Saulnier, d'Agonges, dix. Mme Irland donne deux paires de bas et deux paires de souliers.

et nécessaire à la solde de l'armée révolutionnaire et aux secours aux malheureux » ; réquisitions variant de 100.000 à 1.000 livres (1). Ils figurent seulement dans une suivante (19 octobre), dite « des impositions faites ou augmentées », où soixante-trois noms de citoyens se trouvaient portés. Les frères Aubery se voyaient taxés à 6.000 livres (2), et en même temps ils étaient inscrits comme suspects et désignés comme « ci-devant nobles » (3). On les incarcérait le même jour.

Pour comble, dans la nuit du 22 au 23 octobre, leur maison était dévalisée au cours des visites domiciliaires ordonnées par Fouché et exécutées pour s'emparer de l'or, de l'argent, de la vaisselle, etc., des riches.

Quant à la taxe de 6.000 livres, énorme pour eux et qu'ils se trouvaient dans l'impossibilité d'acquitter, on la réduisit (16 décembre) à 600, et on convertit le surplus en « dons philanthropiques et patriotiques ».

Les frères Aubery avaient été internés dans la prison des Carmélites. Dès le début ils présentèrent des réclamations contre l'arbitraire dont ils étaient l'objet, et ils rédigèrent force pétitions pour obtenir leur libération. Citons celle qu'ils adressaient le 3 floréal (22 avril 1794) au citoyen Vernerey, représentant en mission (4) : « Gilbert-Bon et Pierre-Georges Aubery, écrivent-ils, tous deux frères, t'exposent qu'ils ont été privés de leur liberté en vertu d'un arrêté du comité de surveillance du 22 octobre dernier ; ils ont ignoré jusqu'à ce jour quel en était le motif, puisque le mandat d'arrêt ne leur a pas été signifié. Leur soumission aux lois, leur respect pour la Convention nationale et les autorités constituées, et surtout leur conduite, leur persuadaient qu'ils pouvaient être à l'abri de tout soupçon, d'autant qu'ils n'ont aucun parent

(1) Lomet père y était inscrit pour 10.000 livres.

(2) Et Lomet père à 30.000, en augmentation des 10.000 auxquelles il avait été taxé le 5 octobre. Le 24 brumaire (14 novembre), on formait une troisième liste de vingt et un noms « de riches du district de Moulins, taxés dans les mêmes proportions que celle qui a été imposée sur les riches habitants de la ville ». Le nom de « Serre de Saint-Roman » y est porté pour 20.000 livres.

(3) La liste où ils étaient inscrits comme suspects est celle des trente-huit noms mentionnée ci-dessus, p. 256.

(4) Dans la Creuse et dans l'Allier. Il vint à Moulins le 12 pluviôse an II (31 janvier 1794), remplaçant Noël Pointe.

émigré et que l'on ne peut leur reprocher aucun discours, aucun écrit, aucune action contre les principes révolutionnaires ; et que même la médiocrité de leur fortune est encore un motif suffisant pour ôter toute espèce de suspicion sur leur compte ; car, quoique nés dans la classe des ci-devant nobles, il serait injuste de leur faire un crime de ce qui n'a jamais dépendu d'eux. Ils réclament donc ta justice avec confiance pour obtenir le plus précieux des biens, la liberté, bien convaincus que ton intégrité ne les privera pas plus longtemps du seul titre qu'ils ambitionnent et auquel ils ne renonceront jamais, celui de citoyens (1). » Ces excellentes raisons ne furent malheureusement pas prises en considération.

Cependant, le 18 brumaire an III (8 novembre 1794), le directoire du district, à propos d'une autre lettre adressée au représentant Boisset, émettait l'avis, sans néanmoins conclure encore à la mise en liberté, « que jamais, dans aucun cas, il n'était survenu de plaintes sur le compte des citoyens Aubery ». « Il est à notre connaissance, ajoutait le directoire, que les sus-nommés sont de la caste nobiliaire. » Il y avait presque de la bienveillance dans cette manière de s'exprimer, et seul subsistait encore, semble-t-il, un reste de défiance motivé par la qualité de nobles des prisonniers.

Enfin, après une nouvelle tentative, les administrateurs déclarèrent qu' « après la longue détention des pétitionnaires, il n'y avait pas d'inconvénient à les mettre en liberté ».

Il faut dire qu'ils n'étaient pas dénués d'appui. Le député Martel (2) s'intéressait à eux et obtint en leur faveur du comité de sûreté générale et de surveillance de la Convention un arrêté d'élargissement. « Vu, disait cet arrêté, les *tableaux* relatifs aux citoyens Pierre-Georges Aubery Dugoutet et Aubery Dugoutet aîné, détenus à Moulins ; ensemble la réclamation du représentant du peuple Martel en leur faveur, le comité arrête qu'ils seront mis sur le champ en liberté et les

____

(1) Arch. de l'Allier, série L. 64.

(2) Martel (Pourçain), né en 1748 à Saint-Pourçain, où il mourut le 25 avril 1836. Notaire, puis représentant de l'Allier à la Convention et membre du Conseil des Anciens jusqu'en 1798, la loi, dite d'amnistie, de janvier 1816 l'obligea, comme régicide, à quitter la France, où il rentra en 1830.

scellés levés au vu du présent. » Le représentant Boisset fit exécuter cette décision le 17 brumaire an III (7 novembre 1794), et le 2 frimaire (22 novembre), les deux frères se présentaient à Saint-Menoux devant la municipalité, qui les déclarait réintégrés dans leurs droits de citoyens actifs de leur commune.

Pierre-Georges épousa le 14 juin 1797 Marie-Françoise-Victoire de Lichy, fille de Jacques-Gabriel, et de Jeanne de Dreuille, dont il n'eut pas d'enfant. Il fut nommé maire de Saint-Menoux le 24 prairial an VIII (13 juin 1800), et il prêta serment en cette qualité le 10 messidor (29 juin), en même temps que Pompone Mérite, l'ancien bailli, son adjoint (1). Il était resté avec sa sœur, Mme Le Roy de Prunevaux, indivisément propriétaire du Goutet, qui fut vendu par eux à Pierre-Jacques-François Billaud et à Marie-Jeanne Méténier, sa femme, de Rocles, le 13 octobre 1812, pour le prix de 35.000 francs (2).

----

(1) Reg. municipal, séance du 10 messidor.

(2) Acte passé devant Taillefert, notaire à Souvigny, mentionné dans les titres de M. Félix Boutry, possesseur actuel. — Mme Aubery du Goutet était morte alors, car elle ne figure pas à la vente.

VIII

CE QUE DEVINT JEAN BLONDIN

La question relative aux fonds et papiers conservés par Blondin, dont nous avons parlé (1), était à peine réglée que survenaient de nouveaux incidents encore provoqués par lui. Le 12 mai 1793, le bruit se répandait dans le bourg de Saint-Menoux que plusieurs citoyens portant le nom de quelques officiers municipaux avaient, sur présentation de parents et amis de l'ancien maire, signé un « certificat de probité » en sa faveur et rédigé de façon à pouvoir être attribué auxdits officiers municipaux. D'urgence, à cette nouvelle, ces derniers s'étaient assemblés, attendu, explique un procès-verbal consigné au registre, qu' « il est intéressant, pour l'honneur de la commune, de s'assurer de la vérité ou de la fausseté de ce bruit injurieux ». Une enquête, ouverte immédiatement, avait permis de vérifier que la femme Blondin, son fils Joseph, sa fille Marguerite, mariée à Trémont, tous aidés de Tridon, avaient bien, en effet, colporté le certificat dont on parlait, et dans le but que l'on signalait. Ce certificat émanait de Blondin lui-même et commençait par ces mots : « Nous maire et officiers municipaux... » On l'avait présenté à Auroux, homme simple et peu lettré, ainsi qu'au fils et au frère de Pompone Mérite et de Gilbert Bobier, et également à Charles Guelin, lequel avait « rejeté avec horreur » le papier en y reconnaissant l'écriture de « celui qui cherche encore, du fond de sa prison, à surprendre la bonne foi des citoyens... » On avait fait signer aussi, ou tenté de faire signer d'autres habitants du bourg ne sachant que tracer à peine les lettres de leur nom, et à ceux-là on s'était contenté de dire qu'il s'agissait uniquement d'affirmer « que la femme Blondin est une honnête femme ».

(1) V. ci-dessus, p. 79.

Les officiers municipaux dressèrent de ces faits un procès-verbal, qui fut envoyé à l'accusateur public.

Le certificat en question, s'il avait été possible de l'obtenir, vrai ou faux, eût montré que l'opinion publique, dans son pays, était restée fidèle à Blondin et que ses concitoyens, convaincus quand même de son innocence, lui avaient conservé leurs sympathies et leur estime. Une demande en réduction de peine, accompagnée d'une pièce semblable, eût eu beaucoup de chances d'être prise en considération.

On la présenta néanmoins, malgré l'échec de la combinaison, cette demande, mais beaucoup plus tard, le 16 avril de l'année suivante. Elle était adressée, conformément à l'usage, au représentant Vernerey, et signée de la femme de Blondin. Son mari, disait cette dernière, était une victime à qui on devait rendre la liberté et « l'honneur ». Expliquant à sa façon l'affaire des tombeaux, elle se montrait agressive envers ceux dont les dépositions au procès avaient contribué à son dénouement, notamment Fallier, « l'ennemi juré » de son mari. Il ne lui avait pas pardonné, prétendait-elle, d'avoir « accepté la fonction de maire, qu'il briguait lui-même », et il en avait conçu une si forte rancune contre lui, qu'il n'avait pas craint de l'accuser « d'avoir remué la cendre des morts », et qu'il était « venu à bout de le faire condamner », « à force d'amis et de malice ».

Cependant, à cette époque d'avril 1794, le sort de Blondin était moins à plaindre qu'on ne serait tenté de le croire. Pour s'en rendre compte, il suffit de feuilleter le registre du comité de surveillance de Moulins où l'on découvre, à la date du 19 nivôse an II (8 janvier 1794), c'est-à-dire deux mois auparavant, moins de neuf mois, par conséquent, après sa condamnation, que ce prisonnier est en même temps « geôlier de la maison de justice ». En cette qualité, le comité lui donne la mission de subvenir aux besoins de la citoyenne Legros, internée et en proie à des douleurs d'enfantement (1). On le charge de « lui donner

(1) Il ne s'agit pas de Mᵐᵉ Legros-Tiersonnier de Logères, dont le mari, Pierre Legros, venait d'être (31 décembre 1793) guillotiné à Lyon (faisant partie des trente-deux). C'était la femme d'un citoyen Legros, emprisonné également, on ignore pourquoi, libéré le 2 pluviôse an II et affecté on ne sait à quel titre à l'un des corps d'armée. Mᵐᵉ Legros-Tiersonnier fut consignée chez elle, ainsi

uné livre de viande et une pinte de vin par jour », et on lui délivre
« deux draps, une couverture et un matelas, à la charge par lui de les
rendre après le départ de ladite Legros » (1), à qui ils sont destinés.

Blondin, non libéré, était donc, à la prison, l'objet de faveurs toutes
particulières. Il sortait en ville et des femmes en couches lui étaient
confiées. Dans ces conditions, sa libération définitive ne pouvait se
faire longtemps attendre.

En germinal an III, en effet, il n'est plus à la prison, car le 5 on le
voit qui adresse au district une pétition où il sollicite un logement « d'un
prix modique dans la ci-devant maison conventuelle des Jacobins ». Il
invoque son âge (57 ans), ses charges de famille, et enfin la misère où
il est tombé. Sa demande n'est pas admise, mais peu de temps après
il obtient une place à la prison même, celle de concierge.

C'était un emploi modeste, mais tout de confiance, et qu'il ne
sut pas conserver. Ayant été accusé d'avoir, de complicité avec les
deux guichetiers, Benoît Badiou et Jean Fenillat, favorisé l'évasion,
survenue dans la nuit du 26 au 27 prairial an VI, de deux détenus, un
nommé Fleury Bouvry, condamné à la déportation, et une femme
Blandinière, frappée de huit ans de réclusion, on le révoqua en même
temps que, sur mandat d'arrêt de Joseph Rabusson-Devaure, directeur
du jury de l'arrondissement de Moulins, faisant fonction d'officier de
police judiciaire, on le mettait en état d'arrestation ; de sorte qu'il
n'avait pas même à sortir de l'établissement, ce qui était commode autant
pour lui que pour les citoyens gendarmes.

Blondin repassa donc devant le tribunal criminel pour être jugé une
deuxième fois, le 16 thermidor an VI (2). Il fut acquitté faute de
preuves de culpabilité suffisantes.

Nous n'avons pas d'autres renseignements sur ce personnage et il ne
semble pas nécessaire d'en savoir davantage sur son compte.

que les autres veuves des guillotinés de Lyon, pendant un certain temps à partir
du 17 nivôse.

(1) Ce qui signifie qu'en janvier et février les femmes détenues n'avaient ni
draps, ni couvertures, ni matelas, et ne recevaient ni viande ni vin.

(2) Arch. de l'Allier, série Z. ; dossiers du tribunal criminel.

IX

NOTES SUR L'EGLISE

Une lettre du maire Aubery du Goutet, adressée au préfet le 29 août 1810 (1), nous renseigne sur l'état lamentable dans lequel se trouvait l'église quand on la rendit au culte. A l'intérieur, écrivait Aubery, « tout a été pillé, vendu, abattu, rompu... ; et il n'y est rien resté d'intact, ni tableau, ni sculpture... » En effet, ouverte à tous les vents, les vitraux brisés, les voûtes lézardées, le sol décarrelé, prête à tomber en ruines, sur tous les points elle montrait ses blessures (2).

Vers la fin de 1805, un architecte de Moulins, Querry, fut chargé d'établir un devis de réparations (3) ; mais on manquait d'argent et rien n'était fait encore en octobre de l'année suivante, quand, le 22, sous l'effort d'un ouragan furieux, se produisit un très grave accident, la chute d'une partie de la flèche du clocher (4).

Les dommages étaient considérables, ainsi qu'on en juge par une note du maire, transcrite au registre municipal et dont une copie se trouve au dossier des Archives. Aubery explique dans cette note que le 26,

(1) Arch. de l'Allier, série O. ; commune de Saint-Menoux, l'église.

(2) Après la Révolution on se plut à rendre Fallier seul responsable de tous les dégâts. (V. à ce sujet une lettre du maire Jean Bouchand, du 28 septembre 1829 : Arch. de l'Allier, série O., commune de Saint-Menoux ; procès Guillaume Condamine.) Il avait, il est vrai, bouleversé le sol pour ses recherches de salpêtre, mais le reste ne lui incombait pas exclusivement.

(3) V. une lettre de cet architecte au préfet, du 20 janvier 1808 ; Arch. de l'Allier, série O., commune de Saint-Menoux, l'église. — Toutes les pièces ou renseignements utilisés ci-après proviennent du même dossier.

(4) Cette flèche, en pierres de taille, haute de quatre-vingts pieds, se trouvait dans un état de dégradation exigeant, depuis longtemps déjà, des réparations prévues du reste dans le devis de Querry. Elancée et légère, elle donnait au monument une harmonie dont la planche de l'*Ancien Bourbonnais* peut faire juger. Déjà le 11 septembre 1708 elle s'était écroulée, ainsi que nous l'apprend une note inscrite à cette date au registre paroissial.

accompagné de son adjoint et du secrétaire, il s'est « transporté au clocher » où il a constaté : « qu'une ouverture d'environ cent pieds carrés existe au pan du côté sud-ouest ; que les deux cordons de ce pan sont coupés par le manque de plusieurs pierres ; que ces pierres, en s'abattant sur la voûte, se sont brisées et lui ont imprimé une violente secousse ; qu'un des pans du côté du couchant menace ruine, la foudre l'ayant frappé plusieurs fois... ; enfin que la flèche va tomber si on n'y apporte un prompt secours... » (1).

Elle tomba, en effet, le 2 décembre suivant.

Les registres de délibérations de l'époque ont disparu et il n'est parlé nulle part avec détails, dans les documents que nous avons consultés, de cette dernière chute. Nous savons cependant que quelques jours plus tard, le 8 décembre, les conseillers municipaux s'assemblaient pour se concerter sur les mesures à prendre (2). De plus, dans une lettre du 18, le maire, après avoir annoncé au préfet que « le clocher superbe en pierres de taille de l'église paroissiale, qui avait résisté une quinzaine d'années à toutes les intempéries des saisons (3), s'est enfin abattu sous la violence du vent le 2 de ce mois », mentionnait qu'il en était résulté « des dégradations infinies... », et que c'était une grande chance si la masse énorme n'avait pas entraîné avec elle toute la construction. Il ajoutait : « Les couvertures sont cruellement écrasées et les voûtes, sans cependant être enfoncées, ont éprouvé une secousse considérable... »

Mais il existe mieux que ces vagues indications pour nous rendre compte de l'état de l'édifice après la chute du 2 décembre. M. l'abbé Moret a publié (4) à ce sujet un rapport très explicite émanant, dit-il, d'un « simple maçon ». Ce rapport est précieux en ce qu'il signale aussi l'état antérieur et le mode de construction. « Le clocher, y lit-on, avait

(1) La note mentionne aussi qu'une partie de la couverture d'un petit bâtiment « tenant à l'église et qui sert de prison », avait été enlevée, et ce bâtiment lui-même fort maltraité. Il s'agit sans doute d'un local de sûreté installé depuis la destruction de l'abbaye.

(2) Un extrait du procès-verbal est au dossier des Archives.

(3) Cela signifie sans doute que, depuis une quinzaine d'années, c'est-à-dire depuis 1791 environ, la flèche était en mauvais état et en danger de s'écrouler.

(4) *Hist. de Saint-Menoux*, p. 417.

une flèche d'environ quatre-vingts pieds de hauteur, érigée à huit pans
au moyen de quatre trompes dans les angles pour recevoir les pans
coupés, le tout construit en pierres de taille. Trois des pans les plus
exposés au couchant, tous les joints de pierre qui les composaient
étaient totalement ouverts, de sorte qu'ils étaient tous à jour. Par cet
état *plusieurs pierres s'étaient détachées depuis quelques années*. Les
dégradations ayant augmenté, il s'en est suivi l'écroulement partiel de
ces pans, et quelque temps après, le surplus, par un grand vent qui en a
accéléré la chute, est tombé dans l'intérieur du clocher, sur le chœur,
la nef et les *croisons*, ce qui a endommagé les couvertures et les voûtes,
dont celles du chœur, depuis longtemps en mauvais état ainsi que le
croison du côté du couvent (Midi)... » L'auteur du rapport signale
ensuite la situation inquiétante « du chœur, de son cul-de-four et de
ses collatéraux, tant pour le surplomb des murs que des piliers, surplomb occasionné par la poussée des voûtes, de toutes parts lézardées
et rompues » et qui, ajoute-t-il, ne sauraient être réparées et conso-
lidées « sans entraîner à des dépenses considérables... » Il y avait lieu,
d'après lui, à la construction, « sur le carré du clocher, d'une charpente
en pavillon qui aurait une fois et quart en hauteur la largeur de la base
et serait couverte en *albardeau* ».

Quelles décisions avait-on prises en la réunion du 8 décembre ?... Il
fallait des ressources pour exécuter sans délai des travaux de consolidation, et on en manquait tout autant que l'année précédenté. Pour
tourner la difficulté, le maire proposa de contracter un emprunt extraordinaire dont une partie serait mise à la charge de la commune d'Autry,
en raison de ce que celle-ci était tenue, en proportion du nombre de
ses habitants, aux frais d'entretien de l'église par suite de sa réunion
pour le culte à la commune de Saint-Menoux (1) ; et comme il n'était

(1) La commune d'Autry protesta toujours contre cette réunion. Le dossier où
nous puisons ces renseignements contient notamment une lettre du maire,
de Gaulmyn de la Goutte, du 18 avril 1817, au préfet de la Vieuville, qui est
caractéristique. Il énumère les inconvénients de la réunion, signalant notamment
qu' « on a fait payer 3.000 francs à Autry pour faire rétablir l'église de Saint-
Menoux ». Avec cet argent, observe-t-il, « nous aurions racheté notre cure et fait
les réparations de notre église ». Il réclamait naturellement la séparation, mais

pas possible d'attendre les sanctions légales, on ouvrirait une souscription volontaire entre les contribuables, invités à avancer le montant
de la surimposition devant résulter de cet emprunt. Des commissaires
(Félix Pessant et Claude Mérite) pour aller à domicile recueillir les
fonds, et un receveur (Guillaume Belin) pour les encaisser, étaient
désignés.

Ces moyens eussent été excellents si on avait pu compter sur le bon
vouloir des habitants. Mais ce bon vouloir fit défaut, au point que
« personne ne se présenta pour fournir des fonds ». Dans la lettre
que nous avons déjà citée, Aubery se plaint vivement de cette
indifférence et de « l'espèce de défiance qui, dans cette commune, fait
que personne ne veut se mettre en avant ». Toutefois, son devoir lui
commandant de persister, il convoquera à nouveau son conseil, quoique,
dit-il, ce soit « toujours la même affaire », et qu'il y ait à craindre
« qu'une autre assemblée ne réussisse pas mieux que la première ».

A la suite de cette autre assemblée on fit revenir Querry, qui dressa
(30 janvier 1807) un second devis de dépenses à effectuer pour remplacer la flèche par un comble et réparer le clocher, les voûtes, les
couvertures, le carrelage, etc. Le montant de ce devis, y compris celui
de 1805 et 586 francs 37 centimes pour travaux à la chambre commune (1),
s'élevait à un total de 7.632 francs. Envoyé au ministère (2) pour être

le préfet lui répondait que, quelque bien fondées que fussent ses réclamations, il
lui était tout à fait impossible d'y faire droit puisque, d'après la dernière organisation ecclésiastique, le nombre des succursales avait été fixé et qu'il n'en avait
été accordé au département de l'Allier que deux cent dix, réunissant toutes les
communes qui en dépendent. Les habitants pouvaient cependant, à leur gré,
instituer une chapelle avec traitement du chapelain à leurs frais, ou une annexe
dans les mêmes conditions.

(1) L'ancienne charbonnière.

(2) V. dans le dossier la lettre de Querry, adressée au préfet le 20 janvier 1808. Il réclame paiement de ses honoraires pour devis estimatif des réparations à faire « tant à l'église, compris celles de la flèche en pierre, qu'à la
maison commune, sur la fin de l'année 1805 ; et dans l'automne de 1806, la flèche
en pierre s'étant écroulée par un ouragan, le même conseil a de nouveau délibéré
de faire opérer semblablement, tant pour constater les nouveaux dommages que
pour la reconstruction d'une flèche basse en bois, couverte en ardoise avec devis
et détail, ce qui a occasionné une nouvelle opération, à laquelle il a été procédé
le 30 janvier 1807 ».

approuvé et afin que la commune fût autorisée à emprunter l'argent nécessaire (1), il y resta si longtemps que les travaux ne purent être mis en adjudication que le 15 avril 1810, plus de trois années après (2).

Il va de soi que dans l'intervalle on n'était pas resté inactif, car outre la nécessité de consolider l'édifice tant bien que mal, on avait hâte d'y voir célébrer les offices, interdits pour cause d'insécurité, depuis le mois d'avril 1802. Quelques propriétaires s'étaient cotisés et avaient avancé 1.500 francs (3) qui, bien employés, permirent « d'empêcher la pluie de tomber dans l'église » (4), ce qui était déjà beaucoup. Quant aux travaux principaux, ils ne furent achevés que vers le mois de juillet 1811 (5).

Cependant, si le danger immédiat était conjuré, l'état général restait très défectueux encore, ainsi qu'en faisait la remarque, en 1813, l'auteur anonyme de l'article publié dans l'*Annuaire de l'Allier,* déjà cité (6). Le résultat n'était donc pas définitif.

Ce résultat, néanmoins, était des plus appréciables, puisqu'il permit d'attendre pendant un certain nombre d'années que d'autres dispositions fussent prises ; et en somme Aubery du Goutet avait établi, malgré les exceptionnelles difficultés du moment, un provisoire auquel on dut, probablement, la conservation de l'église. Toute sa correspondance,

(1) Sur la somme totale, 2.875 francs étaient mis à la charge d'Autry, malgré les protestations de son conseil municipal.

(2) L'autorisation est du 26 décembre 1809.

(3) La commune d'Autry contesta que la condition de restitution qui avait déterminé cette avance fût valable ; elle prétendait que les sommes remises par les propriétaires ne devaient être considérées que comme de purs dons manuels. « Il paraîtrait, écrivait le maire à ce propos, dans une note au préfet, que messieurs les habitants d'Autry n'entendent pas la chose comme cela ; ils regardent cela comme un don gratuit, ce qui serait une injustice criante. » Le préfet, chargé de trancher le débat, fut de cet avis.

(4) Lettre d'Aubery, du 29 août 1810. — Antérieurement, le 10 novembre 1808, il écrivait au préfet : « Nous sommes parvenus à la boucher [l'église], de manière qu'il n'y pleut plus, et les vitres sont rétablies... »

(5) En outre de l'adjudication du 15 avril 1810, il y en eut une autre le 8 juillet suivant sur devis complémentaire dressé, on ne sait pour quelles raisons, le 7 juin, et approuvé par le préfet le 12. Un procès engagé par la suite avec l'entrepreneur (Jean Condamine), motiva une expertise de Querry.

(6) V. ci-dessus. p. 12.

abondante aux Archives et très intéressante, témoigne du reste de ses efforts intelligents ét continus pour la sauver.

Avec le maire Billaud, l'un de ses successeurs (1), il en va tout autrement. Pour ce dernier, absolument insensible à la belle architecture, les monuments les plus méritoires sont les moins coûteux, et celui de Saint-Menoux offrait à ses yeux le grave inconvénient d'exiger des frais incessants dont étaient constamment contrariés ses goûts d'économie. Comme il cherchait à soustraire sa commune à ces dépenses, une idée très singulière lui vint : celle de restreindre l'église à des proportions suffisantes pour la population à qui elle était destinée. C'était un trait de lumière. Cette église, après tout, était une bâtisse comme une autre, affectée à un service public et devant correspondre à des besoins déterminés. Elle ne devait être, par conséquent, ni trop grande, ni trop petite. Trop petite, elle n'eût pu contenir les fidèles et il eût fallu l'agrandir ; trop grande, elle devenait ruineuse à entretenir et il fallait la diminuer. La diminuer !... Voilà quelle était la clé du problème, la solution de la question. Justement, le 2 mai 1823, le préfet avait envoyé aux maires de l'Allier une circulaire pour leur demander de faire examiner leurs églises, afin de lui signaler les grosses réparations qu'elles pourraient réclamer. Billaud répondit par une proposition de démolition partielle.

Après en avoir conféré avec un entrepreneur à prétentions d'architecte, il chargeait celui-ci d'établir un devis de dépenses, et ce devis, auquel était joint un plan, il l'envoyait au préfet en l'accompagnant d'une lettre très curieuse, datée du 26 juin.

« Je vous observerai, lui écrivait-il, que l'église de Saint-Menoux est beaucoup trop vaste pour la population... Elle appartenait avant la Révolution à une abbaye royale qui, ayant d'immenses revenus, ne négligeait pas la plus petite réparation à faire... Mais depuis cette époque elle est devenue église paroissiale et la commune, faute d'ar-

---

(1) Aubery du Goutet fut maire jusqu'au 30 octobre 1813. Après lui ce sont : Jacques Loyard ; François-Alexandre Vinfrais de la Boulais ; Perceau-Lafond et Billaud, ce dernier du 4 juillet 1819 au 22 janvier 1826. M. l'abbé Moret a publié une liste complète des maires de Saint-Menoux jusqu'en 1906. (*Hist. de Saint-Menoux*, p. 469.)

gent, n'a pu faire que les réparations les plus urgentes ; et encore fallait-il avoir recours à des impositions extraordinaires... » Il rappelle alors l'emprunt de 1810 contracté, mentionne-t-il sans se soucier de l'exagération, pour « faire remonter en entier le clocher qu'un ouragan a renversé et qui, en tombant, endommagea une grande partie de l'église ». Il fait remarquer ensuite que, depuis ce temps, il n'a été effectué que de petites et insignifiantes réparations à l'édifice, lequel « se trouve en ce moment dans un grand état de délabrement » ; puis il aborde la question principale, il parle du plan et du devis qui accompagnent sa lettre et qui permettent d'apprécier les côtés pratiques de son projet. Le devis — il l'atteste — « n'est pas trop élevé » [3.000 francs], et on ferait sagement de l'adopter.

« L'entrepreneur, en résumé, continue-t-il, propose *une réduction de l'église*. S'il est possible de faire cette réduction sans endommager ce qui restera, ce sera un grand avantage, *puisque cela diminuera l'entretien d'une masse de bâtiments absolument inutiles*. Au surplus, en enlevant les parties dont il a en vue la suppression, on se servira des matériaux pour réparer l'excédent et ce sera bien moins onéreux pour la commune que si l'on conservait le tout ; car la partie à démolir coûterait davantage toute seule, de réparations, que tout le reste, et les 3.000 francs portés au détail estimatif seraient bien insuffisants pour faire face aux réparations totales si l'église était conservée dans son entier.

« Nous sommes, monsieur le préfet, terminait-il, dans le même cas que la commune de Souvigny, qui possède un très vaste bâtiment ayant aussi, avant la Révolution, servi d'église à une riche abbaye. Mais Souvigny a été plus heureuse que Saint-Menoux ; cette ville a obtenu du gouvernement, il y a deux ou trois ans, une somme considérable pour réparer son église, et elle a pu ajouter aux secours ainsi attribués des revenus que nous n'avons pas, puisque nous sommes tous les ans obligés d'avoir recours à une imposition extraordinaire pour couvrir le déficit de nos dépenses. Nous n'avons donc absolument rien pour faire face aux travaux nécessaires, si ce n'est cependant 300 francs que nous avons sollicités en impositions nouvelles dans le budget de 1822 et qui ne nous ont pas encore été alloués, et 300 francs que nous sollicitons dans le budget de 1823. Voilà toutes nos ressources, si encore

le gouvernement veut les autoriser. Nous nous reposons donc entièrement, monsieur le préfet, sur votre bienveillance, et nous vous prions
instamment de solliciter auprès du gouvernement des secours en notre
faveur, pouvant avec vérité vous certifier que de toutes les communes
du département, Saint-Menoux est une de celles qui ont le plus de
droits à ses bienfaits, tant en raison de l'insuffisance de ses revenus
qu'en raison de l'église *colossale* à l'entretien de laquelle elle est obligée
de pourvoir. »

D'après le plan, la partie à supprimer devait comprendre toute la
vieille église et une partie de la nouvelle, celle du xvᵉ siècle, jusqu'à
l'escalier du clocher.

A l'époque où Billaud écrivait cette lettre, un devis complet de réparations venait d'être établi. Il en est question dans une délibération du
conseil de fabrique du 10 avril 1825, où on lit : « L'église, une des
plus belles du département, autrefois dépendance d'une riche abbaye
royale, exige un bien grand entretien, et même se trouve en ce moment
dans une situation nécessitant des réparations urgentes qui, si elles ne
sont pas faites, pourront occasionner la perte irréparable de ce monument, si digne d'être conservé. » Les fabriciens ajoutaient qu'il était
convenable que la préfecture et l'évêché vinssent en aide aux deux
communes de Saint-Menoux et Autry-Issard, formant toujours une
seule et même paroisse et à qui avaient, jusque là, incombé les frais de
réparations, « attendu qu'un devis de travaux à faire est depuis deux
ans dans les bureaux de la préfecture ».

Le 27 juin, le maire transmettait cette délibération au préfet, en
l'accompagnant d'une lettre où il disait : « Pour connaître plus amplement les besoins de la fabrique, je vous prie de vous faire mettre sous
les yeux un rapport déposé à la préfecture il y a deux ans, qui indique
et les besoins de la fabrique et les réparations à faire à l'église, constatées par un devis estimatif. » Le préfet répondait (1ᵉʳ juillet) que
« quant au secours demandé par la fabrique pour réparations à l'église...,
il ne peut disposer d'aucuns fonds... »

Le mois de janvier de l'année suivante vit expirer les pouvoirs municipaux de Billaud, remplacé par Jean Bouchand. Le 25 août 1826, ce
dernier, écrivant au préfet pour le remercier d'un secours de 100 francs

dont avait été gratifiée sa commune, le priait d'augmenter la somme
« s'il est possible », attendu « que l'église nécessite bien des réparations », et qu'elle « en mérite bien la peine ». Ce nouveau maire, en
son langage sans prétention savait, on le voit, se placer à un point de
vue plus élevé que son prédécesseur. Cependant, malgré ces apparences,
il n'entendait guère les réparations dont il parlait qu'à l'aide de fonds
étrangers et avec l'appui tutélaire de l'Etat ; appui qu'il savait à merveille,
d'ailleurs, solliciter, et non sans succès, puisqu'il obtenait bientôt la
promesse d'une nouvelle subvention de 400 francs, ce qui était beaucoup à cette époque.

Le curé de la paroisse, l'abbé Clermontet, l'avait pendant quelque
temps secondé de son mieux ; puis impatienté, semble-t-il, de ses
lenteurs, il avait fini par entrer en conflit avec lui. Le 30 mai 1829,
s'adressant au préfet en termes d'une franchise nettement désobligeante
à son égard, il réclamait contre lui une enquête et des rigueurs. Le
comte de Saint-Roman, disait-il, lui avait fait espérer des secours du
ministère de l'Intérieur, pourvu qu'on lui envoyât une délibération et
une pétition du conseil municipal. Pourquoi, malgré son insistance, ne
lui fournissait-on pas ces pièces ?... Il concluait naturellement à du
mauvais vouloir, dont il redoutait les funestes effets. « La voûte de
l'église, ouverte en plusieurs endroits par de longs sillons, expliquait-il,
des piliers s'écartant de plus en plus de leur aplomb, la secousse terrible produite par la chute du clocher depuis vingt-trois ans, menaçant
d'une ruine prochaine, si l'on n'y porte un prompt secours, cet édifice
si digne d'être conservé sous tous les rapports... », telle était, d'après
lui, la situation pour l'amélioration de laquelle il revendiquait l'action
directe et immédiate de la commune.

C'est au curé que le préfet donna gain de cause. Une lettre qu'il
adressait au maire le 4 juin suivant le morigénait même assez vertement.
Après avoir, lui écrit-il, compris sa commune « dans la répartition du
fonds de secours par le ministère des affaires ecclésiastiques pour la
somme de 400 francs », il devait espérer que le conseil voterait, sans
hésiter, la dépense à faire pour réparations à l'église. A son avis un
semblable encouragement eût dû l'y engager, et il ajoute : « J'ai remarqué que dans la délibération du 14 mai dernier il n'a été proposé, à

titre de secours à la fabrique, qu'une somme de 143 francs... Je dois vous prévenir que la somme de 400 francs ne sera mise à votre disposition qu'après que vous m'aurez adressé le devis de toutes les réparations à faire, que j'aurai la certitude que les travaux sont en cours d'exécution et que les fonds destinés à y subvenir auront été réalisés. J'attends votre réponse pour envoyer sur les lieux un homme de l'art qui, après s'être concerté avec vous, visitera le monument, dressera un devis de travaux et vous le remettra pour être soumis au conseil municipal, afin d'aviser aux moyens d'en presser l'exécution en votant à cet effet une imposition dont le montant produira les ressources nécessaires pour assurer la solidité de l'édifice... » L'abbé Clermontet n'en demandait pas davantage.

Le maire s'étant soumis à ces prescriptions, un mandat de 400 francs fut délivré à la commune (7 novembre 1829), et le préfet désigna l'architecte Agnéty, de Moulins, pour établir le devis. L'entrepreneur Délignière fut adjudicataire des travaux et Bouchand se trouvait ainsi, à son corps défendant, engagé dans la voie des dépenses.

Toutefois, il veilla attentivement à ce que les réparations fussent restreintes au strict nécessaire, et il ne craignit pas, au besoin, de faire obstacle à l'architecte, qui était peut-être enclin à leur donner trop d'extension. Une lettre du préfet du 29 décembre, adressée à Agnéty, nous montre en effet sa vigilance. « Vous avez compris dans les travaux, écrit le préfet, la reconstruction entière d'un pilier de l'intérieur... Le conseil municipal vient, par sa délibération du 20 de ce mois, d'émettre l'avis que cette reconstruction est tout à fait inutile, en raison de la solidité de l'ancien. Je vous prie donc de vouloir bien examiner si cet article peut être sans inconvénient supprimé du devis...; et dans ce cas donner des ordres en conséquence à l'entrepreneur... »

Ces réparations ne visaient que l'entretien et une consolidation sommaire. C'était une restauration qu'il fallait, et on l'attendit jusqu'en 1842 (1).

(1) Les travaux de restauration furent exécutés de 1842 à 1849, sous la direction de M. Hippolyte Durand, architecte des Beaux-Arts, et complétés en 1862 par M. Aimé Millet, son successeur. En 1876, M. Selmersheim dut en ajouter d'autres pour la consolidation de la façade et du narthex. (Arch. de l'Allier, série O. ; commune de Saint-Menoux, et *Hist. de Saint-Menoux*, p. 419.)

Table des Noms de Personnes
et des Noms de Lieux

Les noms de personnes sont en caractères romains ; les noms de lieux
sont en caractères *italiques*

A

Aucouturier (Etienne), 83 et n., 95 n., 148, 206, 217, 230 et n., 268 n.

Aucouturier (Gabriel), 103 n., 171 n., 207.

Aucouturier (Guillaume), 31 et n., 35 n., 44 n., 50 n., 52, 56, 57 et n., 61, 63, 65, 67 n., 69 n., 73 et n., 74 n., 78 n., 85 et n., 94, 97 et n., 113, 117, 120, 150, 187 n., 188, 240, 247, 250, 268 et n.

Audiat, 269, 270 n.

Audiat (Louis), 41 n., 126 n., 203 n., 257, 272 n.

Audin, 228.

Augard (Louis), 97 n.

Aulard (A.), 27 n., 87, 115 n., 227 n., 242 n., 257 n.

Auroux (Andrée), 79 n., 199, 200 et n.

Auroux (Claude), 44 n., 65 n., 73, 78, 79, 82 n., 88 n., 93, 94, 95, 149, 268, 279.

Auroux (Jean), 174 n.

Auroux (Jean-Louis), 43, 95, 198, 199, 200.

Auroux des Pommiers, 36, 37 n.

Aury, 55.

Auteuil, 253 n.

Autry-Issard, 23, 36, 42, 63, 107 et n., 109 et n., 110, 112, 113, 114, 138 et n., 156, 159, 162, 171, 174 n., 176, 190, 191, 198, 200, 262, 263, 273 n., 284 et n., 289.

Autun, 222.

Avenel (d'), 33 n.

B

Badiou (Benoît), 281.

Bagneux, 23, 24 n., 42, 50, 107, 109 et n., 110, 114, 162, 171, 176, 198.

Bagnolet (forêt de), 23, 103 n., 165 n.

Barante (de), 61 n.

Bardot (Jean), 253, 254, 255.

Barichard (Anne), 161 n.

Baron, not., 25 n.

Baron, 252 et n.

Barret, 68 n.

Bar-sur-Ornain, 26 n.

Basseville (Pierre), 158.

Batissier (Louis), 12 n.

Battereau (gué de), 23 n., 37 n.

Beauchamp, 152.

Beaucousin (François-Nicolas de), 273 n.

Beauffremont (Mme de), 246.

Beaulon, 164, 204.

Béguet (Jean), 161 n.

Belin, 109 n., 110.

Belin (Guillaume), 285.

Bellenaves, 172 n.

Benoît, 12, 18, 93, 107, 108.

Beraud (Mme), 114.

Bernadat (Antoine), 161 n.

Bernard (Jean), 40 n., 50 n., 93, 94, 135, 145, 150 n., 252.

Bernard (Pierre), 44 n., 135, 213, 252.

C

D

E

F

G

H

I

J

K

Kaindler, 162.

Kessel (dom Jean de), 14 et n., 15 n., 16 n., 17, 245.

L

N

O

P

Q

R

T

V

Y

RECTIFICATIONS

Page 10, le dernier alinéa est à rectifier, car un certain nombre d'habitations existaient déjà dans la rue Feuillin, en 1789, près du bourg. Cela résulte d'un plan dressé vers 1775 pour le tracé de la route de Souvigny à Bourbon par Saint-Menoux. (V. Arch. de l'Allier, C. 63). — Le même plan montre aussi que l'enclos des Bénédictines n'était pas tout à fait en bordure de la route.

Page 19, note 3, ligne 3, et p. 181 (cinquième nom du tableau), au lieu de *Pessaut,* lire *Pessant.*

Page 27, note 1, ligne 1, au lieu de *Claude* Deschamps de Bisseret, lire *Madame...*

Page 30, note 2, ligne 7, au lieu de la date *1737,* lire *1736.* (V. Arch. de l'Allier, E. supp., *inv.,* 1. 715.)

Page 38, ligne 12, au lieu de *recensement,* lire *recouvrement.*

Page 44, ligne 11, au lieu de : *la commune qui en porte le nom,* lire : *la commune de Chalmoux.* Comme conséquence, le mot *commune* est à retrancher dans la note 1, ligne 4.

Page 46, note 3. La supposition relative à la parenté de Pierre et de François Fallier doit faire place à une affirmation, Pierre étant né à Moulins le 24 décembre 1744, également de Gilbert, et de Jeanne Papon. (V. Arch. de la Ville, reg. 482). — Jean était né aussi à Moulins, le 23 janvier 1753.

Page 228, ligne 23, au lieu de *Bresson,* lire *Brosson.*

Ligne 256, note 1, au lieu de : *sœur* de l'ancien maire, lire : *mère...*

Page 281, note 2, remplacer Z par L.

Table des Matières

ACHEVÉ D'IMPRIMER

LE VINGT-TROIS AVRIL MIL NEUF CENT HUIT

PAR

CRÉPIN-LEBLOND

A MOULINS

www.ingramcontent.com/pod-product-compliance
Ingram Content Group UK Ltd.
Pitfield, Milton Keynes, MK11 3LW, UK
UKHW021506090726
13657UKWH00001B/72